# 电力物资数智检测新技术与应用

《电力物资数智检测新技术与应用》编委会　编

中国电力出版社
CHINA ELECTRIC POWER PRESS

# 内 容 提 要

本书结合电力物资检测业务相关要求和当前物资检测中心建设及运营经验，分八章详述了机器视觉、数字孪生、区块链、机器人等前沿新技术在检测领域的应用，介绍了成盘电缆快速检测装置、变压器小型化检测装置等新型检测装备，并通过数智化作业平台、智慧检储一体仓链系统应用案例，为物资检测中心建设和数智化升级提供经验和借鉴。

本书可作为电力物资检测相关人员工作参考用书或入门培训教材。

**图书在版编目（CIP）数据**

电力物资数智检测新技术与应用 ／《电力物资数智检测新技术与应用》编委会编 . -- 北京：中国电力出版社，2025. 2. -- ISBN 978-7-5198-9539-6

Ⅰ. F407. 61-39

中国国家版本馆 CIP 数据核字第 2024X31P09 号

---

出版发行：中国电力出版社
地　　址：北京市东城区北京站西街 19 号（邮政编码 100005）
网　　址：http://www.cepp.sgcc.com.cn
责任编辑：杨　扬（010-63412524）
责任校对：黄　蓓　王海南
装帧设计：赵丽媛
责任印制：杨晓东

---

印　　刷：三河市航远印刷有限公司
版　　次：2025 年 2 月第一版
印　　次：2025 年 2 月北京第一次印刷
开　　本：787 毫米×1092 毫米　16 开本
印　　张：15.75
字　　数：380 千字
定　　价：90.00 元

# 编委会

# 前　言

　　当今世界正经历百年未有之大变局，新一轮科技革命和产业变革深入发展，引发质量理念、机制、实践的深刻变革。同时，受地缘政治、新冠疫情、贸易摩擦等多重国际形势影响，电工电气装备供应链发展面临系列挑战。

　　电力行业作为关系国计民生的基础性行业，供应和安全事关国家安全战略和经济社会发展大局。为保证电网安全稳定运行，必须重视对电力物资质量的管控，杜绝电力物资"带病入网"。现阶段国情下，设备检测是确保设备质量最有效的手段。

　　由于电力物资种类较多，且长期没有统一的抽检标准。传统抽检业务主要依靠人工检测，检测设备处于离散分布状态。为全面提升物资质量管控水平，保障入网物资质量安全，国家电网有限公司（简称国家电网公司）开始统一部署省级配网设备检测中心建设。并先后发布《加快推进电网物资质量检测能力标准化建设》《"检储配"一体化基地标准化建设指导意见》《国家电网绿色现代数智供应链发展行动方案》等指导性文件。经过几年持续建设，国网级、省公司级、地市公司级三级质量体系已初步建设完成，截至2023年12月，国家电网公司各单位共建成各类标准化物资质量检测机构162家，其中，中国电科院、国网电科院等2家直属科研产业单位建成检测机构3家，27家省公司共建成检测机构159家（含109家"检储配"一体化基地），各省公司均实现30类物资C级检测能力全覆盖，试验能力和检测规模均实现了新突破。南方电网公司自2018年开始启动"智慧供应链体系建设"，着力打造数字品控能力，深入实施全面质量管理，目前广东、广西等省（自治区）也已建成多个先进的检测中心。

　　目前各检测中心虽已采用各种自动化、集成化设备，并建设了一体化信息管控平台，检测效率和信息化水平得到了较大提升，但各检测中心在实际建设和运营中仍然存在检测技术需进一步迭代升级、数据价值挖掘应用程度不够、运维不够智能等问题。如：接线、制样、检测、运维等环节仍主要采用人工方式，无法满足大规模批量化检测；检测耗时较长，导致重点物资无法全批次检测；检测数据无法在各单位安全共享，面临安全性、开放性不足；等等。

为进一步加快现有供应链的绿色和数智升级，国家电网公司提出加大人工智能、超级自动化、数字孪生等前沿数字化技术的融合应用，加大采购、仓储、物流、检验检测等作业机器人、流程机器人研发应用，实现供应链智能化作业；深化供应链业务智能化改造，提高业务办理透明度，运用流程自动化技术，全面推动供应链全要素数字化、全流程自动化、全场景无人化等要求。未来，物资检测将进一步向数字化、智能化和小型化方向发展。

本书结合物资检测业务相关要求和当前物资检测中心建设及运营经验，详述了机器视觉、数字孪生、区块链、机器人等前沿新技术在检测领域的应用，介绍了成盘电缆快速检测装置、变压器小型化检测装置等新型检测装备，并通过数智化作业平台、智慧检储一体仓链系统两个应用案例，为物资检测中心建设和数智化升级提供经验和借鉴。内容深入浅出，通俗易懂，注重理论结合实际。可作为相关人员工作参考用书或入门培训教材。

由于编者经验不足，书中若有不足之处，恳请广大读者批评指正。

# 目 录

前言

第1章　概述 ……………………………………………………………… 1

　1.1　背景 …………………………………………………………… 1

　　1.1.1　电工装备行业发展 ……………………………………… 1

　　1.1.2　电力物资质量问题 ……………………………………… 3

　　1.1.3　电网物资检测政策 ……………………………………… 5

　1.2　电力物资检测业务 …………………………………………… 6

　　1.2.1　电力物资质量监督方式 ………………………………… 6

　　1.2.2　电力物资抽检业务流程 ………………………………… 7

　　1.2.3　电力物资检测业务要求 ………………………………… 8

　1.3　物资检测发展现状 …………………………………………… 9

　　1.3.1　业务模式发展 …………………………………………… 9

　　1.3.2　建设成效 ……………………………………………… 12

　　1.3.3　存在的不足 …………………………………………… 14

　1.4　新技术发展趋势 ……………………………………………… 14

　　1.4.1　数字化 ………………………………………………… 14

　　1.4.2　智能化 ………………………………………………… 15

　　1.4.3　小型化 ………………………………………………… 15

第2章　电力物资检测系统 …………………………………………… 16

　2.1　电力物资检测系统构成 …………………………………… 16

　2.2　智能化仓储系统 …………………………………………… 17

2.2.1 技术概述 ···································································· 17

2.2.2 发展现状 ···································································· 19

2.2.3 智能化仓储系统结构 ················································ 20

2.3 自动化物流系统 ·································································· 23

2.3.1 技术概述 ···································································· 23

2.3.2 发展现状 ···································································· 24

2.3.3 自动化物流系统结构 ················································ 26

2.4 集约化检测系统 ·································································· 27

2.4.1 技术概述 ···································································· 27

2.4.2 发展现状 ···································································· 28

2.4.3 集约化检测系统结构 ················································ 30

2.5 信息化管理系统 ·································································· 32

2.5.1 技术概述 ···································································· 32

2.5.2 发展现状 ···································································· 33

2.5.3 信息化管理系统结构 ················································ 34

第3章 机器视觉技术 ········································································· 36

3.1 机器视觉发展概述 ······························································ 36

3.1.1 机器视觉基本概念 ···················································· 36

3.1.2 机器视觉发展趋势 ···················································· 40

3.2 基于机器视觉的智能检测关键技术 ······································ 42

3.2.1 目标检测 ···································································· 42

3.2.2 目标分割 ···································································· 45

3.2.3 目标跟踪 ···································································· 48

3.2.4 分类算法 ···································································· 49

3.2.5 OCR算法 ···································································· 51

3.2.6 语音识别 ···································································· 52

3.2.7 语义解析 ···································································· 53

3.3 基于机器视觉的智能检测典型应用场景 ································ 54

3.3.1 检测设备数据采集 ···················································· 55

3.3.2 检测现场安全风险识别 ························· 59

第 4 章 数字孪生技术 ···································· 66

4.1 数字孪生技术概述 ································· 66

4.1.1 数字孪生基本概念 ························· 66

4.1.2 数字孪生发展趋势 ························· 69

4.2 数字孪生关键技术 ································· 70

4.2.1 电力行业数字孪生关键技术 ················· 70

4.2.2 电力物资检测的三维建模 ··················· 74

4.2.3 电力物资检测数据融合与仿真分析 ··········· 81

4.3 数字孪生典型应用案例 ····························· 99

4.3.1 大型电网物资质量检测基地智能运维平台 ······· 99

4.3.2 基于数字孪生的电工装备智慧生产管控平台 ····· 108

第 5 章 区块链技术 ·································· 115

5.1 概述 ········································ 115

5.1.1 区块链的基本概念 ························· 115

5.1.2 区块链的应用现状 ························· 119

5.2 基于区块链的质检数据存证与共享关键技术 ··········· 123

5.2.1 基于区块链的质检数据存储 ················· 123

5.2.2 基于区块链的质检数据加密 ················· 128

5.2.3 基于区块链的质检数据共享 ················· 133

5.2.4 基于区块链的质检数据溯源 ················· 138

5.3 基于区块链的质量检测业务场景应用 ················· 145

5.3.1 抽检全过程数据上链 ····················· 146

5.3.2 检测报告上链 ··························· 147

5.3.3 检测数据上链 ··························· 147

5.3.4 上链数据统计管理 ······················· 147

5.3.5 区块链浏览器应用 ······················· 147

5.3.6 上链数据共享 API ······················· 148

5.3.7　设备同批次数据查询接口开放 ·········································· 148

5.3.8　区块链数据报表 ······························································· 148

5.3.9　区块链从链平台支持 ························································· 148

第 6 章　机器人技术 ··································································· 149

6.1　机器人概述 ··········································································· 149

6.2　机器人关键技术 ···································································· 151

6.2.1　机器人感知关键技术 ························································· 151

6.2.2　机器人规划关键技术 ························································· 156

6.2.3　机器人控制关键技术 ························································· 158

6.3　基于机器人技术的智能检测典型应用场景 ······························ 162

6.3.1　机器人自动封样 ······························································· 162

6.3.2　机器人自动接线 ······························································· 165

6.3.3　机器人自动制样 ······························································· 176

第 7 章　新型检测装备 ······························································· 181

7.1　成盘电缆快速检测装置 ··························································· 181

7.1.1　检测原理 ········································································· 181

7.1.2　装置介绍 ········································································· 183

7.1.3　应用介绍 ········································································· 187

7.2　变压器小型化检测装置 ··························································· 188

7.2.1　检测原理 ········································································· 188

7.2.2　装置介绍 ········································································· 190

7.2.3　应用介绍 ········································································· 193

7.3　高压开关触头夹紧力检测装置 ················································ 194

7.3.1　检测原理 ········································································· 194

7.3.2　装置介绍 ········································································· 196

7.3.3　现场应用 ········································································· 198

7.4　批量避雷器智能检测装置 ······················································ 200

7.4.1　检测原理 ········································································· 200

　　　7.4.2　装置介绍 ·················································· 201

　　　7.4.3　现场应用 ·················································· 203

　　7.5　电缆保护管质量快速检测仪 ······························· 203

　　　7.5.1　检测原理 ·················································· 203

　　　7.5.2　装置介绍 ·················································· 203

　　　7.5.3　现场应用 ·················································· 205

　　7.6　配电网电气设备多功能瞬态试验装置 ····················· 205

　　　7.6.1　检测原理 ·················································· 205

　　　7.6.2　装置介绍 ·················································· 206

　　　7.6.3　现场应用 ·················································· 213

　　7.7　移动式水泥杆检测装置 ····································· 214

　　　7.7.1　检测原理 ·················································· 214

　　　7.7.2　检测装置介绍 ·············································· 215

　　　7.7.3　现场应用 ·················································· 215


第 8 章　应用案例 ································································· 216

　　8.1　物资质量数智检测作业平台 ······························· 216

　　　8.1.1　概况 ······················································ 216

　　　8.1.2　物资质量数智检测作业平台组成 ························· 216

　　　8.1.3　物资质量数智检测作业平台意义 ························· 226

　　8.2　仓链系统 ······················································ 226

　　　8.2.1　概况 ······················································ 226

　　　8.2.2　仓链系统组成 ·············································· 227

　　　8.2.3　仓链系统意义 ·············································· 236


参考文献 ··············································································· 237

# 1 第1章

# 概　　述

随着社会经济和科学技术的不断发展，电力成为社会发展不可或缺的能源。电力企业必须对电网物资进行质量监督，确保电网物资的质量问题不会影响电力的稳定供应，不会为社会带来经济损失；电力企业的物资质量监督措施需要从采购设备的质量、监督管理制度、运维和监管人员素质等多方面共同进行，才能有效建立起适合电力企业使用的质量监督管理体系，确保电网物资质量及对社会的稳定用电供应。目前国家电网和南方电网均开展电网物资供应链体系建设，并取得了较为显著的成效，但仍存在一定的不足，随着供应链体系的深入建设，未来电力物资检测领域将进一步向数字化、智能化和小型化方向发展。

## 1.1　背景

### 1.1.1　电工装备行业发展

质量是兴国之道、富国之本，强国之策。在党的十八大报告中9次提到"质量"，并明确提出"切实把推动发展的立足点转到提高质量和效益上来"，我国由此开启全面提高发展质量效益的"质量时代"。同样是在2012年，国务院颁布实施《质量发展纲要（2011—2020年）》，强调"质量发展是兴国之道、强国之策"，并提出"面对新形势、新挑战，坚持以质取胜，建设质量强国"。习近平总书记在党的二十大报告指出，要以推动高质量发展为主题，着力提升产业链供应链韧性和安全水平。

当今世界正经历百年未有之大变局，新一轮科技革命和产业变革深入发展，引发质量理念、机制、实践的深刻变革。同时，受地缘政治、新冠疫情、贸易摩擦等多重国际形势影响，电工电气装备供应链发展面临系列挑战。

经济层面，受贸易战、关税争端、贸易保护主义和投资保护主义等地缘政治因素影响，正常贸易和物流受到干扰，加之地区冲突和局部战争时有发生，导致电工电气装备的生产和供应不确定性增加。此外，全球高通胀压力在迅速上升，对电工电气装备制造企业的盈利能力和市场竞争力产生负面影响。一方面，电工电气装备制造业对原材料的依赖性很强，而部分关键原材料如铜、钢等大宗商品价格波动较大，对企业采购和成本控制带来挑战；另一方面，随着部分发达国家将制造业向东南亚等低成本国家转移，全球电工电气装备制造行业竞争加剧，我国电工电气装备产业链上下游企业都将面临更大的竞争压力。

社会层面，全球疫情的爆发和持续影响对电工电气装备供应链造成挑战。疫情导致全球范围内的封锁和贸易限制，以及工厂生产和物流系统的中断，严重影响电工电气装备的供应和分配。此外，近年来极端气象事件频发，极端天气、自然灾害等环境事件导致设备损坏、物流中断以及生产线停工，严重影响电工电气装备稳定供应。与此同时，随着全球环保意识的提高和能效标准的不断严格，电工电气装备制造业需要不断提高产品的环保和能效性能，给企业研发和生产带来新的挑战。

技术层面，随着工业 4.0、智能制造等理念的普及，可再生能源、智能电网、电力储存技术等新技术的快速发展，催生全新的电工电气装备的需求和使用方式。电工电气装备制造业需要不断进行技术升级和创新，以适应不断变化的市场需求。

总的来说，当前国际形势对电工电气装备供应链的影响是复杂和多变的，既包括成本上升、通胀压力等经济因素，也包括疫情和环境问题导致的生产供应链问题等社会因素，以及新能源、新技术的快速发展等技术因素。面对新形势新要求，必须把推动发展的立足点转到提高质量和效益上来，培育以技术、标准、品牌、质量、服务等为核心的经济发展新优势，提升产业链供应链的韧性和安全水平，为电工电气装备行业高质量发展提供雄厚支撑。

中央政治局会议指出，要加快建设以实体经济为支撑的现代化产业体系，既要逆势而上，在短板领域加快突破，也要顺势而为，在优势领域做大做强。多部委联合出台系列政策，加快发展先进制造业集群，支持新能源、电工电气装备等重要产业高质量发展，推动产业迈向价值链中高端。

产业高质量发展相关政策汇总见表 1-1。

表 1-1        产业高质量发展相关政策汇总

| 时间 | 发布机构 | 文件名称 | 主要内容 |
|---|---|---|---|
| 2020 年 1 月 | 国务院 | 关于支持国家级新区深化改革创新加快推动高质量发展的指导意见 | 做精做强主导产业；<br>瞄准产业链关键环节和突出短板，实施先进制造业集群培育行动，推动制造业强链补链固链，打造更强创新力、更高附加值的产业链；<br>着力提升关键领域科技创新能力，围绕优势产业、主导产业，瞄准国际前沿技术强化攻关，力争在重大"卡脖子"技术和产品上取得突破 |
| 2020 年 9 月 | 国务院 | 中国（浙江）自由贸易试验区扩展区域方案 | 方案首次提出产业链"链长制"理念，表明自贸区建设的目标之一是通过建立产业链"链长制"责任体系，打造先进制造业集聚区，推动产业集群在空间上高度集聚、上下游紧密协同、供应链集约高效 |
| 2021 年 3 月 | 发展改革委 | 中华人民共和国国民经济和社会发展第十四个五年规划和 2035 年远景目标纲要 | 推动产业链上下游、大中小企业融通创新，提升产业链供应链现代化水平，坚持经济性和安全性相结合，补齐短板、锻造长板，分行业做好供应链战略设计和精准施策，形成具有更强创新力、更高附加值、更安全可靠的产业链供应链；<br>推进制造业补链强链，强化资源、技术、装备支撑，立足产业规模优势、配套优势和部分领域先发优势，巩固提升电力装备、新能源等领域全产业链竞争力，从符合未来产业变革方向的整机产品入手打造战略性全局性产业链；<br>优化区域产业链布局，引导产业链关键环节留在国内，强化中西部和东北地区承接产业转移能力建设 |

续表

| 时间 | 发布机构 | 文件名称 | 主要内容 |
|---|---|---|---|
| 2021年3月 | 商务部等8部委 | 关于开展全国供应链创新与应用示范创建工作的通知 | 健全产业供应链生态;<br>针对重点产业集群推动"延链""补链""强链""固链"建设,实现产业链横向配套、纵向延伸,提高产业集群竞争力 |
| 2022年3月 | 市场监管总局、国务院国资委、国家能源局 | 关于全面加强电力设备产品质量安全治理工作的指导意见 | 整合监管资源,加强多方联动,严格电力设备市场监管、质量监管、行业管理,大力推进电力设备领域治理能力现代化,推动电力设备行业高质量发展 |
| 2022年5月 | 国务院国资委 | 中央企业现代产业链"链长"建设工作推进会 | 聚焦重点产业链绘制产业链图谱,搭建产业基础数据库和强链补链重大项目库,带头落实国家战略性新兴产业集群发展工程和龙头企业保链稳链工程;<br>立足链长企业规模资源优势和带动作用,促进产业链上中下游、大中小企业融通创新、协同发展;<br>聚焦高端装备、新一代信息技术、新材料等领域,培育一批国家级先进制造业集群,加快推进传统产业技术改造,扩大设备更新投资,鼓励先进适用技术和新产品规模化应用 |
| 2023年3月 | 中电联、电力建设企业、物资供应链企业、电力装备企业等 | 电力装备质量提升倡议书 | 牢固树立"质量第一"意识,坚定不移推进电力装备全寿命周期质量管理,提高科技创新能力,提升电力产业链供应链自主可控、安全韧性水平 |
| 2023年5月 | 工业和信息化部、发改委、教育部等9部门 | 质量标准品牌赋值中小企业专项行动(2023—2025年) | 通过质量提升、标准引领、品牌建设,促进上下游产业链协同、大中小企业融通发展、产学研用深度融合,不断增强企业竞争力和发展力,激发涌现更多专精特新中小企业 |
| 2023年6月 | 工业和信息化部、教育部、科技部、财政部、国家市场监管总局等5部门 | 制造业可靠性提升实施意见 | 围绕制造强国、质量强国战略目标,聚焦机械、汽车、电力装备等重点行业,对标国际同类产品先进水平,补齐基础产品可靠性短板,提升整机装备可靠性水平 |
| 2023年9月 | 工业和信息化部 | 电力装备行业稳增长工作方案(2023—2024年)的通知 | 把稳增长摆在首要位置,发挥电力装备行业带动作用,统筹供给侧结构性改革和扩大内需,深入落实"碳达峰、碳中和"战略,加快构建新型电力系统,通过强化重大工程引领、保障高质量供给、加快装备推广应用、继续开拓国际市场、提升产业链竞争力,夯实电力装备行业增长基础,推动电力装备行业高质量发展 |

## 1.1.2 电力物资质量问题

伴随电网规模的不断扩大,其运行安全性和稳定性的要求越来越高,物资设备的质量对本质安全的关键作用更加突出,电力系统因此也朝着质量优先的方向发展,质量管控成为电力系统发展的重要规划。从电网物资质量实际情况来看,存在过于看重价格而忽略质量的现象,这在配电变压器、电线电缆、金具等物资检测工作中已得到佐证,同时质量问题的出现还会导致故障的发生给电力系统造成经济损失,因此为维持电网安全稳定运行,保持电网物资设备资产价值,需要高度重视电网物资质量检测,提高电网物资质量水平。

受制于安装现场的环境条件,往往难以开展有效的检验工作,检验项目不全面,使制造商有机可乘,以低成本博取高收益。因此,有效开展设备检测是确保设备质量最为有效的手段,可有效遏制设备材料"带病"入网,确保电网安全运行。

### 一、配电变压器

配电变压器是电力系统非常重要的组成部分,其质量性能与供电稳定性有着很大的关系，在配电变压器运行中常出现一些质量问题，发生最多的是短路承受能力不足、温升超标、空载损耗和负载损耗超标问题。导致这些质量问题出现的原因较多，比如当制造商为获得更多经济效益而减少制造成本时，其通常会采取纸质垫块代替电工木或层压垫块、普通皱纹纸代替菱格绝缘纸、缩小箱体体积以及减小容量等方式，这些情况会导致配电变压器的绝缘强度减弱，绝缘支撑件强度降低，散热能力不足，整体性能不能达到质量标准；设计铁心和绕组时，铁心接缝、硅钢片磁通密度、铜导线电流密度、绕组漏磁场取值不合理，抗短路能力不校核，导致产品空载损耗、负载损耗和短路承受能力不满足要求；原材料使用前检验不仔细，甚至不进行质量检验，致使原材料不符合质量要求，更有甚者以次充好，使用废旧硅钢片、铝导线、铜包铝线圈等品质较次的材料代替要求规格的材料，由此生产的配电变压器质量难保证。在"一带一路"的建设中，已经发生过以铝代铜变压器在尼泊尔频频爆炸的丑闻，相关人员都被尼泊尔法院判刑。如果这种现象频频发生，中国制造信誉将受到毁灭性打击。

## 二、电线电缆

电线电缆广泛应用在国民经济生活的各个领域，其使用和运行安全关系到亿万百姓的生命和财产安全。2017 年西安地铁"问题电缆"曝光后，电线电缆的质量问题引起社会广泛关注。随后，我国各地都对电缆企业进行检查和整顿。几年过去了，市场上仍会出现"问题电线电缆"。2022 年 3·15 晚会再次曝光，华南一带最大的五金市场广佛机电五金城中，部分经营电线电缆的商家都有同一规格两种价格的线缆出售。其中一种为非标电缆，也就是低于国家标准的电线电缆，价格比国标便宜 10% ~ 40%，但存在各种安全隐患。目前看来，我国市场上电线电缆的质量建设仍然需要加快。未来，只有持续常态化开展好对电线电缆等重点产品质量管控，做好隐患清理排查，鼓励企业通过技术进步提升产品质量，加快建立品牌培育体系，高标准引领促进高质量发展，才能更好地促进电线电缆行业持续健康发展，全面提升人民群众质量获得感。

## 三、金具

金具在输电线路的安全可靠运行中发挥着重要作用，质量问题也较为突出，通常表现为以下 7 方面：①材质不合格，比如线夹的含铜量、含铝量比既定标准低，含硅量超过既定标准；②力学性能不合格，所使用的部分地线接续管强度、硬度不足，易出现断裂；③尺寸与实际需求不相符，导致安装施工困难以及不符合安装要求；④螺栓与螺母不合格，受到成本因素影响，一些螺栓、螺母制造质量较差，如螺栓间隙过大、螺母高度不足等，容易发生脱落，影响设备连接牢固性可靠性；⑤镀锌层厚度不合格，这是金具质量检测中较为常见的问题，从市场实际来看，因环保要求许多金具供应商都将镀锌工作委托给其他企业，但对镀锌的质量控制未给予重视，缺乏必要的检验和监督，缺少厚度、均匀度的检测，导致镀锌层厚度达不到要求、镀锌层覆盖不全面等问题出现，容易导致金具使用时锈蚀；⑥制造工艺不合格，存在焊接耐张线夹的情况，违反相关标准要求；⑦热处理工艺不合格，当铝合金铸造的热处理工艺未按照规范实施时容易造成铝合金脆性加大，一旦遭受到冲击就会出现断裂，无法达到质量标准要求。这些都从不同角度影响着金具质量和线路安全可靠运行。

## 四、铁塔

铁塔是输电线路的"骨架"，电网中使用的塔材大多数是 Q345 钢材，在质量检测中最为突出的两个问题是抗拉强度低、屈服强度低。Q345 钢材的碳、硅、锰、铬、镍等成分含量在相关标准中有明确要求，不能超过规定限值，含量不符合标准会增加钢材脆性、降低韧性，影响抗拉强度。Q345 钢材屈服强度标准为 346 ～ 420MPa，由于不同厂家制造水平高低不一，其屈服强度值有所不同，规模较大、生产水平较高的厂家所生产的 Q345 钢材屈服强度能达到 390MPa 以上，规模较小、生产水平较低的厂家所生产的 Q345 钢材屈服强度则在 360MPa 左右，虽然也在标准范围之内，但显然比生产水平高的厂家生产的钢材屈服强度偏低。还有一些厂家为追求利益，用 Q234 钢材替代 Q345 钢材，更增加了铁塔运行时的风险。

### 五、钢管杆

钢管杆在电压等级相对较低的输电线路工程中应用较为广泛，其质量问题集中表现为杆体壁厚、横担壁厚、法兰盘厚度与筋肋厚度比设计要求值低，很容易形成质量问题和安全隐患。

## 1.1.3　电网物资检测政策

为深入贯彻国家战略部署，目前各大电网企业都在积极开展电网物资供应链体系建设。以国家电网公司为例，"十三五"期间，国家电网公司探索实践了具有国家电网特色的供应链创新与应用之路，初步建成并应用国家电网现代智慧供应链体系，提升采购设备质量，提高物资服务保障能力，促进物资业务高效规范运营，为公司发展和电网建设提供了优质高效物资服务支撑。

物资质量管控是供应链体系的重要环节，物资质量检测是"全景质控"的重要节点，是物资到货后质量管控业务的主要实现手段。加强物资质量检测，把好电网物资入网质量关，是实现质量强网、推动发展质量转型的关键。

为贯彻落实国家电网公司本质安全要求，健全和完善公司物资质量检测体系，全面提升电网物资检测能力，加强采购设备质量试验检测，提升入网设备质量，加快推进电网物资质量检测能力标准化建设工作，国家电网公司制定印发《加快推进电网物资质量检测能力标准化建设》（国家电网物资〔2017〕713 号）（以下简称《标准化建设》）文件，明确要求建立健全公司物资质量检测体系。提出利用 3 年左右时间，构建以国家电网级、省公司级、地市公司级 3 个层级的检测中心为主，产业单位、集体企业、社会第三方检测机构为补充的质量检测体系。国家电网级主要依托中国电科院及部分具备条件的省公司电科院、直属产业单位，建设具备电网设备材料全部型式试验及特殊试验能力的检测中心；省公司级主要依托省公司电科院及实力较强的地市公司，建设具备电网设备材料全部型式试验及部分特殊试验能力的检测中心；地市公司级主要依托各地市公司（含具备能力的集体企业），建设具备电网设备材料全部例行试验能力的检测中心。

2020 年，国家电网公司出台了《"检储配"一体化基地标准化建设指导意见》，提出按照"就地抽检、检后入库、集中储备、按需配送"的原则，在入库物资规模较大、周转率较高的中心库或周转库，就地或就近建设物资质量检测中心，建立"检储配"一体化基地（简称"一体化基地"，英文缩写 TRDB），形成"先检后储、按需配送"的业务模式，优化"检储配"业务链条，减少运输成本和时间成本，提高抽检效率、风险防控能力和供应时效，深化质量监督与供应配送业务的整体联动和协同。

2022年，国家电网公司进一步印发了《国家电网绿色现代数智供应链发展行动方案》，提出以迭代升级供应链总体架构为着力点、以采购需求导向为切入点，以推动链上企业和业务的专业化协同整合为突破点，加快公司供应链平台与服务升级、绿色与数智升级。供应链平台由企业级向行业级发展，供应链服务向产业链供应链全过程发展，供应链体系向绿色化数智化创新发展，供应链生态向市场需求主导牵引发展，实现产业链、供应链、创新链、资金链、人才链与价值链融合。对内提升发展的支撑力，提高物资保障、质量管控、价值创造能力；对外提升行业的带动力，增强链上企业数字赋能、绿色低碳、科技创新能力，全面提升风险的防控力。

2024年，国家电网公司启动"透明实验室"建设工作，利用工业互联网、云计算等技术，围绕"数据不落地、全程可追溯"的原则，充分整合现有建设成果，统筹内外部检测资源，建设国家电网公司物资质量检测管控体系。结合全网电力物资检测业务运营模式及各省公司信息化建设现状，物资质量检测管控体系架构设计包括总部/省公司管控层、检测机构作业层及检测数据采集层3层。

# 1.2　电力物资检测业务

## 1.2.1　电力物资质量监督方式

国家电网公司自2012年在全网推行物力集约化管理体系建设，逐年加大物资质量监督管理力度，电网安全稳定水平显著提高。电网物资质量监督管理是指按照设备全寿命周期管理要求，从设备材料选型、招标采购、生产制造、安装调试、运行维护到退役报废全过程进行监督。国家电网公司物资质量工作遵循"依靠业主单位、联合专业部门、突出生产厂家"的原则，主要采取监造（含驻厂监造和云监造）和抽检方式，开展物资质量监督管理工作。

一、驻厂监造

驻厂监造是指设备监造单位受监造委托方委托，依据国家有关法律、法规、技术标准及设备采购合同要求，按照监造服务合同约定，成立监造组派驻供应商生产区域，对设备生产制造过程质量和进度进行监督见证。驻厂监造范围主要为110kV及以上电压等级的大型设备。

二、云监造

云监造是指监造单位依据物资采购合同、监造服务合同等，委派监造人员利用电工装备智慧物联平台物联采集数据、实时视频等功能，在线查看、跟踪物资订单排产、生产制造全过程，对设备的制造质量与进度进行远程监督见证。是驻厂监造和到货抽检工作的补充和延伸。云监造主要针对电工装备智慧物联平台中已接入的品类，目前包含线圈、断路器、线缆、铁塔、二次设备、表计、配电变压器、开关柜、低压线缆等，后续可能会根据业务变化调整接入品类。

三、抽检

抽检是指电网物资安装前，物资管理部门以随机抽样的方式，组织对供应商供货的电网物资的性能参数进行检测，验证其与合同要求的符合性。抽检范围主要为未纳入驻厂监造范围的电网一次设备及装置性材料、零星物资（如办公类物资、计算机、工器具等）。

已纳入监造范围的设备材料也可根据合同约定或者现场实际需要开展抽检工作。抽检依据国家相关法律法规、公司企业标准、设备采购合同、技术协议、抽检工作规范、抽检定额等要求执行。电网物资质量监督管理的主要途径是抽检管理，抽检的目标是通过抽检手段，对电网物资进行关键技术指标的检测，促使电网物资生产企业加强对物资质量的严格把关，从而保证投入使用的设备材料符合标准要求。抽检管理的核心思路是通过抽样检测的方式，加强质量问题追溯，明确质量责任，引导和促进供应商进一步提升产品质量，为电网建设、安全稳定运行提供坚实的物资保障。

依据检测地点的不同，抽检可分为厂内抽检和到货抽检。项目单位对特殊设备材料、大型设备可按合同约定进行厂内检测。到货抽检可依据物资特点选择施工现场检测、仓储地检测、实验室检测等方式，试验检测数据需录入电子商务平台。对特殊物资，如消弧线圈可采用现场检测与交接试验相结合，电杆采用厂内检测和现场检测相结合等方式。

### 1.2.2 电力物资抽检业务流程

#### 一、资格预审

要求对投标厂家提供的样品进行检测分析，并将分析结果纳入判定供应商投标资格的重要条件。

#### 二、技术交底

要求在设备中标后，各地市公司以中标物资技术规范书为基础，根据项目业主单位的技术需求，与供应商进行进一步技术细化。由省公司运检部门组织省电科院、配网设备检测中心、各地市公司技术专家和中标厂家对每批次中标物资开展中标设备的技术交底。由供应商提供标准物资样品与技术规范书进行比对。物资使用单位与中标供应商达成技术共识后，签署技术交底书，由省电科院、检测中心协助省公司运检部门建立标准物资样品信息库，避免中标厂商中标设备和现场供货不一致，标准物资样品信息获取后原则上由项目使用单位保留一年，以便在后期到货时进行比对。

#### 三、到货抽检

到货抽检是指由专业检测机构或专业队伍对公司招标采购的产品及原材料组部件在到货后实施的抽样检测工作。到货抽检工作结合物资部门质量抽检工作同步开展，具体流程及要求如下。

1. 计划管理

抽检计划采取指令性计划和自主性计划相结合的方式。指令性抽检计划按照物资部门要求统一实施。各地市公司应根据各单位电力设备的实际情况，制定电网物资 C 类项目季度抽检计划并严格执行，A、B 类抽检计划由总部统筹制定。对问题较多、故障率较高，中标量较大、中标价格偏低，新入网及采用新技术、新材料、新部件、新工艺的电网物资，应增加抽检比例。

2. 自主性抽检原则

各地市公司自行开展自主性抽检工作，对首次中标入网供应商、以往交接验收中出现过质量问题的供应商设备，以及本单位在运维过程中发现问题较多的设备，作为自主性抽检的重点，在物资部门指令性抽检工作的基础上编制差异化抽检计划，按照国家电网必做检测项目进行试验，原则上要求覆盖所有关键性试验，需要时抽检比例翻倍或相应增加试验项目。

3. 抽样送样

各地市公司按照自主性抽检原则,组织对本单位及下辖各生产单位的电力物资进行抽样送样。各地市公司是运维检修环节配网设备专项质量抽检工作的实施主体,原则上由各地市级配网设备检测中心对地市(县)公司生产单位提交的送检物资进行检测,部分地市级配网设备检测中心检测能力不满足要求时,及时送往上级配网设备检测中心进行检测。

4. 盲样检测

所谓盲样检测,就是配网设备检测中心的试验人员在进行相关试验工作时不知道样品的来源,即委托单位将样品送至检测中心,在收样室进行相关资料的填写,配网设备检测中心给出样品的样品编号,隐去委托方和生产厂家的相关信息,检测人员凭样品编号领取相关样品进行检测。盲样检测实现了抽检分离,能有效提升检测公正性,但也存在局限,如部分体积较大设备(如变压器、开关柜)本身打有厂家标识,仅靠遮蔽铭牌信息不足以做到真正盲样,因此盲样检测更适用于标准化后具备外观一致性的产品,如线缆类设备等。

5. 结果判定

省级配网设备检测中心和各地市级配网设备检测中心实施物资检测,做好相关记录,一般在检测工作结束 3 个工作日内出具检测报告。抽检物资质量问题判定以合同为依据;合同未明确的,以国家标准、行业标准、地方标准、国家有关规定等为依据。对检测结果有异议的,由省电科院负责组织配网设备检测中心一起进行复验和质量问题认定。

6. 情况反馈

各地市公司运检部门负责汇总辖区各生产单位配网物资安装前检测的质量信息,统计、分析供应商产品质量情况。如发现确存物资质量问题,由各地市公司运检部门会同物资部门组织供应商协商整改,如供应商不同意整改,加大抽检比例,并报省公司运检部门。如再次出现质量问题,上报公司运检部门,由公司运检部门会同物资部门对该厂家、该到货批次、该型号的物资做退货处理,检测合格的配网物资方可实施现场施工。

四、复检

供应商对检测结果有异议的,在收到检测结果或约谈通知后 5 个工作日内书面提交复检申请及相关证明支撑材料,物资管理部门需在接到供应商复检书面申请后,按照复检申请受理原则进行办理,托具有 CMA 资质的检测机构进行复检。

### 1.2.3 电力物资检测业务要求

配网物资的特点是数量巨大,种类多,以国网山东电力为例,物资检测工作严格执行物资每批到货检测合格后才能领用,由此产生了每年数十万条的海量检测需求。一方面,要应对日益精细化的检测要求;另一方面,要实现检测的高效和规范。这对物资质量检测提出了新的要求。

一、规范

针对检测数据的真实性及检测报告的权威性,要求开展配电网设备质量检测的检测部门,必须按照相应的规程进行检测,具备相应的检测能力与认证能力,包括 CMA 认证和 CNAS 认可以及特殊试验的检测能力。

二、高效

检测工作的及时性直接关联配网工程的进度。配网电力设备在入网之前都要做入网质量检测,试品数量十分庞大。再加上电力设备种类多,仅常用的电力一次设备就达 19 种,生产厂家、规格型号、重量尺寸、电压等级差异很大，检测复杂性高、工作量巨大。如何保证检测报告出具的及时性成为新的技术难题。

### 三、便捷

为了保证配网工程建设全过程的顺利推进，打破检测部门和项目单位之间的信息壁垒，提高检测工作信息沟通效率，提供一站式电力设备检测服务，提供更加优质的检测服务，真正做到质量检测工作一次到位。

### 四、绿色

国家层面为实现双碳目标和进一步推动能源转型，相继出台了系列政策文件，强调要以高端智能绿色发展为方向，以绿色低碳科技创新为驱动，加快构建支撑能源清洁生产和能源绿色消费的装备供给体系，电力物资检测装备及检测环节均需绿色低碳，提升能源资源利用效率，推动电力装备绿色低碳和高质量发展。

## 1.3 物资检测发展现状

### 1.3.1 业务模式发展

随着我国经济社会的快速发展，电网规模不断扩大，电网设备数量大幅增加，电网企业供电能力持续提高，社会对电网的安全稳定运行和设备质量也提出了更高的要求。电网企业通过加大物资抽检力度，扩大抽检管理范围以及加强管控力度等多种方式来保障电网运行的高效与安全。在此过程中，也暴露出了很多问题，如运转效率低、成本高、风险防控难等，很多设备仍然存在"带病入网"的现象。

#### 一、开展检测业务时存在的问题

由于电力物资种类较多，且长期没有统一的抽检标准。传统抽检业务主要依靠人工检测，检测设备处于离散分布状态，在开展检测业务时存在以下明显问题。

1. 抽检时效性低

传统电网物资抽检过程中，物资管理人员依据供应计划线下编制抽检计划，业务数据流转主要依赖于人工管理，物资到货和检测结果信息更新不及时，物资管理人员无法及时赶赴仓库取样现场，导致到货物资无法及时送检。送检后由于检测设备零散、检测效率低下，甚至因试验设备不全、试验场地受限、试验人员不足等原因，实际检测时出现试验项目不全、检测批次少的问题，检测完无法及时返样，在迎峰度夏、迎峰度冬等用电量需求高峰期，一定程度上拉长了物资供应周期，影响电网工程建设进度。

2. 抽检管控策略单一

电网物资供应商数量多，物资品类繁杂，传统物资抽检业务模式相对固定单一，针对配电变压器、电力电缆、水泥杆等物资，统一按照相同比例进行取样抽检，缺乏针对性和精准化，未针对不同供应商、物资品类的检测合格率，合理分配资源，制定差异化的管理措施，未能提升物资抽检管理的针对性和管理效率。

3. 抽检过程缺乏有效监督手段

传统物资抽检模式下，物资监督人员现场监督抽检取样封样过程，存在人为干预样品抽检过程的可能性，导致部分存在质量问题的物资无法被及时发现，给电网工程的安全稳定运行带来一定程度的隐患。因受限于相关技术手段的缺失，物资管理部门无法远程监控物资抽检全过程，物资取样、封样过程信息无法确保真实获取，对于问题样品的追踪溯源缺乏相关凭证记录。

## 二、提升检测效率的技术手段

为全面提升物资质量管控水平，保障入网物资质量安全，国家电网公司开始统一部署省级配网设备检测中心建设。狠抓源头、重点管控、反馈闭环，要求从差异化技术规范书编制、招标前资格预审检测、供货前技术交底、供货时交接验收、供货后抽检分析、运行设备质量管控、供应商不良行为处理等环节全面落实开展配网设备质量全过程管控。

通过统一部署省级、地市级配网设备检测中心建设，充分采用自动化、信息化、集成化、智能化等技术手段，大幅度提升检测效率。

### 1. 自动化

表现在检测样品能自动化流转，无需或少人工参与。打破了传统高压试验以试验工位为基本单元的作业模式，利用自动化控制流水线，缩短样品流转时间，提高检测效率，实现样品智能识别、自动流转、准确到位。

### 2. 信息化

实验室管理体系通过信息化系统实现，可实时自动生成试验报告，完成人员、数据、设备、方法的统一管理，基本实现办公方式无纸化。

### 3. 集成化

通过对检测仪器设备最大程度集成，实现单个工位完成多类物资多项试验项目的自动化检测，提高了资源利用率和检测效率，集约式检测装置与智能仓储系统、自动流转装置自动对接，减少了人工干预。

### 4. 智能化

利用大数据统计对物资检测数据进行自动分析，包括设备供应商质量跟踪、试验结果综合分析以及变压器容量测量等专题分析。针对检测结果对不良供应商进行处理，在源头切实提高配网设备质量。

## 三、"检储配"一体化运作模式

随着物资集约化管理的不断深入，物资管理的重点逐渐从"集中、统一"向"精益、高效"转变，物资供应管理面临资源优化配置、技术深化应用、管理提质增效、自动化和信息化升级等多项挑战，并且仓储区域无法满足现有寄存物资存储需求，存在物资检测周期长、抽检与供应矛盾日益突出等问题，如何在保证设备质量的前提下把仓储、检测、配送等中间冗余环节降到最低，提高物资供应效率效益，是亟待解决的问题之一。在此背景下，"检储配"一体化运作模式应运而生。

2020年，国家电网公司下发《"检储配"一体化基地标准化建设指导意见》，要求按照"就地抽检、检后入库、集中储备、按需配送"的原则，在入库物资规模较大、周转率较高的中心库或周转库，就地或就近建设物资质量检测中心，建立"检储配"一体化基地，形成"先检后储、按需配送"的业务模式，优化"检储配"业务链条，减少运输成本和时间成本，提高抽检效率、风险防控能力和供应时效，深化质量监督与供应配送业务的整体联动和协同。

"检储配"一体化基地主要包括检测中心、仓储中心、配送中心、园区管理以及"检储配"一体化平台,其整体架构如图1-1所示。一体化平台对外通过数据中台与"5E一中心"以及外部物流商签章系统对接,共同构建基于基础设施层、设备层的一体化运作基地。

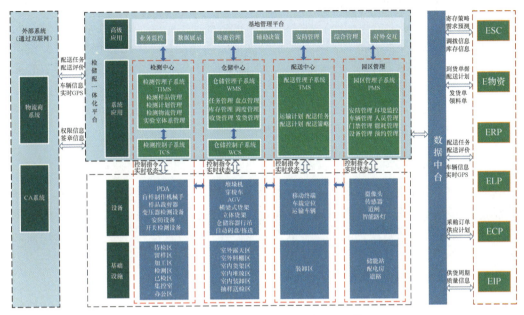

图1-1 "检储配"一体化基地整体架构

**1. 检测中心**

检测中心作为基地运行核心子系统通过质量检测中心系统,规划基础设施包括待检区、留样区、加工区、检测区等区域设置,全面对接检测终端、PDA、安防设备等。通过建设统一检测中心,打造公开透明、全程追溯的检测平台,实现检测业务数据化、检测数据资产化、作业自动化,通过对检测全流程数据的统计与分析,实现智慧检测。

**2. 仓储中心**

仓储中心在物资现有业务基础上,实现物资仓储管理(WMS)与仓储控制(WCS)的精细化管理。运用先进物联网技术,构建基地物资仓储业务标准化设计,以信息化手段支撑物资仓储业务应用,推动仓库信息化管理自动化,提高工作效率。协同检测、配送,全面提升公司物资供应服务水平和管理水平,优化仓储管理流程,实现仓库物流作业的信息化、自动化和智能化。

**3. 配送中心**

配送中心定位于提升检测中心和仓储中心业务一体化运作能力,提供库存资源可视化平台,实现配送物资需求可视化管理,配送过程全称监控,配送业务流转顺畅,实时监控物资运输全过程。对于仓库就近建设的检测中心,实现样品配送过程全称无缝对接。

**4. 园区管理**

园区管理配置统一的人脸识别门禁系统,支持IC卡和身份证,将基地中员工的身份信息、人脸信息以及权限录入到系统中,同时门禁系统可以与考勤系统打通,记录员工的考勤信息。各种内部车辆和外部车辆，通过车牌智能识别、车辆智能道闸等对车辆进出信息进统一的管理。通过安装的全天候监控设备，全天候24h成像，实时监控仓储区、检测中心、电梯轿厢、电梯厅、安全通道、室外路口、周界、出入口、地下室、屋顶等区域的安全状况，部分区域采用高清成像功能，记录样品、车辆、人员等细部特征。

5. "检储配"一体化平台

"检储配"一体化平台由检测管理子系统、仓储管理子系统、配送管理子系统、园区管理子系统和基地管平台构成，实现基地检储配业务的联动和一体化运作。涉及物资流转的检测、仓储、配送、园区管理多个环节，通过平台建设实现多个系统业务环节的无缝衔接和自动流转，实现仓储中心、检测中心、配送中心系统之间的互联互通，并与ECP、EIP、ERP、ELP等多个作业系统进行接口互联，全面集成自动化设备系统、视频监控、电子围栏、PDA、平板电脑、GPS等设备，推进基地资源管理可视化。

### 1.3.2 建设成效

国家电网公司自开展现代智慧供应链体系建设应用以来，充分运用数字化、网络化、信息化等手段，全力打造全景质控智能化运作体系，创新实施"检储配"一体化协同管理，全方位提升了质量检测能力，质量管控能力得到了极大提高。主要成效体现在如下方面。

#### 一、质控链智能化运作取得了新实效

实现事中监督织密"一张网"。应用电工装备智慧物联平台（EIP），打通供需双方数据壁垒，优化监造策略，对制造质量、生产进度等信息远程实时监控，设备质量问题追溯机制有效建立，监造设备出厂试验一次通过率大幅提高。对监造范围以外电网物资实施全覆盖抽检，实现抽检计划智能化编制、抽检资源一体化统筹、抽检任务自动化监控，不断向柔性检测和智能检测方向迈进，抽检效率和入网设备质量把关能力显著提升。

#### 二、"检储配"一体化协同创造了新价值

物资到货质量抽检，是确保物资高效供应和防止物资"带病入网"的重要环节。国家电网公司在深化质量监督体系建设基础上，不断开拓创新，按照集中储备、就地抽检原则，加强物资仓储和质量抽检业务的协同，在入库物资规模较大、周转率较高的区域中心库和周转库，就地或就近建设物资质量检测中心，实施物资到货即可检、出库即可用的"检储配"一体化协同管理新模式，打通了检测、仓储、配送业务，有效解决了过去仓储、检测分离带来的环节多、时间长、成本高、外部干扰多的问题，提升了质量检测效率效益和物资供应时效性。

#### 三、物资检测能力实现了新提升

检测能力是物资质量监督的重要物质基础。国家电网公司自2017年大力推进物资质量检测能力建设以来，经过持续建设，国家电网级、省公司级、地市公司级三级质量体系已初步建设完成，截至2023年12月，国网公司各单位共建成各类标准化物资质量检测机构162家，其中，中国电科院、国网电科院等2家直属科研产业单位建成检测机构3家，27家省公司共建成检测机构159家（含109家"检储配"一体化基地），各省公司均实现30类物资C级检测能力全覆盖，试验能力和检测规模均实现了新突破。国家电网各省公司电网物资检测能力情况见表1-2。

表 1-2　　　　　　　　　　国家电网各省公司电网物资检测能力情况

| 省市 | 物资检测能力建设情况 | | |
|---|---|---|---|
| | A 级 | B 级 | C 级 |
| 江苏 | 30 | 0 | 0 |
| 河南 | 26 | 4 | 0 |
| 蒙东 | 23 | 5 | 2 |
| 湖北 | 21 | 8 | 1 |
| 山东 | 17 | 13 | 0 |
| 浙江 | 17 | 13 | 0 |
| 辽宁 | 16 | 14 | 0 |
| 福建 | 14 | 16 | 0 |
| 天津 | 13 | 17 | 0 |
| 湖南 | 13 | 17 | 0 |
| 北京 | 9 | 21 | 0 |
| 山西 | 9 | 21 | 0 |
| 安徽 | 9 | 21 | 0 |
| 冀北 | 7 | 23 | 0 |
| 四川 | 7 | 19 | 4 |
| 新疆 | 6 | 24 | 0 |
| 江西 | 6 | 21 | 3 |
| 重庆 | 4 | 26 | 0 |
| 上海 | 3 | 27 | 0 |
| 吉林 | 3 | 26 | 1 |
| 青海 | 3 | 25 | 2 |
| 陕西 | 2 | 28 | 0 |
| 宁夏 | 2 | 28 | 0 |
| 甘肃 | 1 | 24 | 5 |
| 西藏 | 0 | 30 | 0 |
| 河北 | 0 | 28 | 2 |
| 黑龙江 | 0 | 25 | 5 |

　　南方电网公司自 2018 年开始启动"智慧供应链体系建设",以"业务数字化、数字业务化"为方向,打造了以"一中心四大业务链"(供应链服务调配中心、数字采购、数字品控、数字物流、数字监督四大业务链)为基础的数字供应链体系,将"云大物移智链边"等新技术与供应链业务深度融合,推动供应链对象、过程、规则数字化。建成全网统一的供应链信息化平台,推进供应链对象、过程、规则数字化,驱动供应链业务向数字化、智能化运营转变,解放操作层、支撑管理层、辅助决策层。

　　目前已建立网省供应链服务调配中心,推进供应链数据共享与深度挖掘,实现资源统一调配、业务实时监控、风险集中管控。打造数字品控能力,深入实施全面质量管理,差异化建设"基本检测平台 + 创新检测平台"自主检测体系,茂名"检储配集成"应用达到国际领先水平。与近 500 家电力装备企业实现工业互联，实时采集物联工厂信息，支撑远程全景品控。

### 1.3.3　存在的不足

目前各电网物资检测中心在实际建设和运营中仍然存在以下问题。

#### 一、检测技术仍需迭代升级

目前各检测中心采用各种自动化、集成化设备，检测效率得到了较大提升，但研究重点主要集中在试品流转和试验项目自动切换方面，在试品的自动接线方面研究较少，主要还是采用人工接线模式，以使用数量较为庞大、检测需求最迫切的变压器为例，通常一台变压器接线需要 20 ～ 30min，既存在接线不规范甚至误接线的风险，又存在一致性无法保障的问题，无法完全满足物资大规模批量化检测需求。

物资检测涉及种类和检测项目较多，一个试品完成所有检测项目耗时较长，所以目前检测模式只能在电网物资到货后按设备重要性、数量等随机抽检方式，无法实现全批次检测。尤其对于电力电缆、配电变压器和开关柜等物资种类，需求量大、检测耗时长，目前检测的时效性还需进一步提升。因此，当前的物资检测工作缺乏更加快速高效的检测技术，来满足开展大规模批量化检测的需求。

#### 二、数据价值仍待挖掘应用

物资质量评价主要通过物资抽检获取电力物资试验数据，对照试验标准，对电网物资是否合格进行判定。其传统的质量监督评价体系虽然保障了产品的基础质量，但是无法对产品质量和供应商的质量管控水平进行量化评价，尚不能满足现阶段电网物资"选优选强"的需求。

国家电网公司推进物资质量检测数据接入统一平台，形成公司重要数据资产。目前检测数据价值还没有得到充分挖掘，还不能更科学地用来指导供应商评价工作、更有针对性地提升电网物资质量，从而更好地服务于电网建设。目前检测数据无法在各单位安全共享，面临安全性、开放性不足等问题。

#### 三、运维方式仍需数字优化

目前电网物资质量检测基地主要采用故障后人工现场运维或定期运维模式，由于基地设备种类多、数量大、涉及专业面广，通常需要多名专业人员到现场，受运维人员素质、厂家响应速度、备品备件存量等多因素影响，运维效率偏低，耗费了大量的人力、物力和时间，还可能因处理不及时影响正常运营甚至造成安全事故。

## 1.4　新技术发展趋势

### 1.4.1　数字化

国家电网公司提出通过数据模型开展诊断分析，精简优化业务流程。运用大数据、区块链和身份识别技术，推动业务数据可信、可溯、互认，实现合同结算单据、质量检测报告防伪保真、线上共享；完善质量监督"云网络"，依托 EIP 加强重点设备"云检验"，组建物资质量专家智库，对重点设备制造质量进行解剖分析，从设计标准、原材料选型、工艺控制、试验检测等方面开展"云诊断"。在《绿色现代数智供应链发展行动方案》中提出加大人工智能、超级自动化、数字孪生等前沿数字化技术的融合应用。

在区块链技术方面，目前国网公司正在开展基于区块链的质检数据共享机制研究，基于国网链的建设及应用，对检测数据进行去中心化管控，有效解决传统检测数据易篡改、安全性、公信力不足的问题。通过采取区块链技术，实现对检测数据获取的实时跟踪及共享，有效保障了检测过程的透明度。推动质检数据的安全共享，提升质检数据的社会公信力。

在数字孪生技术方面，针对当前检测基地主要采用人工运维模式，运维效率低、运维质量差的问题，目前正在开展智能运维技术研究，拟通过数据模型开展诊断分析，精简优化业务流程。运用大数据、区块链和身份识别技术，推动业务数据可信、可溯、互认，实现合同结算单据、质量检测报告防伪保真、线上共享；完善质量监督"云网络"，依托EIP加强重点设备"云检验"，组建物资质量专家智库，对重点设备制造质量进行解剖分析，从设计标准、原材料选型、工艺控制、试验检测等方面开展"云诊断"。实现设备远程运维和全天候实时运维，基于边缘计算和数字孪生技术，实现与系统边缘端、应用边缘段、实物边缘段的互联互通，同时保障了设备及网络安全，提升设备物联体系的安全性和智能性。改变传统线下运维向云端运维变革，实现设备云端的状态实时感知，24h全天候的设备运维，提升检测基地运维的高效性和便捷性。本项目提出大数据分析技术，对设备运行数据进行预警告警模型构建，实现设备运行的预警告警。运用人工智能等新技术对运维大数据进行存储、科学分析和优化决策，实现检测过程优化、设备故障预警、降低检测能耗、提升设备能效和安全水平，促进配网物资检测工作的高效与规范化。

### 1.4.2 智能化

国家电网公司在2021年物资重点工作任务中明确提出要深化新兴质量检测自动化技术应用研究，推动作业环节机器代人；深化供应链业务智能化改造，提高业务办理透明度，运用流程自动化技术，全面推动供应链全要素数字化、全流程自动化、全场景无人化；在《绿色现代数智供应链发展行动方案》中提出加快公司供应链平台与服务升级、绿色和数智升级。加大采购、仓储、物流、检验检测等作业机器人、流程机器人研发应用，实现供应链智能化作业。

目前多个检测中心均在不同程度地开展机器人和视觉识别技术在电力物资自动接线、自动制样、自动检测等方向的理论研究和实践应用研究，已初步实现标准化物资自动封样、变压器自动接线、电缆自动制样、电缆保护管自动制样和检测等功能。

### 1.4.3 小型化

针对部分物资检测项目较多、耗时较长、大规模批量检测难度大等问题，检测仪器制造企业运用先进的电力电子技术、自动控制技术、信息化技术，积极研制小型化检测装置和仪器仪表，便于现场开展检测工作，压缩了检测周期、提升了检测效率，收到预期效果。比如在国网公司三类物资典型质量问题专项整治工作中，成盘电缆检测设备凭借其体积小、易携带、易操作的优势快速批量地实现了电线电缆逐盘"预筛检"。

目前市场上已先后投入使用了成盘线缆便携式检测装置、配电变压器快速一体化顺控检测装置、真空断路器触头夹紧力的快速检测、水泥杆质量快速检测仪等小型化快速检测装置，大幅提高了相关物资设备质量检测的现场可实施性和覆盖面。

# 第 2 章

# 电力物资检测系统

电力设备的质量水平是电网安全可靠运行的重要保证，入网质量检测是抵御低质劣质电力设备进入电网的最后一道防线。因此，需要加强电力物资质量检测能力建设，不断完善电力物资质量检测体系，加强采购设备质量检测力度，提升入网设备质量。

以物联网、大数据、云计算和人工智能为代表的新一轮信息技术蓬勃发展，推动全球加速进入数字管理时代，也推动电力物资质量检测体系进一步发展。电力物资检测系统运行于电力物资质量检测中心，充分利用了数字化技术和智能化技术，实现电力物资的"透明"检测。

## 2.1　电力物资检测系统构成

电力物资检测系统由智能化仓储系统、自动化物流系统、集约化检测系统及信息化管理平台组成，如图 2-1 所示。系统用户通过移动客服 App 发送委托检测函，检测部门通过与移动客服 App 相互关联的信息化管理平台接收委托任务，并能将配送进度、检测报告查询等相关信息及时发布给用户。信息化管理平台接收试品信息，根据试品信息获取用户预先通过 App 设定的对应试品信息的检测任务。信息管理平台解析检测任务，并生成相应的检测流程，按照检测流程指引智能化仓储系统、自动化物流系统、集约化检测系统进行作业。

### 一、智能化仓储系统

智能化仓储系统主要包括仓储管理系统和仓储控制系统两部分。该系统用于将待检设备送入待检区，并从卸货进入试品区开始为每台被试设备建立完整的物流信息档案。

### 二、自动化物流系统

自动化物流系统包括自动搬运系统和自动分拣控制系统两部分。试验完成的被试设备在进入已检区之前，需要先扫描条码，获取设备信息，确认后可进入已检区。待出库的设备，通过扫描二维码，获取被试设备信息，进行信息总核对，完成之后可确认出库。

### 三、集约化检测系统

集约化检测系统可自动根据物资类型、被试品需要检测的试验项目和工位区试验能力，给出多条备选检测路线（包括被试品转移路线、试验项目流程、所需试验设备和仪器），工作人员可根据实际情况更改检测路线。集约化检测系统执行具体的检测任务。

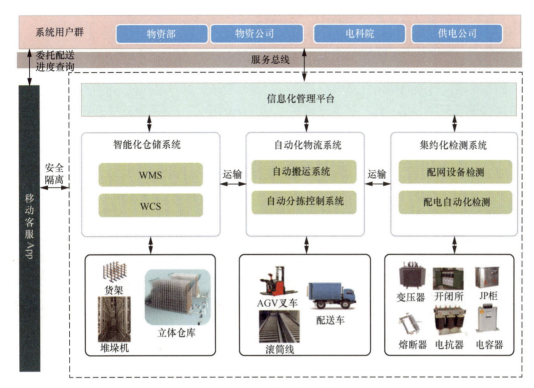

图 2-1 电力物资检测系统

### 四、信息化管理平台

信息化管理平台包括检测中心信息管理平台和手机客服 App 平台，信息化管理平台接收试品信息，根据试品信息获取用户预先通过用户终端设定的对应试品信息的检测任务。信息化管理平台是整个检测系统的大脑，控制整个系统的检测任务及相关作业流程。

## 2.2 智能化仓储系统

### 2.2.1 技术概述

随着生产技术的发展，生产机械化已是社会生产的基本要求。机械具有承重能力强，工作时间久，效率高等众多的优势。仓储作业大都负荷重、数量大、时间紧、环境恶劣，存在着众多系统性安全隐患，因而仓储机械化是仓储发展的必然趋势，仓储通过机械化可尽量少使用人力作业，从而加大作业集成度，减少人身伤害和货物损害，同时提高作业效率。因此，随着货物运输包装的大型化、托盘化的发展，仓储也必然需要机械化作业。

#### 一、智能化仓储系统的相关技术

智能化仓储的应用实现必须依靠相关的现代技术，包括自动化立体库、互联网技术、RFID（无线射频识别技术）、条码技术、人工智能和专家系统等。

## 1. 自动化立体库

自动化立体库主要由高层货架、巷道堆垛和出入库的接驳输送设备系统等组成。自动化立体库的优点是节约空间、存储量大，有助于减少货物损失、降低库存及降低人工成本，在各个行业都有推广应用。

## 2. 互联网技术

如今互联网技术的使用已经普及到社会的各个领域，对互联网技术的应用，突破了空间距离实现了资源共享。此外，通过网络基础设施的建立，并且借助服务器和通信网络，实现数据在互联网内的传输和信息共享，大大提高了物流活动效率。

## 3. RFID 技术

RFID 技术的应用是通过电子标签反射回的射频信号识别货物信息，它无需人工干预，适用于各种作业环境。RFID 技术具有非接触、阅读速度快、无磨损等优点，电子标签不受环境影响，寿命长，广泛应用于智能仓储中心作业领域。

## 4. 条码技术

条码技术属于自动识别范畴，是一种很实用的数据输入技术。它通过扫描仪扫描货物条码，从而获得货物的具体信息。在智能仓储的入库、搬运、存储或是配送过程中，通过应用条码技术快速提高了物流作业的效率和准确性。

## 5. 人工智能和专家系统

人工智能和专家系统是一个有助于智能仓储管理的技术，该技术在物流仓储行业中得到广泛的应用。利用专用的软件，仓储物流中心可以实现在采购、存货、出货、营销、配送等决策方面更加迅速和科学。

## 二、智能化仓储系统的发展特征

### 1. 功能专业化

通过专业化的发展提供个性产品，将企业资源充分利用到有特长的项目上，才能提高效益，形成竞争的良好态势。

### 2. 仓储标准化

仓储标准化是指在仓储中采用法律法规规定的仓储标准或者行业普遍实行的惯例。这不仅有助于实现仓储环节与其他环节的密切配合，也是提高仓库内部作业效率、充分利用仓储设施和设备的有效手段，是开展信息化、机械化、自动化仓储的前提条件。仓储标准化主要包括包装标准化、标识标准化、托盘标准化、容器标准化、计量标准化、条形码、作业工具标准化、仓储信息等技术标准化，还有服务标准、单证报表、合同格式等标准化。

### 3. 仓储自动化

仓储自动化是指对仓储作业进行计算机管理和控制。在仓储作业中通过物流条码技术、射频通信、数据处理、仓储信息管理等技术，指挥堆垛机、传送带、自动导向车、自动分拣等自动设备完成仓储作业，同时完成报表、单证的制作和传送。对于危险品、冷库、粮食等特殊仓储，采用温度、湿度自动控制技术和自动监控技术，确保仓储安全。

### 4. 仓储信息化

仓储信息化是指通过计算机和相关信息输入输出设备，对货物识别、理货、入库、保管、出库进行操作管理，进行账目处理、货位管理、存量控制，制作各种报表和提供实时的查询。仓储信息化管理是提高仓储效率、降低仓储成本的必要途径。物流中心和配送中心的存货品种繁多，存量差异巨大，出入库频率各不相同。要提高仓库利用率，保持高效率的货物周转，实施精确的存货控制，必须进行计算机的信息管理和处理。

5. 管理科学化

管理科学化是指在仓储管理中采用合理、高效、先进的管理模式和方法。管理科学化是实现高效率、高效益仓储的保障。管理科学化包括管理体制、管理组织、管理方法 3 个方面。采用高效化的组织机构，实行规章化的责任制度，建立动态的奖励分配制度，实施有效和系统的职工教育培训制度。

### 三、智能化仓储系统的特点

（1）充分有效地利用库房的垂直空间，大大减少了占地面积，提高了空间的利用率，有统计表明，自动化立体仓库比传统仓库可以节省 20% ～ 30% 的占地面积。

（2）采用机械与自动化工作，提高了工作效率，降低操作人员的工作强度和难度，同时减少了人力资源成本，提高了劳动生产率，与传统的仓库比较，自动立体仓库可以减少 60% ～ 70% 的人力资源。

（3）运用托盘和货箱存储物资，大大减少了物质的受损率，节约了资源成本。近年来珠三角、长三角地区规模逐渐扩大，而仓储业作为物流产业的主体，总体呈上升发展趋势。

（4）运用计算机技术控制，能够准确对仓储物资进行管理，与传统的管理模式比较，加快了仓储物资的盘点过程，并且提高了准确率，降低了人为出现的错误，提供了仓储管理水平，节约了库存成本。

（5）利用计算机对仓储物资进行合理调度，能加快货物周转，防止货物因长期储存而变质。

### 四、智能化仓储系统设计的原则

（1）智能化仓储系统是一个及其复杂的综合性系统，包括运输、控制、管理技术，同时又涉及经济管理与统计学，在对自动化立体仓库进行分析时，要同时把专业性与经济性考虑进去，贯彻落实"核对、选择、监控"六字方针。

（2）满足传统的实际业务需求及智能化仓储业务管理系统的智能化与系统化。

（3）在技术成熟稳定的前提下达到技术先进性、合理，满足实时监控的可靠性。

（4）从企业未来发展与信息传递角度出发进行控制，实现信息传递的高效率、高质量。

## 2.2.2　发展现状

### 一、国外发展现状

20 世纪 50 年代初，美国出现了采用桥式堆垛起重机的立体仓库，60 年代初出现了由司机控制的有轨巷道式堆垛机，1963 年首先在仓库业务中采用计算机控制，建立了第一座计算机控制的立体仓库。这时机械式立体库系统开始出现，主要是通过机械设备来实现出入库作业等；到 20 世纪 70 年代，随着条形码、自动小车以及 PLC 等设备技术的发展，出现了可以实现控制自动化的第二代自动化仓库系统。

到了 20 世纪 80 年代末，随着计算机技术的突飞猛进，集成化立体仓库系统（Integrated High-Rise Warehouse System）诞生了，该系统结构是由管理级、监控级、控制级组成的三级分布式控制结构，整个仓库系统的出入库作业和库存管理控制是通过上位管理机来实现协调与控制，并且在整个过程中与上位工厂的信息管理网相连接，实现微机化管理。进入

90 年代后，智能立体仓储系统（Intelligent High-Rise Warehouse System）开始逐渐出现，智能立体仓储系统不仅可以对出入库作业信息进行全自动的处理，而且还可以根据每天的生产计划进行报表分析，得出该生产计划下所需要的原材料与人力数据，并且可以根据原材料现有库存量来制定是否需要外购，一旦出现一些物资库存量不能够满足生产计划的情况，系统可以根据仓库现有的物资情况适当的修正生产计划，并且把相关数据与计划上报给工厂相关部门。

21 世纪的今天，第五代 3I（Intelligent、Integrated、Information）型仓库系统的雏形已经逐渐显现。随着电子数据交换 EDI 技术的发展及应用，自动化立体仓库系统逐步向 3I 仓库系统过渡。

目前，自动化立体仓库已经广泛地应用于发达国家的各个行业。据统计，在美国各种类型的自动化立体仓库有 20000 多座，英国有 4000 多座，德国有 10000 多座，日本有 38000 多座。如今，自动化立体仓库正在向高度 40m 以上的巨型立体仓库发展，其研究与应用已经达到标准化、系列化、流水线生产程度，并具有相当高的自动化水平。

### 二、国内发展现状

我国智能化仓储系统主要采用 RFID 技术，并配备了相应的配送中心，既提高了运送效率，又有效降低了成本，虽然其目前发展方向与信息化很好地结合到一起，但与发达国家相比还是存在很多问题。发达国家如美国、日本等智能化仓储系统建设的比较完善，不仅配备了相关的较为健全的设备，而且实现了零库存，无论是在技术水平还是仓库条件都已经走在世界前沿。

20 世纪 60 年代初，我国首次研发智能化仓储系统的相关设备，虽然到今天已经有了很大的进步，但存在着地区分布不均、信息化和智能化水平低的问题。我国智能化仓储系统主要分布在广东地区和长江流域附近，西南和东北地区所占比例较小。广东地区和长江流域都属于沿海地区，物流需求大，带动了智能化仓储系统的发展，而其他地区的发展情况较为落后，使得我国智能化仓储系统的发展极不平衡。

## 2.2.3　智能化仓储系统结构

按照智能化仓储系统各部分的功能和数据流方向，智能化仓储系统可以划分为网络和硬件层、数据层、应用支撑层、应用层、用户认证层、用户层。整个系统建立在完善的标准规范体系和信息安全体系基础上，各层都以其下层提供的服务为基础。所有用户采用单点登录的模式，经过系统身份认证和授权后进入系统。智能化仓储系统结构如图2-2所示。

### 一、网络和硬件层

网络和硬件层是系统运行的物质基础，是实现智能仓储系统信息管理与物资自动化存取的硬件支撑。系统涉及的网络主要包括公司核心网络、公众服务网、PLC 控制网等。系统涉及的硬件主要包括网络与控制硬件和仓库存取硬件。

1. 网络与控制硬件

网络与控制硬件主要包括服务器、工作站、交换机、存储备份系统、操作终端、手持终端、PLC 控制器、传感装置等。

2. 仓库存取硬件

仓库存取硬件主要储存装置、搬运装置、接驳装置、信息识别装置及室内定位装置。

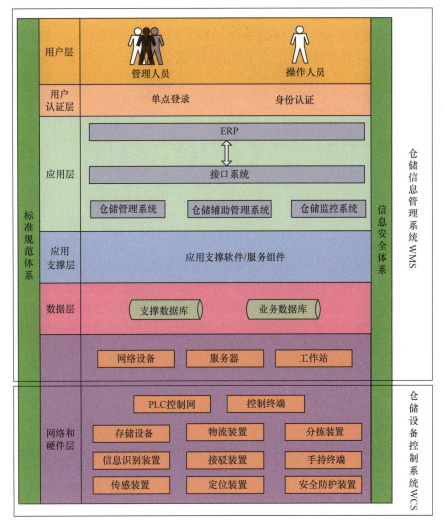

图 2-2　智能化仓储系统结构

（1）储存装置。用于物资储存的物理单元，如货架；

（2）搬运装置。主要包括自动化搬运装置和智能搬运装置，可实现物资在仓库中的转运。自动化搬运装置包括电动叉车、电动堆高车等，智能搬运装置包括 AGV 小车、堆垛机、机械手等。

（3）接驳装置。实现智能仓储系统与其他系统的对接，保证仓库存取效率。如与物流配送系统接驳、与检测系统接驳等。

（4）信息识别装置。主要用于进行入库物资身份读取及物资与其对应容器的信息绑定，为库存物资的信息管理提供信息支持。

（5）室内定位装置。基于电子地图和安装在货品上的定位标签，实现仓库物资或人员的管理，是解决资产分散管理、无序存放、查找困难等问题的有效解决方案。定位技术是一种应用广泛的高科技技术，目前常见的定位技术主要有 PPD 定位、GPS 卫星定位、北斗定位、蓝牙定位、Wi-Fi 网络定位、UWB 定位、GPRS/CDMA 移动通信技术定位、超声波定位等。

## 二、数据层

数据层是系统数据存储和管理的中心，由业务数据库、系统运行支撑数据库等组成。业务数据库包括工作流管理库、业务管理数据库。系统运行支撑数据库中主要包含元数据等。

## 三、应用支撑层

应用支撑层主要采用 Weblogic 等成熟的服务组件，这些支撑软件为系统的开发、部署、应用提供了各项应用支撑，简化了系统实施的过程。

## 四、应用层

应用层即信息系统。该系统借助应用支撑层提供的应用服务，建立业务所需的各个系统，实现管理的数字化。该层主要包括仓储管理系统、仓储监控系统、仓储辅助管理系统等系统的建设。

## 五、用户认证层

用户认证层提供统一登陆和身份认证服务，为系统用户提供统一的系统入口，能够有效区分合法用户和非法用户。系统采用口令技术，对用户登录要求进行身份验证。用户在登录系统时，必须输入用户名和相应的密码，系统验证正确后，方能进入。身份验证包括主机操作系统验证、网络验证、数据库验证等多种验证。系统管理员可以对不同的用户设立不同的权限，以确保系统和数据的安全。

## 六、用户层

用户层主要包括公司的管理人员、操作人员等。用户层提供良好的人机交互界面和在线帮助功能。

## 七、标准规范体系

在系统建设过程中，充分参考各种国家技术规范和行业标准，在技术上和管理上提供标准化依据，逐步形成公司行业信息化标准。标准规范体系是系统正常运行的重要保障，包含了两方面的含义：数据标准化和管理标准化。数据标准化是指针对空间数据及相关业务数据标准化体系的建立；管理标准化是指制定公司管理各个相关负责主体的工作规范、考核标准等以健全日常工作体系。

## 八、安全措施和安全技术手段

在系统建设过程中，充分考虑各层次的安全措施和安全技术手段，通过软硬件技术和安全管理手段以保证系统在安全稳定的环境中运行。通过机房管理、内外网隔离、数据加密、权限控制等安全机制实现对数据和信息的合法化访问。

## 九、智能仓储系统软件

按照智能化仓储系统软件布设方式，智能仓储系统软件可以分为仓储设备控制系统（Warehouse Control System，WCS）和仓储信息管理系统（Warehouse Management System，WMS）两部分。其中，WMS 提供数据交互接口，能够与企业资源计划系统（Enterprise Resource Planning，ERP）进行数据共享。

### 1. 仓储设备控制系统（WCS）

WCS 是位于 WMS 与仓储设备之间的中间层，负责协调、调度底层的各种搬运装置、接驳装置及信息识别装置等，使底层物流设备可以执行仓储系统的业务流程，并且这个过程完全是按照程序预先设定的流程执行的。

**2. 仓储信息管理系统（WMS）**

WMS 是通过入库业务、出库业务、仓库调拨、库存调拨和虚仓管理等功能，综合批次管理、物料对应、库存盘点、质检管理、虚仓管理和即时库存管理等功能综合运用的管理系统，能有效控制并跟踪仓库业务的物流和成本管理全过程，实现完善的企业仓储信息管理。WMS 可以独立执行库存操作，与其他系统的单据和凭证等结合使用，可提供更为完整全面的企业业务流程和财务管理信息。

## 2.3　自动化物流系统

### 2.3.1　技术概述

物流以满足客户需求为目的，运用现代物流理论和技术，运用市场机制整合社会运输、仓储、装卸、搬运、加工、信息等功能，为提高原材料、在制品、制成品以及相关信息从供应到消费的流动和储存的效率和效益而进行的计划、执行和控制的过程。物流系统是在一定的时间和空间里，由所需位移的物资、包装设备、装卸搬运机械、运输工具、仓储设施、人员和通信联系等若干相互制约的动态要素所构成的具有特定功能的有机整体。物流系统具备运输、储存保管、装卸搬运、包装、流通加工、配送和物流信息等 7 个基本功能要素。物流系统的建立和运行，需要大量技术装备手段作为支撑。

自动化物流是指物流作业过程的设备和设施自动化，包括运输、装卸、包装、分拣、识别等作业过程，比如，自动识别系统、自动检测系统、自动分拣系统、自动存取系统及自动跟踪系统等。

自动化物流系统是集光、机、电技术为一体的复杂的系统工程，能够实现物料传输、识别、分拣、堆码、仓储、检索和发售等各个环节的全程自动化作业。该系统是集自动化高架立体库系统、自动化输送系统、自动导引车以及往复式穿梭车系统、逻辑控制系统为一体的计算机集成化物流管理系统，广泛应用于机械、电子、商业、化工、交通、食品、烟草等各行各业，能够实现物料运输、识别、分拣、堆码、仓储、检索、发售等各个环节的全过程自动化作业。

#### 一、自动化物流技术的组成

自动化物流系统主要包括：自动化高架立体仓库；AS/RS（Automatic Storage and Retrieval System）自动存取系统；自动化输送机运输系统；自动导引车系统（Automated Guided Vehicle，AGV）；可编程逻辑控制系统和计算机集成管理系统等。

#### 二、自动化物流系统的特点

**1. 系统化**

物流自动化系统是一个包含多个环节，将光、机、电、控制、信息等先进技术组合在一起的复杂系统，因而必须利用系统科学的思想和方法来建立、分析和优化系统结构，合理定义和划分各子系统的功能和任务，科学配置和协调系统内部参数，使系统具有最高运行效率和可靠性。

**2. 集成化**

随着物流专业化和社会化的发展，物流企业提供的功能和服务不断地增加，制造业和商业企业的物流不断地转移，特别是在现代供应链的运作方式下，物流的含义从传统的仓储和运输延伸到采购、制造、分销等诸多环节。物流功能的增加必然要求对物流环节或过程进行整合集成，通过集成，优化物流管理，降低运营成本，提高客户价值。另外，由于科学技术的发展和其在物流领域的广泛应用，在提高了物流管理水平的同时，也面临着各种技术之间的集成问题。因此，集成化至少包括：管理集成和技术集成两个方面的内容。由于现代物流管理越来越依赖于先进的技术，因此，还会出现管理和技术交叉的集成问题。

3. 自动化

物流自动化是指物流作业过程的设备和设施的自动化，包括运输、轻卸、包装、分拣、识别等作业过程。比如自动识别系统、自动检测系统、自动分拣系统、自动存取系统、自动跟踪系统等。物流自动化可以方便物流信息的实时采集与跟踪，提高整个物流系统的管理和监控水平等。物流自动化的设施包括条码自动识别系统、自动导引车、货物自动跟踪系统等。

4. 智能化

伴随着科学技术的发展和应用，物流管理从手工作业，到半自动化、自动化，直至智能化，这是一个渐进的发展过程，从这个意义上讲，智能化是自动化的继续和提升。可以这样理解，自动化过程中包含更多的机械化成分，而智能化中包含更多的信息化成分，包括集成电路、计算机硬件和计算机软件等。智能化在更大范围内和更高层次上实现物流管理的自动化，智能化不仅用于作业而且用于管理，比如库存管理系统、成本核算系统等。智能化不仅可以代替人的体力而且可以运用或代替人的脑力，所以和自动化相比，智能化更大程度地减少了人的脑力和体力劳动。

5. 网络化

这里的网络既包括由计算机和电子网络技术构成的进行物流信息交换和系统控制的电子网络，又可指交通运输网络、公司业务网络和在此基础上形成的全国性、区域性乃至全球性的分销和物流配送网络。

6. 信息化

在电子商务时代，物流信息化是电子商务的必然要求。物流信息化表现为物流信息收集的数据库化和代码化、物流信息处理的电子化和计算机化、物流信息传递的标准化和实时化、物流信息存储的数字化等。

## 2.3.2 发展现状

我国物流技术发展历经艰难起步到自主创新，目前国内生产的物流装备已经可以满足大多数行业和客户的需求，但物流装备技术整体水平依然落后于国外先进水平，与欧美、日本等发达国家相比，我国企业在产品创新能力、产品质量、产业规模方面仍有较大差距，技术基础薄弱和原创技术匮乏，使得国产装备的技术发展依然处于跟随和仿制国际品牌的状态。今后，中国物流装备企业需要通过分析掌握技术发展趋势，引导行业技术发展方向，促进物流装备整体技术水平快速提升。

有数据显示，2002年后中国物流装备市场年增长速度超过30%。尽管国内自动化物流装备制造业的技术在逐步完善，但在高端产品研发生产和创新性集成应用等方面还不能满足市场需求。以下结合国外知名厂商的典型产品和技术分析物流装备的发展趋势。

一、绿色节能

近年来，在全球倡导节能减排的大趋势下，物流装备企业以提高效率、降低成本为技术宗旨，大力推广绿色节能技术，许多厂家不遗余力发掘设备潜力，推动产品轻量化设计带动产品升级；以堆垛机等为代表的设备则采用能量回收技术，将制动再生的电能回馈至电网，达到减少能量损耗的目的；高效节能电机的使用将越来越广泛，国内已经有厂家将高效节能电机作为标准配置。

系统设计层面同样体现绿色节能设计，如目前国内外开发和应用的热点技术——多层穿梭车系统，由于有效作业载荷与设备自重比值较小，大大降低了每个仓储单元存取作业的能耗；AGV 系统采用最短和高效的路径规划，为用户节省使用能耗，并在调度管理方面将最低能耗原则作为系统调度策略之一以达到节能目的；堆垛机运动控制采用智能运行曲线，通过降低每一个运动周期的电能消耗来节约电能。

二、高速高效

从仓储到输送再到分拣整个过程的物流设备均体现出高速高效的特点。特别是当前电子商务、快速消费品、服装等行业的配送中心规模巨大，需要快速完成分拣和配送作业，必须大幅度提高物流装备的运行效率和处理能力，对堆垛机、输送系统、分拣系统等都提出了高效率、高能力的要求。国际知名的物流装备企业均拥有行走速度超过 300m/min、加速度超过 2m/s 的轻型高速堆垛机；最快的多层穿梭车的行走速度超过 400m/min，一个夹抱货物循环周期仅用时 3.5s。这些设备将仓储系统的出入库能力提升了 5～10 倍。国外某公司采用滚轮链板的设计将配送中心使用的高速合流系统的最高合流能力提高到 8000 件/h，国际专业分拣设备供应商均推出了超过 10000 件/h 的高速分拣机。

三、智能化

在物联网、检测、智能识别等技术的支持下，物流设备在智能化、自动化方面可以达到更高水平。以欧美国家为代表的 AGV 特别强调全自动化，配置品种丰富和专业化的搬运移载工装，使其能够运用在几乎所有的搬运场合，甚至设备和设备之间可以进行信息交互，自主完成任务分配和路径选择，几乎不需要人工的干预。用于机场行李长距离搬运的 DCV 小车的单机智能化特点更加显著，小车具有选择任务和路径的能力，整个系统犹如智能驾驶的高速公路系统。有研究机构已经将物联网技术应用到输送系统中，被输送的物体搭载信息，在整个输送过程中物料状态被系统自动感知，系统会智能选择最高效的输送路径完成搬运。

四、高品质

物流系统在企业的生产活动中不仅仅是完成物料的存储和搬运，而是常常影响或决定着企业的整个生产环节，是企业生产活动的生命线和保障线。由于使用企业一般缺乏相关的专业技术人才，高可靠性、快速可维修和低成本运营等特性是自动化物流装备必然的发展趋势。对于堆垛机、穿梭车等主机设备，欧美、日本知名厂家依托自身的加工工艺和先进的制造工艺持续改进，使产品质量始终保持高水平。而国内厂家在产品设计理念和产品生产过程中，对产品品质的重要性认知不足，造成了产品品质较国外有一定差距，需要认真反思、不断进步。

五、技术专业化、产品产业化

国际化的物流装备制造企业以持续的技术积累实现了产品模块化、系列化和通用化，世界排名前列的国际大公司以提高制造效率和降低制造成本为目的，对输送设备、堆垛机等产品实施持续改进，其生产规模和效率远远高于国内厂家。中国物流装备企业不仅需要在先进技术方面紧跟国际步伐，更需要结合自身条件研究专业化和产业化技术，以适应国内物流产业化提升的发展趋势。

### 六、功能多样化

在技术层面，单机设备与系统的划分界限逐渐模糊，重视流程设计和完整系统的解决方案成为物流装备技术关注的热点。

近年来欧洲和日本厂商推出面向仓储领域并具备分拣功能的多层穿梭车系统，可用于分拣存取货物，灵活实现货位数量的增减，多车系统需要在高效的前提下承担分拣排序等功能，体现出物流设备和系统功能多样化的特点。

在生产物流和配送物流领域需要解决大流量货物的输送和搬运问题，当搬运系统能力需求超过 200 托盘 /h，采用传统的输送线解决方案耗资巨大，能力不足，因此国外许多集成商采用多车 RGV 系统来解决大流量货物的搬运问题。这样的系统不仅具有大流量和高能力的输送和搬运的功能，甚至在系统中承担了区域到区域、货到人的拣选功能。国内物流装备企业如昆船也开展了多层穿梭车、多车系统和穿梭车变轨技术等方面的研究，完成了能够主动转向的双轨穿梭车、EMS 系统、地面 EMS 系统、多层穿梭车系统的研发，以适应不同用户的需求。

### 七、应用行业领域更加广泛和深入

在应用领域层面上，随着制造企业自动化水平的提高，各种行业出现丰富多样的物流技术的应用，新产品和新技术不断出现。以 AGV 系统为例，国外在装备制造、冶金、化工等行业对重载和复杂功能的 AGV 的需求呈逐年增多的趋势，承载量为 10 ~ 125t 的重载 AGV 产品均已得到应用。目前，国内在重载 AGV 技术方面已经有了突破，采用多轮独立悬挂驱动技术可以生产出载重量达到 20t 的 AGV 产品；面对复杂使用环境的 AGV 导航技术已经从单独的激光、电磁、磁条导航发展到复合导航，以应付更加复杂的路径规划。堆垛机技术扩展更加明显：随着自动化仓储系统越来越广泛地运用于各行业，出现了越来越多的特种堆垛机，如转轨堆垛机、换轨堆垛机、存取不同形状货物的特种堆垛机等。需求的变化考验着一个企业的产品设计能力和制造加工能力，国内企业需要对物流设备和系统的控制技术、调度技术进行更加细化和深入的研究。

## 2.3.3 自动化物流系统结构

从广义上讲，物流的概念就是"物质的流动"，其具体定义是"物品从供应地向接收地的实体流动中，根据实际需要，将运输、储存、装卸、搬运、包装、流通加工、配送、信息处理等功能有机结合起来实现用户要求的过程"。物流所要解决的问题是物流活动的机械化、自动化和合理化。所谓自动化物流就是有机地将自动化的思想和方法应用于物流过程中，把先进的科学技术成果广泛用于物流活动的各个方面，实现物流管理、物流作业、物流控制过程的无人和省力，以达到提高物流作业效率、降低物流成本的目的。

### 一、自动化物流系统的分类

自动化物流系统按主要功能可划分成仓储自动化物流系统、中转自动化物流系统、生产自动化物流系统等多种类型，并具有不同的应用范围和技术特征。

1. 仓储自动化物流系统

仓储自动化物流系统是自动化物流中最基本的系统，其基本结构代表了自动化物流系统的主要特征。仓储自动化物流系统具有存储物料、协调供需关系等基本功能，被喻为生产流通领域的"调节阀"。系统由货架（或堆场）、自动识别设备、自动搬运设备、输送设备、码垛设备、信息管理和控制系统等组成。

2. 中转自动化物流系统

中转自动化物流系统的主要功能是实现异地物流运输、物流配送等。系统由各种运输设备、自动分拣设备、信息识别设备、包装设备、信息管理和控制系统等组成。

3. 生产自动化物流系统

生产自动化物流系统是指生产企业中实现不同场地、不同工序或不同设备之间的物料（原材料、半成品、产品等）或工器具自动传送的系统。

### 二、实际检测过程中的自动化物流系统

根据配网设备质量检测的工况需求，实际检测过程中所涉及的自动化物流系统主要由信息识别系统、自动搬运系统及自动分拣系统组成，如图 2-3 所示。

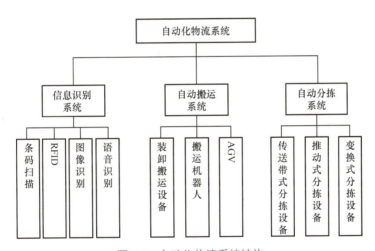

图 2-3 自动化物流系统结构

# 2.4 集约化检测系统

## 2.4.1 技术概述

### 一、集约化检测

集约化原是经济领域中的一句术语，本意是指在充分利用一切资源的基础上，更集中合理地运用现代管理与技术，充分发挥人力资源的积极效应，以提高工作效益和效率的一种形式。

集约化检测是一种具有高效益和效率的检测模式。将测试对象及测试项目、测试场地

进行更加合理的统筹优化，借助现代集成化的检测设备，以自动化的检测形式，并通过信息化、安全化的实验管理模式，来达到高效的检测目的。

## 二、自动检测系统

自动化检测是由计算机进行控制对系统、设备和部件进行性能检测和故障诊断，是性能检测、连续监测、故障检测和故障定位的总称。现代自动检测技术是计算机技术、微电子技术、信息论、控制论、测量技术、传感技术等学科发展的产物，是这些学科在解决系统、设备、部件性能检测和故障诊断的技术问题中相结合的产物。凡是需要进行性能测试和故障诊断的系统、设备、部件，均可以采用自动检测技术，它既适用于电系统也适用于非电系统。电子设备的自动检测与机械设备的自动检测在基本原理上是一样的，均采用计算机 / 微处理器作控制器通过测试软件完成对性能数据的采集、变换、处理、显示 / 告警等操作程序，而达到对系统性能的测试和故障诊断的目的。现代的自动检测系统，通常包括控制器、激励信号源、测量仪器、开关系统、适配器、人机接口、检测程序几个部分。

1. 程控接口技术

如何实现检测系统与被测设备间的自动连接，是实现检测过程自动化的关键。用计算机程序控制的接口单元（PIU）是解决这一问题的重要手段。这种程控接口（PIU）包括一组通用的连接点，并配有所需的缓冲器和多路分配器，用于完成 3 项基本任务。

2. 虚拟仪器技术

20 世纪 80 年代末期，美国 NI（National Instrument）公司提出了虚拟仪器的概念：在一定的硬件平台下，利用软件在屏幕上生成虚拟面板，在软件导引下进行信号采集、运算、分析和处理，实现传统仪器的各种功能。

虚拟仪器是计算机技术同仪器技术深层次结合产生的全新概念的仪器，是对传统仪器概念的重大突破。传统仪器的主要功能模块都是以硬件（或固话的软件）的形式存在的，而虚拟仪器是具有仪器功能的软硬件组合体。虚拟仪器的功能可根据软件模块的功能及其不同组合而灵活配置，因而得以实现并扩充传统仪器的功能。

3. 专家系统

自动检测技术与专家系统的结合也是自动检测领域的一个重要发展趋势。专家系统作为人工智能的重要组成部分，于 20 世纪 50 年代产生，到 80 年代形成人工智能这一完整的学科体系。美国在 80 年代中期就率先将专家系统引入航空机载设备的检测，效果良好。

4. 现场故障检测技术

现代机载设备的发展趋势是微处理器和大规模集成电路的应用日益普遍，现场故障检测也就越加显得重要。为了便于现场维修，开发、研究诸如特征分析、逻辑分析、电路模拟、内在诊断等现场故障检测技术。

5. 开发、可操作的 ATS 实现技术

所谓 ATS 的可互操作性是指两个以上的系统或部件可以直接、有效地共用数据和信息。就一般的 ATS 结果来说，其互操作性主要体现在可以共用 TPS 和 ATE 资源，可以共用一个底层诊断子系统，可以支持多种运行环境和语言。

## 2.4.2 发展现状

目前，国外自动测试系统（ATS）正朝着通用化、标准化、网络化和智能化的方向迈进。构建通用化自动测试系统，实现测试软硬件资源共享；采用开放的商业标准和工业标准，减少测试系统软、硬件的开发和升级费用；规范软硬件开发过程，提高测试设备的互换性和通用性，实现测试程序集（TPS）的可移植性和可重用性；构建高性能测试系统，优化测试序列，缩短测试时间；构建网络化测试系统，实现测试过程的远程控制与远程故障诊断。

## 一、构建通用化自动测试系统

20 世纪 90 年代中期以来，自动测试系统开发研制的指导思想发生了重大变化，以综合通用的 ATS 代替某一系列，采用共同的硬件及软件平台实现资源共享的思想受到高度重视。其主要思路是：采用共同的测试策略，从设计过程开始，通过"增值开发"的方式使后一阶段测试设备的研制能利用前一阶段的开发成果；TPS 要能够移植，软件模块可以重用；使用商业通用标准、成熟的仪器设备，缩短研发时间，降低开发成本并且易于升级和扩展。

## 二、构建开放的自动测试系统

随着多种测试专用标准及工业标准的制定和应用，测试系统的开放化程度越来越高，在实现系统开放的同时，提高了系统易扩展性和可维护性，降低了开发和维护费用。国际测试界提出的下一代开放性 ATS 目标如下。

（1）自动测试系统体系结构的建立，测试领域接口服务的标准化，实现仪器可互换。

（2）测试程序集 TPS 的可移植和互操作性。

（3）测试信息框架的建立，实现产品设计、诊断和 BIT 信息在测试中的共享和重用。

## 三、提高现有自动测试系统性能

针对被测对象日益复杂、测试项目不断增多，而重新设计新的测试系统又投资过大、不切实际等情况，如何提高现有测试系统的测试性能、测试速度及最大限度地重用现有测试资源是摆在国际测试界面前的又一难题。

提高自动测试系统性能的基本途径如下。

（1）提高数据传输速度和测试仪器速度。通过使用高速的数据传输总线，或是直接采用二进制数据通信。减少仪器传输数据中无用的数字位，或是使用高速的检测仪器以及对仪器进行寄存器编程等。

（2）硬件握手的新方法。基于 VXI 总线的测试设备，新一代的智能板卡可以通过机箱背板，利用开关模块和开关列表直接实现硬件握手而不需要通过计算机来控制；或是使用硬件触发来代替软件延时，能够在最短的时间内提供稳定的测试，这样通常可以减少十倍以上的测试时间。

（3）调整测试流程。采用 FST（Function Sequence Tests）技术，把在同一种测试环境下需要测试的参数统一进行测量，减少设置测试状态和等待到达设置测试状态的时间。在测量的时候把需要测试的参数以及其相应的测试环境测试模式作详细的表述，作为科学安排测试流程的依据。

## 四、构建网络化自动测试系统

把测试触角伸入现场节点，进行分布式测试，充分掌握现场信息，让异地或远程客户共享信息是测试技术发展的方向；同时计算机、微电子、通信和网络等技术的日渐成熟，也为测试技术网络化提供了强大技术动力与物质支持。

国内的自动测试系统（ATS）目前主要是向自动化和集中化发展，将几台相关的自动化仪器串联起来，构成流水作业形成大规划的全实验室自动化。可实现自动取样、自动报告，减少人工干预，节省劳动力。另外，检测功能向模块式组合和流水线式设计流程发展。各模块能既能独立工作，还能组合构成全自动化系统，设计上能紧密组合，形成一个高质量多功能的检测系统，还可以增添各种部件，扩展其功能。具有体积小，检测项目多，自动化程度高、节省资金等特点。与投资大的实验室相比，模块式接入系统使用更方便灵活、经济适用。

根据国家电网公司省级计量中心建设的通用指导意见，将省级计量中心所有 110kV及以上的高压计量业务，集中到高压计量实验室，对升压设备进行集中管理，实现一套装置可为多个试验项目共用，提高设备使用率，避免重复投资。这是集约化检测的一种前期的表现形式。该高压计量实验室通过布置分区合理，尽量缩短物流环节，减少不必要的人工搬运。采用集中控制平台，避免单个设备摆放接线杂乱，提高实验室美观性。具有手动和计算机两种控制方式，试验数据可以自动上传，出具报告和检定证书。设计一套有效的安全保护系统，采用安全光幕、警示灯、门禁系统等保证试验人员试验过程的安全性。

电力专用车是集约化检测的一种体现。如：国网电力科学研究院武汉南瑞有限责任公司开发的电力互感器现场计量车是集成了标准电流互感器、标准电压互感器、测量仪器及辅助设备、信息管理系统等软硬件的专用车辆，适用于开展 5 ～ 5000A、500kV 及以下电压等级电力互感器现场计量测试，可手动 / 自动执行互感器计量测试流程，实时采集、处理、分析测试相关数据，为互感器现场计量提供了完备的智能化、数字化、标准化、高效化的测试手段，有效解决了现场工作强度大、操作烦琐等问题。

### 2.4.3　集约化检测系统结构

针对配电网设备数量巨大的特点，为了实现规模化检测，大幅度提升检测效率，配网设备检测中心需改变常规检测站以试验工位为核心单元的作业模式，通过对不同被试品以及不同试验项目的拆分整合，对试验流程进行统筹优化，形成流水线式的试验作业模式。配网改造工程周期短，送检的配网设备需要在工程管理时间节点之前检测完毕并给出检测结果，对检测的时效性要求较高。为了在确保试验结果准确性的前提下提高检测的时效性，配网设备检测中心需将自动化试验技术和信息化管理模式相结合，实现试验数据的自动采集上传，以及试验报告的自动生成。

#### 一、集约化检测平台的改进措施

针对传统配电设备检测效率低下、自动化能力弱、信息化程度低的缺点，集约化检测平台采用如下 5 种改进措施。

1. 分区化

结合试品对象和试验项目，依据试验设备最大程度共用、物流距离最大程度缩短、试验操作最大程度便捷的原则进行存储区域、试验区域、物流通道、控制室等区域划分和设计，保证试验过程物流通畅。

2. 自动化

采用流水线形式，将配电设备的试验内容分割为多个独立工序，每个工位仅完成一个工序，全部试验项目自动化读数、采集结果、部分试验项目自动化接线、自动检测。

3. 集成化

对试验设备进行集成，减少试验人员接线和操作步骤。

4. 合理化

针对部分复杂度高、试验时间长的工序，合理增加试验设备，以突破该工序对整体试验效率的限制。

5. 信息化

通过检测信息管理系统实时跟踪被试品、试验项目和工位试验能力，智能调度检测路线（包括被试品转移路线、试验项目流程、所需试验设备和仪器），制定信息化检测方案。

**二、集约化检测系统的组成**

因各检测中心检测物资种类、检测规模和检测需求存在差异，集约化检测系统的划分方式也不尽相同，集约化检测系统主要包含下列部分，检测中心可根据实际检测物资种类和规模对试验子系统进行差异化配置，变压器、开关设备、配电自动化终端、故障指示器等物资检测能力为检测中心建设重点。

1. 变压器检测系统

变压器检测系统主要开展 35kV 及以下、2500kVA 及以下的配电变压器、箱式变电站检测。

2. 开关设备检测系统

开关设备检测系统主要开展 35kV 及以下高压开关柜、环网柜、断路器、低压成套设备、JP 柜、电缆分支箱等开关类配网设备的检测。

3. 无功设备检测系统

无功设备检测系统主要开展 35kV 及以下并联电抗器、消弧线圈及接地变压器、串联电抗器和电容器等无功设备的检测。

4. 综合试验系统

综合试验系统主要开展 110kV 及以下的互感器、避雷器、熔断器等物资的检测。

5. 高电压试验系统

高电压试验系统主要开展变压器、开关类设备、互感器及避雷器等试品的工频耐压试验和雷电冲击试验。

6. 局部放电声级试验系统

局部放电声级试验系统一般建设在屏蔽室内，开展变压器等线圈类设备的局部放电测量试验、感应耐压试验和声级测定试验，开展开关类设备、互感器及避雷器等试品的局部放电测量试验以及互感器的感应耐压试验。

7. 材料类物资检测系统

材料类物资检测系统主要开展电缆、铁塔、混凝土电杆、金具、绝缘子等材料类物资的抽检试验。

8. 配电自动化终端检测系统

配电自动化终端检测系统主要开展各类配网自动化终端基本功能与性能、通信规约等项目的检测。

9. 故障指示器检测系统

故障指示器检测系统主要开展故障指示器基本功能和性能、通信规约等抽检项目的检测。

## 2.5 信息化管理系统

### 2.5.1 技术概述

实验室信息化管理系统（Laboratory Information Management System，LIMS）是将以数据库为核心的信息化技术与实验室管理需求相结合的信息化管理工具。以 ISO/IEC17025：2005-5-15《检测和校准实验室能力的通用要求》（GB/T 27025—2008）规范为基础，结合网络化技术，将实验室的业务流程和一切资源以及行政管理等以合理方式进行管理。通过LIMS，配合分析数据的自动采集和分析，大大提高了实验室的检测效率；降低了实验室运行成本并且体现了快速溯源和痕迹，使传统实验室手工作业中存在的各种弊端得以顺利解决。目前 LIMS 在西方发达国家的应用相对比较成熟，我们国家经过多年发展，很多实验室也开始逐渐认识到信息化在管理中的作用，纷纷开始引入 LIMS，并不断在各个行业进行改进和提升。相信随着科技的不断进步和产品功能的不断完善，LIMS 将完全可以实现各种虚拟化在线实验室的可能。

LIMS 是实验室管理科学发展的成果，是实验室管理科学与现代信息技术结合的产物，是利用计算机网络技术、数据存储技术、快速数据处理技术等对实验室进行全方位管理的计算机软件和硬件系统。LIMS 的具体作用如下。

#### 一、提高样品测试效率

测试人员可以随时在 LIMS 上查询自己所需的信息；分析结果输入 LIMS 后，可自动汇总生成最终的分析报告。

#### 二、提高分析结果可靠性

分析人员可以及时了解与样品相关的全面信息；系统自检报错功能可以降低出错的概率。另外，LIMS 提供的数据自动上传功能、特定的计算和自检功能，消除了人为因素，也可保证分析结果的可靠性。

#### 三、提高对复杂分析问题的处理能力

LIMS 将整个实验室的各类资源有机地整合在一起，工作人员可以方便地对实验室曾经做过的全部分析样品和结果进行查询。因此，通过对 LIMS 存储的历史数据的检错，有可能得到一些对实际问题处理有价值的信息。

#### 四、协调实验室各类资源

管理人员可以通过 LIMS 平台，实时了解实验室内各台设备和人员的工作状态、不同岗位待检样品数量等信息，能及时协调有关方面的力量化解分析流程出现、瓶颈、环节，缩短样品检测周期；调节实验室内不同部门富余资源，最大限度地减少资源的浪费。

#### 五、实现量化管理

LIMS 可以提供对整个实验室各种信息的统计分析，得到诸如设备使用率、维修率、不同岗位工人工作量、出错率、委托样品测试项目分布特点、实验室全年各类任务的时间分布状态、试剂或经费的消耗规律等信息。管理层能定量地评估实验室各个环节的工作状态，很好地实现实验工作的全面量化管理。

## 2.5.2  发展现状

LIMS 技术实际上包括两个方面：①现代管理思想在分析实验室管理中的应用模式；②实现这一应用模式的技术手段或平台。大家所熟悉的各类实验室管理规范（如 ISO 9000 的导则 25、优良实验室管理规范 GLP 等）均属第一个方面的内容，而为实现这一思想的软硬件环境（如网络系统、终端/服务器、操作系统、数据库等）则是构成 LIMS 技术的另一重要内容。由于实验室管理模式的规范化，所以现代 LIMS 的主要进步更多地体现在软硬件平台的变化上，商品化宣传的结果也把人们的注意力引到了 LIMS 的技术实现方面，而对其管理理念上的特色和与传统实验室管理方式的差异未有足够的关注，以为 LIMS 技术只是现有实验室管理的计算机化或网络化，而忽视了其所带来的管理模式上的革命，这在无意中给 LIMS 的应用带来了一些潜在的问题，对 LIMS 的新用户来说对此应有所认识。

### 一、国外的 LIMS 技术

国外的 LIMS 技术最早出现在 20 世纪 60 年代末，在其技术发展的早期，由于计算机软硬件条件所限，当时的 LIMS 系统自动化程度和管理手段都还远不能满足实际需求。大多数早期的系统是在小型机上构建的，采用分级、独立的数据结构。它的缺点是价格昂贵、使用困难、界面不友好，同时也不便与 LIMS 系统外部的设备进行数据交换。因此，其应用领域和规模都十分有限，但它的管理思想和应用模式却在这一时期得到了肯定和完善。进入 20 世纪 90 年代以后，伴随着个人计算机系统的不断发展，特别是网络通信和数据库技术的日趋成熟，LIMS 技术的应用进入了一个崭新的发展时期。C/S（Client/Server）构架的管理模式已成为主要形式，普遍采用 SQL 网络数据库，大大提高了数据处理能力。近年来 Windows NT 网络操作系统的兴起，使得基于该平台开发的商业 LIMS 产品开始流行。目前，采用 Internet、Intranet 和 Web 技术的新一代 B/S（Browser/Server）构架的产品也已开始出现在 LIMS 市场。统一的浏览器界面和以 Web 服务器为中心的分布式管理结构是这一代产品的主要特点之一。

应用系统的分布式管理结构（Distributed Internet Applications Architecture）是针对传统 C/S 构架呈现出的不足而提出来的。在 C/S 构架的管理模式中，所有的信息处理操作都集中在服务器上完成，服务器处理系统业务和用户业务的逻辑界限不清晰，如果突然有大量的用户请求服务，服务器有可能因为负担过重而响应变慢，同时系统业务和用户业务的相互渗透也使系统的伸缩性变得很差，升级换代相当困难。而在分布式网络应用架构中应用系统被分成了界面层（Presentation Services）、应用层（Application Services）、数据层（Data Services）、系统层（System Services）几个层面。应用程序开发人员只需关心应用层的实现，其他各层面的服务由系统实现，系统的处理任务也不再仅仅局限于服务器，而是一种分布式，从而大大提升了整个系统的处理能力。各层面结构上的相对独立，也使系统的升级改造成本大为下降。显然，这样的应用系统结构特点给新一代 LIMS 系统带来了更强的生命力。同时，现代的 LIMS 系统其管理功能也日臻完善，分析仪器的接入更为便利，性价比越来越有竞争力，开发商提供的各种售前/售后服务也日益规范，作为一个商品化产品正在引起各类潜在用户的关注。

### 二、国内的 LIMS 技术

与国外相比，国内的情况则有所不同。虽然早在 20 世纪 70 年代末，就有人提出过 LIMS 思想，但由于计算机技术水平较低，加之分析测试设备比较落后，所以当时的

LIMS 仅限于完成简单数据处理的单机模式。20 世纪 80 年代中期以来，我国曾先后引进过几套 LIMS，但由于管理模式、文化内涵以及计算机应用水平等方面的差异，使得系统的大部分功能无法利用，造成巨大浪费。石油化工科学研究院从 1994 开始介入这方面的研究，经过多年的探索和应用试验，结合当时国际上 LIMS 技术的发展动态及国内分析实验室的实际状况，于 1998 年首次开发出了适合国内研究单位或独立检测机构分析测试实验室需求的商业版 LIMS 网络系统（RIPP-LIMS），并在自己的分析实验室内实际应用起来。以此工作为基础，带动国内第一批 LIMS 开发商以拥有自主知识产权的 LIMS 产品，开始了国内 LIMS 产品开发、应用与普及推广的先导性工作。进入 2000 年以后，由于国内外 LIMS 厂商和有关人士的共同努力，LIMS 技术已逐渐开始为大众了解、开发、推广和应用的单位日益增多，中国分析测试协会及时关注了这一现象，从多方面给予了积极的支持。2002 年 4 月在北京举办了首届中国实验室信息管理系统（LIMS）学术研讨会与展示会，之后，每两年举行一次，对我国 LIMS 技术的应用起到了很好的促进作用。目前，国内已有专门从事 LIMS 开发和咨询的企业十余家，国际上比较著名的 LIMS 厂商也开始以各种渠道进入中国市场，一些学术团体和专业期刊也都以各自不同的方式为 LIMS 技术的推广营造环境，可以认为 LIMS 技术在我国的应用已有了一个相当不错的起点。

### 2.5.3 信息化管理系统结构

信息化管理平台融合了检测试验管理单元（TMU）、实验室体系管理单元（LMU）、仓储管理单元（WCU）、物流周转管控单元（LCU）、监控服务单元（MSU）、数据交互服务单元（DESU）、数据分析处理单元（DAU）、移动检测 App、客户服务 App 等（7P+2P）内容，通过一体化平台的管控方式，对各个过程进行精细化管理，最大限度的实现智能化和标准化。信息化管理系统结构如图 2-4 所示。

图 2-4  信息化管理系统结构

### 一、检测试验管理单元（TMU）

检测试验管理单元以检测中心各试验区业务范畴为核心，以试品检测全过程为纽带，贯穿各专业检测试验子系统。检测试验管理单元是一套完整的检验综合管理，满足日常管理要求，保证试验分析数据的来源的真实及可靠性，全面优化检验管理，显著提高检测中心的工作效率和生产力，提高质量控制水平。

## 二、实验室体系管理单元（LMU）

实验室体系管理单元针对检测中心的整套环境而设计，是实现检测中心人（人员）、机（仪器）、料（样品、材料）、法（方法、质量）、环（环境、通信）全面资源管理的计算机应用系统，是对委托检测客户的公正、公平、公开检测试验的基础，为处理技术纠纷和保障检验报告的有效性、合法性提供了必要的参考。

## 三、数据分析处理单元（DAU）

数据分析处理单元提供了专业的数据分析方式来可视化实验过程数据，使客户能够提高工作效率。通过数据分析和挖掘工具能够把数据的工作流程、数据之间的关系清晰地展现出来，为实现精确的业务决策提供强大的支持。

## 四、仓储管理单元（WCU）

仓储管理单元是综合运用平库、立库、网格化存储区、露天堆场等多种库房类型管理方式，结合 RFID 定位技术、信息化技术、自动控制技术达到对检测中心内试品的仓储管理，提高试品在检测中心内的周转效率。

## 五、数据交换服务单元（DESU）

数据交互服务单元提供了信息化管理平台中最基本的连接中枢，是多重异构系统进行"信息集成、上下贯通"的必备要素，同时它还可以消除不同应用之间的技术差异，实现多应用服务器协调运作，实现了不同服务之间的自动通信与信息整合。

## 六、物流周转管控单元（LCU）

物流周转管控单元是信息管理平台中对实物试品在检测试验全流程过程中的状态监控，是与检测中心信息流、数据流管理同等重要的功能。

为提高检测试验全流程中的试品转运问题，尤其是涉及体积大、质量大的电力物资设备，检测中心可以采用固定的滚筒流水线或 AGV 叉车等运转手段，以提高试品流转效率，从而提高检测试验效率。物流周转管控单元提供了一种检测试验项目与试验工位中试品流转管控的自动化智能方式。

## 七、监控服务单元（MSU）

监控服务单元是信息化管理平台中的重要基础组件。数据采集与监控平台提供了对入库、检测、出库退样、库存调拨等任务执行情况和实验环境、能源状况的实时监控和信息收集，并实现重要信息的集中展示，使工作人员随时了解检测状况。

## 八、移动检测 App

移动检测 App 是集数据管理、工区管理、自动控制、物流管理这四大主流业务场景为一体的移动物联网解决方案，能够满足检测中心内各人员的所有检测日常需求。

## 九、客户服务 App

客户服务 App 能提供一个面向客户及供电公司的消息发布、宣传介绍、结果反馈综合平台，密切贴合检测中心建设数据驱动的检测管理的工作思路，有利于推动业务管理向"互联网＋质量检测"创新业务模式转变。能完善设备问题反馈机制，提高检测结果反馈的实时性和直观性，大大提升服务质量和客户满意度。

# 机 器 视 觉 技 术

确保电力系统安全稳定运行，本质上是确保电力系统发、变、输、配、用各环节电力设备的安全稳定运行，远程测量系统和远程监视系统在其中发挥了重要作用。但是，在检测中心的数字化改造过程中，部分设备无法通过系统升级或接口改造实现测量数据自动采集；电网重要场景及对象已采用远程监控替代人工现场巡检巡查，但监控视频的处理和利用仍依靠人工，存在工作量大、受主观影响大、人员易疲劳等问题。

随着机器视觉技术概念的提出，机器视觉技术在检测数据自动采集和电力监控视频智能处理中的实际应用成为可能，识别准确率和鲁棒性在不断提升。本章简要介绍了机器视觉技术概念及其在电力场景中常用的关键技术，从物资检测设备数据采集、物资检测现场安全风险识别两个方面分别阐述了机器视觉技术在物资检测业务中的典型业务场景。

## 3.1 机器视觉发展概述

### 3.1.1 机器视觉基本概念

机器视觉概念始于 20 世纪 50 年代，是人工智能正在快速发展的一个分支，涉及计算机科学、机械、图像处理、模式识别等诸多领域的综合技术，被誉为"工业之眼"。根据美国制造工程师协会（SME）机器视觉分会以及美国机器人工业协会（RIA）自动化视觉分会的定义，机器视觉是通过光学的装置和非接触的传感器，自动地接收和处理一个真实物体的图像，以获得所需信息或用于控制机器人运动的装置。

机器视觉系统是指利用机器替代人眼做出各种测量和判断。机器视觉是工程领域和科学领域中的一个非常重要的研究领域，它是一门涉及光学、机械、计算机、模式识别、图像处理、人工智能、信号处理以及光电一体化等多个领域的综合性学科，其应用范围随着工业自动化的发展逐渐完善和推广，其中母子图像传感器、CMOS 和 CCD 摄像机、DSP、ARM 嵌入式技术、图像处理和模式识别等技术的快速发展，有力地推动了机器视觉的发展。

机器视觉检测技术是一种无接触、无损伤的自动检测技术，是实现设备自动化、智能化和精密控制的有效手段，具有安全可靠、光谱响应范围宽、可在恶劣环境下长时间工作和生产效率高等突出优点。机器视觉检测系统通过适当的光源和图像传感器（CCD 摄像机）获取产品的表面图像，利用相应的图像处理算法提取图像的特征信息，然后根据特征信息进行表面缺陷的定位、识别、分级等判别和统计、存储、查询等操作。

机器视觉主要包括图像获取模块、图像处理模块、图像分析模块、数据管理模块。其中图像获取模块由工业相机、光学镜头、光源及其夹持装置等组成，其功能是完成产品表面图像的采集；图像处理模块主要涉及图像去噪、图像增强与复原、缺陷的检测和目标分割；图像分析模块则是对图像处理完成后的进一步深化，将其与标准值进行比对，从而对缺陷部分进行标记；数据管理模块则是对分析挑拣出的缺陷图片存储管理，如对布匹，储存每一卷布所检测出的缺陷类型、缺陷大小、缺陷位置、缺陷数量等，从而方便进行质量管理控制，调整生产环节中相关因素的影响。

### 一、图像获取模块

图像采集是机器视觉技术的第一步，也是至关重要的一步。它涉及将目标物体的物理信息转换为数字图像信息的过程。图像采集的质量直接影响到后续图像处理和分析的准确性。

在图像采集过程中，常用的设备是图像传感器，如 CCD（电荷耦合器件）或 CMOS（互补金属氧化物半导体）相机。这些相机通过镜头将目标物体的光信号转换为电信号，并将电信号进一步转换为数字图像信号。数字图像信号包含了目标物体的亮度、颜色、纹理等详细信息。

为了提高图像采集的质量，需要注意以下几个方面。

1. 光源照明

适当的光源照明可以突出目标物体的特征，减少阴影和反光的影响。不同的目标物体和检测场景需要选择合适的光源和照明方式。

2. 镜头选择

镜头的焦距、视场角、畸变等参数对图像采集质量有重要影响。需要根据实际需求选择合适的镜头。

3. 相机参数设置

相机的曝光时间、增益、白平衡等参数需要根据实际情况进行设置，以获取最佳的图像质量。

### 二、图像处理模块

图像预处理是对采集到的原始图像进行改善，以便后续的特征提取和识别过程能够更准确、更有效地进行，它可以提高图像的质量，减少噪声的干扰，使后续的特征提取和识别过程更加准确和高效。图像预处理通常涉及以下几个主要环节。

1. 图像增强

这一步骤旨在改善图像的视觉效果，或将图像转换成一种更适合人或机器进行分析的形式。常见的图像增强技术包括对比度拉伸、直方图均衡化等，它们可以增强图像的对比度，使图像中的细节更加突出。

2. 图像滤波

由于采集过程中可能受到噪声的干扰，图像滤波技术被用来去除图像中的噪声，提高图像的信噪比。常见的滤波技术包括均值滤波、中值滤波、高斯滤波等，它们能够平滑图像，减少噪声的影响。

**3. 图像二值化**

在许多应用中，需要将灰度图像转换为二值图像，即只包含黑色和白色的图像。这一步骤通常通过设定一个阈值来实现，将大于阈值的像素点设为白色，小于阈值的像素点设为黑色。二值化可以简化图像处理过程，同时突出图像中的目标物体。

**4. 图像分割**

图像分割是将图像划分为若干个互不交叠的区域或对象的过程。这一步骤对于后续的特征提取和识别至关重要。常见的图像分割技术包括基于阈值的分割、基于边缘的分割、基于区域的分割等。

### 三、图像分析模块

图像分析模块包括了特征提取和特征识别与分类。

**（一）特征提取**

特征提取的主要任务是从经过预处理的图像中提取出有意义的信息，这些信息通常以特征向量的形式表达，并用于后续的目标识别、分类或测量等任务。特征提取的准确性和有效性直接决定了整个机器视觉系统的性能。

**1. 提取哪些类型的特征**

在特征提取过程中，首先要明确需要提取哪些类型的特征。常见的特征包括形状特征、纹理特征、颜色特征、空间关系特征等。这些特征能够反映目标物体的不同属性，从而帮助机器区分不同的物体。

（1）对于形状特征，常用的提取方法包括边缘检测、轮廓提取、区域分割等。边缘检测可以通过检测图像中亮度变化剧烈的地方来提取物体的边缘信息；轮廓提取则能够进一步获得物体的完整边界；区域分割则是将图像划分为若干个互不重叠的区域，每个区域对应一个物体或物体的一个部分。

（2）纹理特征描述了物体表面的纹理信息，常用的提取方法包括灰度共生矩阵、傅里叶变换、小波变换等。这些方法能够分析图像中像素之间的空间关系，从而提取出纹理特征。

（3）颜色特征则描述了物体的颜色信息，常用的提取方法包括颜色直方图、颜色矩、颜色集等。这些方法能够统计图像中不同颜色出现的频率和分布情况，从而提取出颜色特征。

（4）空间关系特征则描述了目标物体之间的空间位置关系，如相对距离、方向等。这些信息对于识别场景中的物体和判断物体的姿态非常重要。

**2. 特征的选择和优化**

在特征提取过程中，还需要考虑特征的选择和优化。由于图像中可能包含大量的信息，而并非所有信息都对目标识别有用，因此需要通过特征选择来筛选出最具代表性的特征。同时，为了降低计算复杂度和提高识别效率，还需要对特征进行优化，如通过降维技术减少特征数量或通过特征编码提高特征的鲁棒性。

**（二）特征识别与分类**

特征识别与分类的主要任务是根据提取出的特征向量来识别图像中的目标物体，并将其归入相应的类别。这个过程通常涉及机器学习、深度学习等技术的应用，具体步骤如下。

（1）选择合适的分类器。常见的分类器包括支持向量机（SVM）、决策树、随机森林、神经网络等。这些分类器各有优缺点，需要根据具体的应用场景和需求来选择合适的分类器。

（2）将提取出的特征向量作为输入，通过分类器进行训练和测试。在训练阶段，分类器会学习如何根据特征向量来区分不同的类别；在测试阶段，分类器则会对新的图像进行识别，并输出相应的类别标签。

（3）为了提高识别准确率，还需要对分类器进行调优和集成。调优可以通过调整分类器的参数或使用更复杂的模型来实现；集成则可以通过将多个分类器的结果进行组合来提高整体的识别性能。

（4）随着深度学习技术的发展，基于深度学习的特征识别与分类方法也变得越来越流行。深度学习模型能够自动学习图像中的层次化特征表示，并在大规模数据集上进行训练和优化，从而取得更好的识别效果。

### 四、数据管理模块

机器视觉数据管理是对整个机器视觉系统性能的最终体现，包括控制信号输出、测量数据输出、识别结果输出、可视化呈现、数据存储与传输，充分发挥机器视觉系统的优势和应用价值，为工业自动化、质量检测、目标识别等领域的发展提供有力支持。

1. 控制信号输出

在工业自动化领域，机器视觉系统常常用于实现自动控制和操作。在这种情况下，输出结果通常是以控制信号的形式发送给执行机构，以驱动其完成相应的动作。比如，在自动装配线上，机器视觉系统可以通过识别零件的位置、角度和姿态等信息，输出相应的控制信号给机械臂，指导其完成抓取、放置和组装等动作。这种输出方式能够显著提高生产效率和自动化水平，降低人力成本和错误率。

2. 测量数据输出

在质量检测、尺寸测量等领域，机器视觉系统通过图像处理和分析技术，可以实现对目标物体的精确测量。输出结果通常以测量数据的形式呈现，包括长度、宽度、高度、角度、面积、体积等参数。这些数据可以用于评估产品的质量、尺寸是否符合要求，也可以用于指导生产过程中的调整和优化。比如，在汽车零部件制造过程中，机器视觉系统可以测量零件的尺寸和形状，以确保其符合设计要求。

3. 识别结果输出

在目标识别、分类和计数等应用中，机器视觉系统通过提取和分析图像中的特征信息，可以实现对目标物体的准确识别。输出结果通常以识别结果的形式呈现，包括目标物体的类别、位置、数量等信息。这些结果可以用于实现自动分拣、计数、统计等功能，也可以作为后续处理和分析的输入数据。比如，在物流仓储领域，机器视觉系统可以自动识别货物的种类和数量，以实现快速的分拣和入库。

4. 可视化呈现

除了上述的输出形式外，机器视觉系统还可以通过可视化技术将输出结果以图像、图表等形式呈现出来。这种输出方式能够直观地展示处理结果和数据分析结果，帮助用户更好地理解和使用机器视觉系统。比如，在安防监控领域，机器视觉系统可以通过实时显示监控画面和报警信息，帮助用户及时发现和处理异常情况。

5. 数据存储与传输

在机器视觉系统中，输出结果通常需要进行存储和传输，以便后续的分析和处理。数据存储可以采用数据库、文件系统等方式，将输出结果以结构化或非结构化的形式保存下来。数据传输则可以通过网络、串口等方式将输出结果发送给其他系统或设备，以实现信息的共享和协同工作。比如，在智能制造领域，机器视觉系统可以将测量数据、识别结果等信息发送给生产管理系统或设备控制系统，以实现生产过程的优化和调度。

### 3.1.2　机器视觉发展趋势

#### 一、机器视觉技术在工业领域的应用

机器视觉作为人工智能技术发展的重要分支，是通过传感器接收和处理真实物体的图像，以获得所需信息或控制机器人运动的技术。工业场景对机器视觉技术的需求持续推动着工业机器视觉技术的发展，随着工业自动化技术向着智能化方向演进，工业视觉被越来越多地应用于包括流水线产品视觉质量检测、基于视觉引导的机械臂作业以及智能工厂建设在内的各种工业生产场景中。调研机构 Markets and Markets 的数据显示，2010—2020年全球机器视觉市场规模呈现不断上升的趋势，2020年全球机器视觉市场规模已有107亿美元，近5年复合增速达14.48%，在2020—2025年预测期内的复合年增长率为6.1%，市场需求巨大。

我国工业视觉行业自20世纪八九十年代始萌芽，加入世贸组织后加速发展。2010年前后，我国产业结构升级进入高速发展期，随着国产化应用需求逐步提升和自研比例逐步提升，目前我国工业视觉行业已经步入超越期。我国在2016—2021年间工业视觉规模从47亿元增长至178亿元，年复合增长率约30%。预计在"中国制造2025"等政策的驱动下，我国工业视觉市场规模将继续保持高增长态势，到2026年，市场规模将有望突破500亿元，期间年复合增长率约为25%。

**（一）机器视觉系统的优势**

机器视觉系统在未来工业领域将展现出巨大的应用前景，主要依托以下几方面优势。

1. 非接触式测量

机器视觉基于光学成像技术，观测者与被观测者无需接触，做到无损测量，系统稳定性高。

2. 光谱响应范围广

机器视觉使用的传感器可覆盖红外、紫外等波段，有效扩展人眼视觉范围。

3. 长时间稳定工作

机器视觉可以对物体实现长时间稳定测量、分析、识别，克服因人眼疲劳对观测者工作时长的限制。

4. 可重复性强

机器视觉系统根据预设观测标准进行评判，被观测物体不受观测者的主观因素影响，具有强可重复性。

**（二）机器视觉的应用趋势**

随着新兴技术的发展，机器视觉的应用范围不断扩大，并呈现出以下几大趋势。

1. 强化小目标检测精度

在工业生产现场，基于视觉感知进行缺陷检测、人员识别、安全帽检测等应用场景，

常面临因距离远、背景大、遮挡多等因素导致的微小目标挑战。通过在深度学习基础上叠加数据增强、多尺度学习等技术策略，能够提升工业视觉模型对小目标检测的精度。未来，工业复杂环境将对小目标检测精度提出更高的要求，不断驱动解决小目标问题的技术创新。

2. 提升对未知长尾目标的识别能力

基于工业视觉技术进行识别、检测、引导和测量等应用时，随着产线迁移、产品工艺升级等变化，往往会产生与预期检测目标不符的对象，如新缺陷识别、未知物件抓取等通过零样本学习、无监督/半监督学习等方法，能够实现对未知目标的检测。当前，生成式 AI 以文生图，以图生图的 Diffusion 扩散模型，ControlNet 技术使得零样本学习、小样本学习问题变得容易，通过大量生成用户自定义的仿真图片，在项目开发的前期，可以快速评估项目最终能达到的效果，减少试错成本，提高整体投入产出比。针对工业制造少存图、高良率、新缺陷漏检等生成无穷多缺陷数据，可以快速（降低 60%）部署实施。

3. 技术融合提升检测准确率

随着深度学习赋能工业视觉应用的程度与范围逐步拓展，与跨领域技术的融合脚步也在不断加快。针对行业与工业场景差异化，通过叠加传统图像处理算法、传统机器学习算法等技术组合，能够提升目标检测的准确度。比如，在 PCB 缺陷检测场景，通过"CNN+图像处理"的技术组合模式能够去除噪声干扰突出特征信息检测准确率高达 95%。此外，随着 ChatGPT 的爆火，人工智能大模型成为技术热点，能以标准化模型手段应对分散的工业场景，提高型泛化性和模型精度，当前在工业视觉领域开展了初步探索。

二、机器视觉技术在电力物资检测中面临的挑战

机器视觉技术在电力物资检测中面临的挑战主要体现在复杂场景识别、精细检测需求、实时性和动态性以及鲁棒性和可靠性等方面。为了克服这些挑战，需要不断研究和改进机器视觉技术，提高其在实际应用中的性能表现。

1. 复杂场景识别

电力物资检测往往涉及复杂的场景，如电力线路、变电站等，这些场景中可能存在多种不同类型的设备，且光照条件、遮挡情况多变。机器视觉系统需要能够准确识别这些复杂场景中的目标物体，这对其识别能力和准确性提出了较高的要求。

2. 精细检测需求

电力物资检测对于精细度和准确性的要求非常高。比如，在电力线路检测中，机器视觉系统需要能够准确识别导线的细微损伤、绝缘子的老化等情况。这些细微的变化对于电力系统的稳定运行至关重要，因此机器视觉系统需要具备高度的敏感性和准确性。

3. 实时性和动态性

电力系统是一个实时运行的系统，对于检测的实时性和动态性要求较高。机器视觉系统需要能够实时地获取和处理图像数据，及时发现并处理异常情况。同时，电力系统中的设备可能会随着运行状态的变化而发生形态或位置的变化，机器视觉系统需要能够适应这种动态变化。

4. 鲁棒性和可靠性

电力物资检测通常在各种环境条件下进行，如高温、高湿、灰尘等。这些环境条件对机器视觉系统的稳定性和可靠性提出了挑战。机器视觉系统需要能够在这些恶劣环境下正

常工作，并具备较高的鲁棒性和可靠性。

### 三、新型传感器与图像处理技术的发展趋势

新型传感器与图像处理技术的发展趋势显著，传感器领域正向着更小尺寸、更高智能化、更高精度以及更多功能集成的方向发展，以适应现代科技对精准数据获取的需求。同时，图像处理技术也在不断进步，通过深度学习等先进技术，实现更高效的图像识别、分析和处理，不仅提高了图像质量，还拓宽了其在医疗、安防、自动驾驶等多个领域的应用。这两大技术的融合与发展，将极大地推动现代科技的进步，为人类生活带来更多便利。

### 四、深度学习与机器视觉技术的融合发展

深度学习将持续推动机器视觉领域的创新与发展，为各行各业带来更多智能化、自动化的解决方案。

（1）深度学习通过卷积神经网络（CNN）等技术，能够实现对图像的高效、精准分类，为广告、搜索引擎等领域提供有力支持。

（2）深度学习在目标检测与跟踪方面，通过 Faster R-CNN、Yolo 等技术，可以快速准确地检测和跟踪移动目标，为无人车、智能安防等领域带来革命性变化。

（3）深度学习还能应用于图像生成与重建，通过 GAN（生成式对抗网络）和 VAE（变分自编码器）等技术，模拟和生成复杂的图像，为虚拟现实、三维建模等领域提供新可能。

### 五、机器视觉与物联网、大数据等技术的融合趋势

机器视觉与物联网、大数据等技术的融合趋势正加速演进。物联网技术实现设备间的互联互通，机器视觉提供高精度图像识别，而大数据技术则对这些海量数据进行深度分析和挖掘。三者的融合不仅提高了数据处理效率和准确性，还为智能制造、智慧电网等领域提供了更智能、更高效的解决方案，推动了这些领域的创新和发展，展现出强大的应用潜力和市场前景。

## 3.2  基于机器视觉的智能检测关键技术

视觉是人类强大的感知方式，也是人类获取外界信息的最主要方式。顾名思义，机器视觉就是指利用机器模拟人的视觉对事物进行度量和描述的技术，包括借助于硬件实现的表征度量和基于软件实现的信息描述两方面，但关键是对信息的描述，因此，目前机器视觉技术的发展多集中于算法软件层面，其主要任务聚焦在目标检测、目标分割和目标跟踪等方面。

### 3.2.1  目标检测

目标检测的任务是从图像中检测某一类或某几类受关注的语义对象的实例目标，获取该实例的类别信息和在图像中的位置信息。在深度学习出现之前，传统的目标检测通常包括区域选取、特征提取及特征分类 3 个阶段，将目标检测问题转化为感兴趣区域的图像分类问题。基于深度学习的目标检测方法提升了传统算法中的区域选取效率，替代了手工特征提取步骤，优化了特征分类准确性，成为目前主流方法。基于深度学习的目标检测可以

分为单阶段检测和两阶段检测两类方法。单阶段检测方法是直接回归得到目标位置，代表性算法有 YOLO、SSD 等。两阶段检测方法是在生成的候选框上进行回归得到目标位置，代表性算法有 Fast R-CNN、Faster R-CNN 等。

## 一、Fast R-CNN

R-CNN 中特征提取的部分需要将输入图像都缩放到固定大小，这可能会降低对任意大小 / 尺度图像的识别精度，SPP-Net（空间金字塔池化网络）引入了一种"空间金字塔池化"（Spatial Pyramid Pooling，SPP）的策略，它可以生成固定长度的特征，而不需要考虑输入图像的大小和比例。SPP-Net 只对整个图像计算一次特征，避免了 R-CNN 中对每个 region proposals 的重复计算，提升了目标检测的速度和精度。

Girshick（2015 年）借鉴 SPP-Net 空间金字塔池化层思想，提出 R-CNN 升级版本 Fast R-CNN（Fast Region-Convolutional Neural Network），其算法流程如图 3-1 所示。其在卷积层之后引入 ROI 池化（Pooling）层，与空间金字塔池化层产生相同效果，保证在不同分辨率候选区域输入下得到相同维度特征向量，满足网络输出对图像分辨率的要求，并可使用反向传播（Back Propagation，BP）实现网络端对端学习。同时，Fast R-CNN 构造多任务损失函数将分类与边界框回归统一于一个损失函数中，实现分类与定位结果的统一输出。此外，Fast R-CNN 采用 VGG16 作为骨干网络，更为优异的特征提取网络一定程度上提高了目标检测准确率。

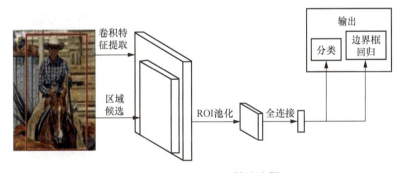

图 3-1　Fast R-CNN 算法流程

Fast R-CNN 作为 R-CNN 的升级版本，在 VOC2012 数据集上 mAP 达到 66.0%，同时，端对端的统一学习架构使得 Fast R-CNN 的训练时间、检测时间有效缩短，在不包括区域候选过程条件下，单张图片检测时间为 0.3s。但选择性搜索这一区域候选方法仍然严重影响 Fast R-CNN 的实时性能，是 Fast R-CNN 的工业应用瓶颈。

## 二、Faster R-CNN

R-CNN、SPP-Net 与 Fast R-CNN 均从特征提取、候选区域尺寸归一化角度提升目标检测算法性能，而 Girsh-ick（2017 年）提出的 Faster R-CNN（Faster Region-Convolutional Neural Network）则从算法另一瓶颈——区域候选策略改进算法，Faster R-CNN 提出 RPN 网络（Region Proposal Network）代替选择性搜索作为区域候选方法。Faster R-CNN 算法流程如图 3-2 所示。RPN 网络在图像卷积特征图上通过滑动窗口方法采用预设尺度为特征图上每个锚点生成 9 个锚点框并映射至图像原图，即为候选区域。其中，RPN 与全连接层共享输入卷积特征图，极大地降低了运算量。

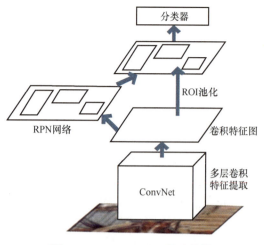

图 3-2　Faster R-CNN 算法流程

Faster R-CNN 采用 RPN 代替选择性搜索方法完成区域候选任务，充分利用骨干网络提取的图像特征。Faster R-CNN 在 VOC2012 数据集上 mAP 达到 75.9%，时间性能达到 5f/s，即 1s 内可检测 5 张图像（包括区域候选过程）；但算法在小目标检测任务中效果较差，这是由于选取的锚点框经过多次下采样操作，再返回至原图时，对应于原图中区域较大部分，使得小目标的定位准确性下降。

### 三、YOLO

针对基于区域候选的目标检测操作繁复、实时性不佳的缺点，Redmon J 等（2016 年）提出 YOLO（You Only Look Once）算法，其算法流程如图 3-3 所示。YOLO 算法将图像划分为 $S \times S$ 网格（Cell），在提取卷积特征图基础上，若目标中心落在某网格中，则该网格为目标预测若干个目标边界框与置信度，最后通过边界框交并比 IOU（Intersection Over Union）等指标去除、合并边界框，最终获得检测结果。

YOLO 采用以网格划分为基础的多尺度区域代替区域候选步骤，以牺牲部分检测精度为代价提高检测速度，实现在线实时检测，检测时间性能达到 45f/s，在 VOC2012 数据集上 mAP 为 57.9%。YOLO 受检测精度影响，其目标定位较为粗糙，小物体检测效果差，易出现漏检情况。

Redmon J 等（2017 年）在 YOLO 算法基础上研究 YOLO9000 算法。针对 YOLO 检测精度问题，YOLO9000 在卷积网络架构

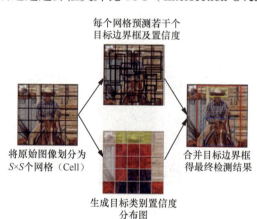

每个网格预测若干个目标边界框及置信度

将原始图像划分为 $S \times S$ 个网格（Cell）

合并目标边界框得最终检测结果

生成目标类别置信度分布图

图 3-3　YOLO 算法流程

上进行优化，设计 DarkNet-19 网络并引入批归一化层（Batch Normalization，BN），一定程度上解决了训练过程过拟合问题，从图像特征提取质量角度提高检测精度。在小目标检测效果不佳问题上，YOLO9000 采用多尺度训练策略（Multi-Scale Training），即网络训练过程中调整输入图像分辨率，使得网络具有不同分辨率图像的检测能力。YOLO9000 在 45f/s 检测速度下达到 mAP 值为 63.4% 的检测效果。由于 YOLO9000 算法仅使用最后一层特征图作为特征输入，特征信息多样性不足，限制其检测效果。

Redmon J 等（2018 年）再次研究 YOLO 系列新算法 YOLOv3，CNN 研究结果表明，具备深度、宽度的特征提取网络在特征多样性、层次性表达效果更好。YOLOv3 借鉴该思想，设计更深的特征提取网络 DarkNet-53，以及面向工业应用的轻量化网络 Tiny-DarkNet，进一步弥补 YOLO 系列算法在检测精度上的缺陷。

YOLO 算法通过对原图像进行稀疏采样，将含有该对象的中心点区域进行坐标和类别

的损失计算。

针对一张图片，YOLO 的处理步骤为：①把输入图片缩放到 448×448 大小；②运行卷积网络；③对模型置信度卡阈值，得到目标位置与类别。

综合来看，YOLO 摒弃了区域候选（Region Proposal）提取步骤，创造性的提出了一步检测方法，将目标的分类和定位用一个神经网络实现，在输出层对边界框的坐标和类别进行回归，实现了坐标预测和分类的统一训练。在保证检测精度的前提下有效提高了目标检测的速度，加快了深度学习目标检测方法在嵌入式平台上工程应用的步伐。而后提出的 YOLO-V2、V3 版本在保持高效的检测速度上进一步改进网络结构，引入了多尺度、Anchor Box 的思想，YOLO-V3 更是引进了 ResNet 直链的思想，大大提高了网络的检测精度和速度。

### 四、SSD

Liu Wei 等（2015 年）在以 YOLO 为代表的目标检测算法思路基础上，借鉴 Faster R-CNN 在提高检测精度方面采取的方法，提出 SSD（Single Shot MultiBox Detector）目标检测算法，其核心思想示意如图 3-4 所示。SSD 算法与 YOLO 系列算法思想一致，将原始图像划分为若干个网格，同时借鉴 FasterR-CNN 关于锚点框设置方法，为每个网格设置特定长宽比先验框，以适应目标形状与大小，减少训练难度。另外，SSD 算法采用多尺度训练策略，大尺度特征图用于检测小目标，小尺度特征图用于检测大目标，提高目标检测精度。

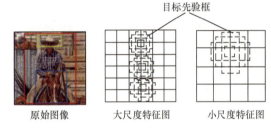

图 3-4　SSD 算法核心思想示意图

SSD 算法结合 YOLO 算法、Faster R-CNN 算法优点，兼具实时性与准确性，在当时是最先进算法之一，在 VOC2012 数据集上达到 72.4% 检测精度及 59f/s 的检测速度。同时，SSD 采用多尺度训练策略，使得 SSD 在小目标检测上取得重大突破，适用于小目标检测场景。

SSD 算法的核心思想是增加了多尺度预测，与 YOLO-V1 只在最后一层卷积层进行分类与定位预测不同，SSD 在 6 个尺度的特征层上进行了输出，通过事先设置不同尺度、不同宽高比的候选框，在不同输出特征层上完成目标的分类和目标框回归，增加了算法对不同尺度目标检测的鲁棒性，也提高了目标检测的精度。

### 五、不同检测算法的性能对比

在工业领域应用中，对于目标检测网络的设计一个很重要的设计因素便是深度，为了可以支持实时检测过程中低延迟的图像处理，在图像分析准确率允许的条件下，应该尽可能选择处理速度快的算法进行实现。

## 3.2.2 目标分割

目标分割需要确定图像中物体的边界，具体做法是对图像中归属同一个物体的所有像素添加同一标签，在视觉上呈现分割效果。目标分割分为语义分割和实例分割，前者只要求在类别上进行分割，而后者需要精确到个体。传统的目标分割主要分为基于像素相似性和基于像素邻域关系两种，代表算法分别是阈值分割、K-Means 分割和区域生长、分水岭。相较于传统方法，基于深度学习的目标分割方法在准确率上得到极大提升，主要有 Mask R-CNN、DeepLab 等。

目前图像分割方法数量已经达到上千种。随着对图像分割的更深层次研究和其他科学领域的发展，陆续出现了许多使用新理论的图像分割算法。各种图像分割算法都有其不同理论基础。在此研究对比了几种常见的分割方法。

一、阈值分割法

阈值分割法是最早的分割方法，它属于最简单的一种分割方法，并且得到广泛应用。阈值分割法具有易于操作、功能稳定、计算简单高效等优点。阈值分割法的基本原理是根据图像的整体或部分信息选择阈值，把图像依据灰度级别划分。如何选取合适的阈值是阈值算法最重要的问题。人们在实际的研究过程中，阈值法一般用来作为一些图像处理过程中的第一步。由于该算法直接利用灰度值，因此计算方面十分简单高效。当图像中目标与背景灰度差异大时，应使用全局阈值分割法；当图像灰度差异不大或多个目标的灰度相近时，局部阈值或动态阈值分割法会更适合。

基于阈值的分割方法虽然简单高效，但也有其局限性。一方面，当图像中的灰度值差异不明显或灰度范围重叠时，可能出现过分分割或欠分割的情况；另一方面，阈值方法不关心图像的空间特征和纹理特征，只考虑图像的灰度信息，抗噪性能差，导致在边界处的效果不符合预期，得到的分割效果比较差。总的来说，阈值分割法是简单并且有效的图像分割方法，尤其当不同语义信息之间差异比较大时，能够得到很好的分割效果。

二、边缘检测分割法

边缘检测分割法通过检测边界来把图像分割成不同的部分。在一幅图像中，不同区域的边缘通常是灰度值剧烈变化的地方，边缘检测分割法就是根据灰度突变来进行图像分割的。基于边缘检测分割方法按照执行顺序的差异可分为两种，即串行边缘分割技术以及并行边缘分割技术。

基于边缘检测分割方法重点是如何权衡进行检测时的抗噪性能和精度。若提高该方法检测精度，噪声引起的伪边缘会影响图像得到过多的分割结果；然而，若提高该方法抗噪性，会使得轮廓处的结果精度不高。因此研究人员在实际应用的时候，需要综合考虑检测精度与抗噪性能的相互作用进行取舍，这是边缘检测法的关键部分。边缘检测的分割法通常都是根据图像信息进行数学运算来确定边缘点位置。边缘检测法优点是运算快，边缘定位准确；其缺点是抗噪性能差，因而在划分复杂图像时非常容易导致边缘不连续、边缘丢失或边缘模糊等问题，边缘的封闭性和连续性难以保证。

三、DeepLab V3 神经网络分割算法

DeepLab V3 结构是基于 ResNet 网络来构建的语义分割网络。为了减少网络参数、加快训练速度，将网络中连续重复的最大池化层去除，在卷积层后加入空洞金字塔池化。

空洞卷积与常规卷积区别在于，它有一个因子即膨胀率，用这个因子使得能够扩展滤波器的感受野。在二维图像中使用空洞卷积，对应输出 $y[i]$ 由输入 $x[i]$，膨胀率 $r$，卷积核 $w[k]$ 共同决定，即

$$y[i] = \sum_k x[i + r \cdot k]w[k] \tag{3-1}$$

以 3×3 卷积核为例，当膨胀率等于 1 时，它的作用与常规卷积类似。但是当膨胀率设置为 2，则它具有膨胀卷积核的作用。理论上，它是这样工作的：首先，根据膨胀率对卷积核进行扩张；然后，它用零填充空白空间，创建稀疏的类似卷积核；最后，使用膨胀的卷积核进行常规卷积。因此，大小为 3×3、膨胀率为 2 的卷积将使其能够覆盖 5×5 的区域。以类似的方式，膨胀率为 3 的常规 3×3 的卷积能够得到对应的 7×7 区域的信号。这种效果允许我们控制计算特征响应的分辨率。此外，空洞卷积在不增加参数量和计算量的情况下获得了更大范围的语义信息。

空洞空间金字塔池化（Atrous Spatial Pyramid Pooling，ASPP）的思想是提供具有多尺度信息的模型。为了做到这一点，ASPP 添加了一系列具有不同扩张率的空洞卷积。这些扩张率是被设计用来捕捉大范围语境的。此外，为了增加全局的语境信息，ASPP 还通过全局平均池化（GAP）结合了图像级别的特征。

在 ResNet 网络中，将 Block3 和 Block4 的步幅（Stride）从 2 变成 1，在 Block4 中采用 Multi-Grid 的结构。在 Block4 之后采用 ASPP 结构。最后双线性上采样将概率图上采样到和输入图像相同的维度。得到最终的概率图也就是分割结果。DeepLab V3 图像分割流程如图 3-5 所示。

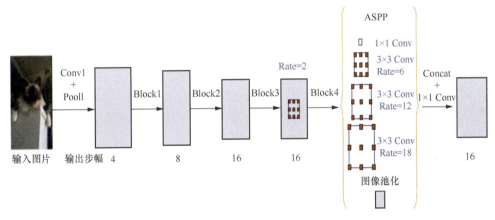

图 3-5　DeepLab V3 图像分割流程

DeepLab V3 架构为避免当使用膨胀率增大时有效的滤波参数权重逐渐减小，使用全局平均池化增加图像级的特征，而其他部分卷积获取多尺度信息。

卷积层是在平移不变的基础上定义的，并且在不同的空间位置具有共享权重。卷积层的输入和输出是特征映射，并通过卷积内核计算，即

$$f_s(X;W_r,b) = W_r *_s X + b \tag{3-2}$$

式中　$X$——输入特征映射；

　　　$W_r$——具有膨胀率为 $r$ 卷积内核；

　　　$*_s$——卷积的步长为 $s$；

　　　$b$——偏差。

卷积层通常与最大池化层一同出现。最大池化层是非线性下采样的一种形式。DeepLab V3 去除 ResNet 用 ASPP 取代最后几个下采样。保证了输出分割结果分辨率。ResNet 中每个块（Block）采用残差学习。定义残差块的计算公式为

$$F_s(X) = f_s(X;W_r,b) + X \qquad (3\text{-}3)$$

DeepLab V3 网络可以定义为

$$Y = F_s(I;\theta) \qquad (3\text{-}4)$$

式中　$Y$——输出预测（ROI 的概率图）；

　　$I$——输出图像；

　$F_s$——由具有步幅 $s$ 的多个卷积层产生的特征图；

　$\theta$——卷积层的学习参数。

### 3.2.3　目标跟踪

目标跟踪的目的是确定一段视频序列中某一个或多个目标的大小和位置并将目标关联起来，形成目标在视频序列中的运动轨迹。根据建模方式不同，目标跟踪算法分为生成模型和判别模型。生成模型提取目标特征构建表现模型，在图像中搜索与模型最匹配的区域作为跟踪结果，如 Mean-shift、卡尔曼滤波等。判别模型将目标跟踪转化为二分类问题，将目标和背景看成两个类别进行特征提取和分类，如相关滤波、深度学习等。生成模型仅对目标建模，忽略了背景信息，鲁棒性不如判别模型。

早期的目标跟踪算法主要有两种：①基于目标模型建模的方法；②基于搜索的方法，即对目标特征进行跟踪。

基于目标模型建模的方法通过对目标外观模型进行建模，然后在之后的帧中找到目标。比如，区域匹配、特征点跟踪、基于主动轮廓的跟踪算法、光流法等。最常用的是特征匹配法，首先提取目标特征，然后在后续的帧中找到最相似的特征进行目标定位，常用的特征有 SIFT 特征、SURF 特征、Harris 角点等。

随着研究的深入，人们发现基于目标模型建模的方法对整张图片进行处理，实时性差。因此引入基于搜索的方法，将预测算法加入跟踪中，在预测值附近进行目标搜索，减少了搜索的范围。常见的此类预测算法有 Kalman 滤波、粒子滤波方法等；另一种减小搜索范围的方法是内核方法，即运用最速下降法的原理，向梯度下降方向对目标模板逐步迭代，直到迭代到最优位置，如 Meanshift、Camshift 算法等。

#### 一、光流法

光流法（Lucas-Kanade）的概念首先在 1950 年提出，它是针对外观模型对视频序列中的像素进行操作。通过利用视频序列在相邻帧之间的像素关系，寻找像素的位移变化来判断目标的运动状态，实现对运动目标的跟踪。但是，光流法适用的范围较小，需要满足3 种假设：①光照一致，即图像的光照强度保持不变；②空间一致，即每个像素在不同帧中相邻点的位置不变，这样便于求得最终的运动矢量；③时间连续，光流法适用于目标运动相对于帧率是缓慢的，也就是两帧之间的目标位移不能太大。

#### 二、粒子滤波方法

粒子滤波（Particle Filter）方法是一种基于粒子分布统计的方法。以跟踪为例，首先对跟踪目标进行建模，并定义一种相似度度量确定粒子与目标的匹配程度。在目标搜索的过程中，它会按照一定的分布（比如均匀分布或高斯分布）撒一些粒子，统计这些粒子的相似度，确定目标可能的位置。在这些位置上、下一帧加入更多新的粒子，确保在更大概率上跟踪上目标。在工程应用中，几乎所有的单目标跟踪算法都可以视为状态空间模型描述的自适应滤波过程，而其中应用最为广泛的滤波方法是贝叶斯滤波（Bayes Filter）。贝叶斯滤波的基本过程是通过运动模型预测目标状态的概率分布，再通过新的观测数据进行更新。贝叶斯滤波具有很多变种，其中卡尔曼滤波（Kalman Filter）针对线性高斯分布的系统有很好的状态估计和预测功能，可以说是估计理论中最重要的方法。卡尔曼滤波（Kalman Filter）常被用于描述目标的运动模型，它不对目标的特征建模，而是对目标的运动模型进行了建模，常用于估计目标在下一帧的位置。粒子滤波方法存在两个致命的缺陷：①没有将背景信息考虑在内，导致在目标遮挡，光照变化以及运动模糊等干扰下容易出现跟踪失败；②跟踪算法执行速度慢（约 10 f/s），无法满足实时性的要求。

### 三、Meanshift 方法

Meanshift 方法是一种基于概率密度分布的跟踪方法，使目标的搜索一直沿着概率梯度上升的方向，迭代收敛到概率密度分布的局部峰值上。首先 Meanshift 会对目标进行建模，比如利用目标的颜色分布来描述目标，然后计算目标在下一帧图像上的概率分布，从而迭代得到局部最密集的区域。Meanshift 适用于目标的色彩模型和背景差异比较大的情形，早期也用于人脸跟踪。由于 Meanshift 方法的快速计算，它的很多改进方法也一直适用至今。

## 3.2.4　分类算法

常用于图像分类的经典 CNN 网络结构模型种类繁多，如 ResNet、LeNet、GoogleNet、AlexNet、VGGNet 等多种模型。

### 一、ResNet 分类算法

ResNet 是 ILSVRC2015 的冠军网络，它能够很好地解决网络的退化（Degradation）问题，即当模型的层次加深后错误率却提高了。网络退化的原因在于当模型变复杂时，随机梯度下降的优化变得更加困难，导致了模型达不到好的学习效果。

ResNet 提出了残差（Residual）结构，即增加一个恒等映射，将原始所需要学的函数 $H(x)$ 转换成 $F(x)+x$，假设 $F(x)$ 的优化会比 $H(x)$ 简单得多，则这两种表达得效果相同，但是优化的难度却不相同。残差块结构图如图 3-6 所示。该模型的出现，使得网络模型深度在很大范围内不受限制。另外，残差向量编码用在图像处理中时，通过信息重组，将一个问题分成多个相互关联的残差问题来解决，可以达到优化训练的目的。

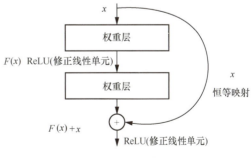

图 3-6　残差块结构图

### 二、LeNet 分类算法

LeNet 是一种经典的卷积神经网络架构，尤其在手写数字识别任务中取得了显著成就。LeNet-5 模型由多个卷积层、池化层和全连接层组成。其特点在于通过连续的卷积和池化操作提取图像特征，其中卷积层使用 5×5 的卷积核，池化层采用 2×2 的最大池化。LeNet-5 包含两个卷积—池化模块，每个模块后通道数翻倍，图像尺寸减半。最终，通过全连接层将特征映射到输出层，并使用 Softmax 激活函数进行分类。LeNet 的设计简洁而高效，为后续的卷积神经网络发展奠定了基础。

### 三、GoogleNet 分类算法

GoogleNet（又称为 Inception V1）是谷歌在 2014 年提出的一种先进的深度神经网络架构，它是一种深度卷积神经网络，主要用于图像分类和识别任务，GoogleNet 以其独特的 Inception 模块和全局平均池化技术，在图像分类和识别任务中取得了显著成效，是深度学习领域的重要里程碑之一。

GoogleNet 最显著的特点是 Inception 模块，该模块允许网络在同一层内并行执行多个不同尺度的卷积和池化操作，从而捕捉图像中的多尺度特征。这种设计不仅增加了网络的宽度，也提高了其适应不同大小目标的能力。GoogleNet 还采用了全局平均池化技术，代替了传统的全连接层，这不仅减少了参数数量，防止了过拟合，还使得网络能够接受任意大小的输入图像。此外，GoogleNet 还使用了辅助分类器来加速训练过程并提升网络性能。

GoogleNet 在图像分类任务中取得了卓越的性能。通过精心设计的 Inception 模块和全局平均池化技术，GoogleNet 能够高效地从图像中提取多尺度的特征，从而更准确地识别图像中的物体。与传统的深度神经网络相比，GoogleNet 具有更高的准确率和更低的计算成本。因此，GoogleNet 不仅在学术界得到了广泛的认可，也在工业界得到了广泛的应用，如图像搜索、目标检测等任务。GoogleNet 的成功也启发了后续许多深度神经网络的设计，推动了深度学习领域的发展。

### 四、AlexNet 分类算法

AlexNet 分类算法是深度学习领域的一个里程碑。它由 5 个卷积层和 3 个全连接层组成，首次引入了 ReLU 激活函数、Dropout 和 LRN 等技术，显著提升了图像分类的准确率。AlexNet 使用了两块 GTX 580 GPU 进行训练，通过数据增强等技术缓解了过拟合问题。在 ILSVRC 竞赛中，AlexNet 将分类准确率提升至 80% 以上，引领了深度学习的发展潮流。

AlexNet 的架构中，卷积层负责提取图像特征，池化层降低特征图的维度，全连接层则将特征进行分类。特别是 ReLU 激活函数的引入，解决了深层网络中的梯度消失问题。Dropout 技术有效减少了过拟合现象。AlexNet 不仅展现了出色的性能，还启发了后续许多深度学习模型的设计，对计算机视觉领域产生了深远影响。

### 五、VGGNet 分类算法

VGGNet 分类算法是由牛津大学视觉几何组（VGG）提出的深度卷积神经网络，特别擅长于图像分类任务。

VGGNet 是深度学习领域中的一种经典卷积神经网络结构，尤其在图像分类任务中表现出色。其核心思想是通过堆叠多个 $3 \times 3$ 的卷积核和 $2 \times 2$ 的最大池化层来构建深度网络，以此提取图像中的多层次特征。其中，VGG16 版本因其 16 层的网络结构而得名，包括 13 个卷积层和 3 个全连接层。这种设计使得 VGGNet 能够捕捉到图像中的细微差异，从而在分类任务中取得更高的准确率。

VGGNet 之所以能够在图像分类任务中取得如此出色的表现，除了其深度网络结构外，还得益于其简洁而有效的设计。它摒弃了传统神经网络中复杂的设计元素，如大卷积核和复杂的连接方式，转而采用更小的卷积核和更直接的连接方式。这种设计不仅减少了参数数量，降低了过拟合的风险，还加快了训练速度，使得 VGGNet 能够在较短时间内达到较高的分类准确率。因此，VGGNet 在图像分类领域得到了广泛的应用和认可。

### 3.2.5　OCR 算法

文字识别技术是利用计算机对纸上文字进行自动识别并处理成可识别信息的技术。其技术流程主要分为预处理、文字检测、文字识别、识别后处理等阶段。图像预处理主要包括灰度化、二值化、噪声去除、倾斜矫正等。文字检测与识别目前都是采用深度学习方法，利用深度学习卷积神经网络自动进行文字特征提取，可以检测与识别不同场景、不同语言的文字或图像，识别后可经过后处理（校正纠错、版面分析、规则匹配）等进一步提升准确率及扩展到多场景应用。

OCR 即光学字符识别（Optical Character Recognition），在分类上可以分为手写体识别和印刷体识别两个大主题，当然印刷体识别较手写体识别要简单得多，我们也能从直观上理解，印刷体大多都是规则的字体，因为这些字体都是计算机自己生成再通过打印技术印刷到纸上。在印刷体的识别上有其独特的干扰：在印刷过程中字体很可能变得断裂或者墨水粘连，使得 OCR 识别异常困难。按识别的内容来分类，也就是按照识别的语言的分类的话，那么要识别的内容将是人类的所有语言。

#### 一、传统 OCR 算法

主要基于图像处理技术（如投影、膨胀、旋转等），结合 OpenCV 库实现或采用统计机器学习方法实现特征提取。

1. 模板匹配算法

模板匹配算法根据匹配的基本原理演变出多种匹配计算方式，如序贯相似性匹配、距离变换、最小均方误差等。

2. 支持向量机（SVM）

SVM 可实现图片文本内容提取，是基于统计学理论的一种分类识别算法。SVM 在小样本的分类领域的应用中具有很好的效果。

3. 贝叶斯分类算法（Bayes）

贝叶斯分类算法的主要原理是通过 Bayes 定理对未知样本进行预测，并计算样本进行各个类别的可能性，最后通过概率统计对图像实现分类。

#### 二、深度学习 OCR 算法

深度学习算法通过训练大量的数据，能够学习到图像中文字的特征和规律，从而实现对文字的快速、准确识别，能够自动完成从图像到文字的转换过程，无需人工干预，大大提高了工作效率。

深度学习 OCR 算法原理流程如图 3-7 所示。

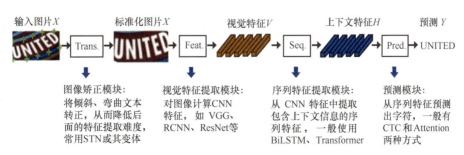

图 3-7　深度学习 OCR 算法原理流程

**1. 图像预处理**

在将图像输入到 OCR 系统中之前，需要对图像进行预处理操作，包括灰度化、二值化、去噪声等步骤，以提高图像的质量和清晰度。

**2. 文字检测**

文字检测是 OCR 系统的关键步骤之一。基于深度学习的文字检测方法通常使用卷积神经网络（CNN）进行特征提取，然后结合区域提议网络（RPN）或边界框回归等技术实现文字区域的定位和分割。这些算法能够处理不同字体、大小写、旋转角度等复杂情况下的文字，并且能够自动适应不同场景的文字检测任务。

**3. 文字识别**

在文字检测完成后，需要对文字区域中的文字进行识别。基于深度学习的文字识别方法通常使用循环神经网络（RNN）或长短期记忆网络（LSTM）进行字符识别和转换。这些算法通过训练可以学习到不同字体、大小写、旋转角度等情况下文字的表示，从而在识别时能够处理各种情况。为了提高识别准确率，还可以采用注意力机制、序列到序列（Seq2Seq）等方法对文字序列进行建模和预测。

### 3.2.6 语音识别

#### 一、语音识别与机器视觉的结合原理

语音识别技术是将人类的语音信号转换成计算机可读的文本信息，通过视觉信息来辅助语音信号的识别。这种结合的原理主要体现在以下几个方面。

**1. 视觉信息提供上下文**

机器视觉可以捕捉图像或视频中的场景、物体等视觉信息，这些信息能够为语音识别提供重要的上下文。比如，在智能监控系统中，通过机器视觉可以识别出监控场景中的特定物体或人物，这些信息可以作为语音识别的先验知识，提高识别的准确性。

**2. 视觉信息辅助发音识别**

在某些情况下，语音信号可能受到噪声、口音等因素的影响，导致识别困难。而机器视觉可以通过捕捉说话人的面部特征、口型等信息，辅助发音的识别。比如，唇读技术就是结合机器视觉和语音识别的一种应用，通过捕捉说话人的唇部运动来辅助发音的识别。

**3. 跨模态交互**

基于机器视觉的智能检测关键技术中的语音识别，可以实现跨模态的交互。即用户可以通过语音和视觉两种方式来与系统进行交互，提高了系统的灵活性和易用性。比如，在智能家居系统中，用户可以通过语音命令来控制设备，同时也可以通过手势、表情等视觉信息来辅助或增强语音命令的执行。

#### 二、语音识别处理流程

在进行语音识别的时候，最原始的输入是一个音频文件。将音频文件读取到程序后，它们是一系列离散的采样点，通常采样率是 16K/8K，即一秒钟采样 16000/8000 个点，每个采样点表示该时刻声音的振幅。在这个采样率下，一条只有几秒钟的输入音频，其序列长度也会非常长，且每个采样点所包含的语音信息比较少，因此原始音频不适合直接作为模型的输入。无论是传统方法的语音识别技术还是基于神经网络的语音识别技术，都需要进行语音的预处理。

经预处理后的数据利用下游 ASR 任务的标注数据，随机初始化训练语音识别模型；利用语音识别模型的 Encoder 模型提取预训练数据即无标注数据的表征并聚类；再利用这个聚类结果替换作为自监督标签，进行自监督预训练。以上步骤可重复迭代，该方法也取得了很好的效果。这一方法的优势是在 Transformer 浅层同样设置自监督学习任务，标签类别数逐渐增多；浅层模型的感受野较小，随着层数越深感受野逐渐增大，使得下面的自监督模型可能学习到更粗粒度的音素信息，减少自监督模型过拟合风险。语音识别自监督学习方法如图 3-8 所示。

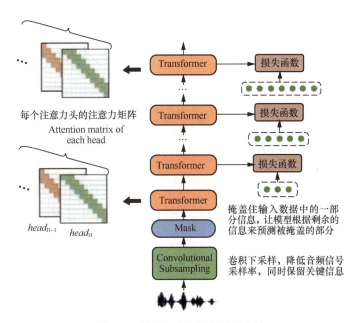

图 3-8　语音识别自监督学习方法

### 三、语音识别技术应用

语音识别技术作为人工智能领域的重要分支，已经取得了显著的进步。然而，传统的语音识别在面对复杂环境或特定口音时，往往存在一定的局限性。而基于机器视觉的智能检测关键技术中的语音识别，通过结合机器视觉的能力，为语音识别提供了更为丰富的上下文信息和辅助线索。比如，在智能检测场景中，机器视觉可以识别出用户的动作和姿态，结合语音识别技术，系统可以更准确地理解用户的意图，并执行相应的操作。此外，基于机器视觉的智能检测关键技术中的语音识别还具备跨模态交互的能力。这意味着用户可以通过语音、手势、表情等多种方式与系统进行交互，极大地提高了系统的灵活性和用户体验。在未来，随着技术的不断发展，基于机器视觉的智能检测关键技术中的语音识别将在更多领域展现出其强大的应用潜力，为人们的生活带来更多便利和智能化体验。

## 3.2.7　语义解析

### 一、语义分析算法的原理

语义分析算法是一种基于自然语言进行语义信息分析的方法。语义解析是机器对图像或视频中所包含信息的深层次理解和解析，它能够超越单纯的图像识别，深入到信息的本质和含义中去。它不仅涉及词法分析（词形分析和词汇分析）和句法分析（对用户输入的自然语言进行词汇短语的分析，目的是识别句子的句法结构），还涉及语用分析。语义解析技术通常需要结合自然语言处理、深度学习、计算机视觉等多个领域的知识和技术。比如，通过深度学习中的卷积神经网络（CNN）和循环神经网络（RNN）等模型，可以对图像或视频中的视觉信息进行高效的特征提取和表示学习；而自然语言处理中的语义角色标注、依存句法分析等技术，则可以帮助机器更好地理解文本信息的语义结构。

### 二、语义分析算法实现流程

语义分析算法的具体实现方式可能因应用场景和需求而异。但一般而言，它需要利用大量的语料库和自然语言处理技术，如词性标注、句法分析、语义角色标注等，来识别和分析句子中的语义信息。这些信息可以包括实体、关系、事件等，从而帮助人们更好地理解自然语言文本，并从中提取有用的信息和知识。

对于视频数据，要实现视频的智能分析检测，需要对视频中的目标进行检测、跟踪、信息分析，提取出视频中包含目标物体的图像之后对提取出的关键帧进行基于深度学习的图像智能分析。视频智能分析可用于生产区域、作业区域的设备智能化巡检、作业安全监控等。本文所涉及的深度学习智能分析算法包括目标检测算法、分类算法、分割算法以及OCR算法等。

### 三、语义分析算法的技术展望

通过构建深度神经网络模型，可以实现对图像或视频中信息的自动特征提取和表示学习，从而实现对信息的深层次理解和解析。同时，随着计算能力的提升和大数据的积累，深度学习模型在处理复杂信息和应对不确定性方面表现出了越来越强的能力。

除了深度学习技术外，基于知识图谱的语义解析技术可以通过构建大规模的知识库和语义网络来辅助机器进行语义理解；而基于注意力机制的语义解析技术则可以通过模拟人类的注意力机制来增强机器对关键信息的关注和处理能力。这些技术的不断发展和完善将进一步推动基于机器视觉的语义解析技术的进步和应用。

## 3.3 基于机器视觉的智能检测典型应用场景

工业现场中，机器视觉技术具备广泛的应用前景和市场需求。随着人工智能大数据技术以及云计算技术的不断发展，传统的基于人工判断的视觉场景正在向智能识别方向迈进。

目前，机器视觉在工业领域应用广泛，按照功能主要可分为识别、定位、测量及检测四大类。

1. 识别

识别功能主要指能甄别目标物体的物理特征，包括外形、颜色、字符、条码等。在模式识别领域，深度学习为机器识别赋能，不断加强识别功能的可靠性、智能性。在工业应用场景中，物流标签读取和字符识别是识别功能最直接的服务对象，在工业应用场景中约占24%。

2. 定位

定位功能是在识别出物体的基础上，经过测量精确给出目标物体的坐标信息，定位功能主要应用于加工设备工具端的路径引导，是工业机器人重要的辅助性功能，在工业应用场景中约占 16%。

### 3．测量

测量功能是指以单个图像像素大小为最小单位并与常用度量衡单位进行比例标定，然后在图像中精确地计算出目标物体的几何尺寸。在工业应用场景中，测量功能主要应用于对目标物体的高速、高精测量，特别适合复杂形态测量，在工业应用场景中约占 10%。

### 4．检测

检测功能主要表现为通过使用机器视觉技术对目标物体进行缺陷检测，在产品质量一致性控制和成本控制上发挥着重要作用，机器视觉检测设备是工业机器视觉技术最重要载体，在整个机器视觉应用场景中约占 50%。

在具体应用场景上，机器视觉主要分为产品缺陷检测、设备故障诊断、外观尺寸测量以及工厂安防监控等 4 个关键领域，本节选取外观尺寸测量以及安全监控两大关键领域展开案例分析。

## 3.3.1　检测设备数据采集

### 一、案例背景与需求

党中央、国务院印发《质量强国建设纲要》，提出"完善产品质量监督抽查制度""构建数字化、智能化质量管控模式"等一系列战略部署。为贯彻落实质量强国战略要求，把好设备入网质量关，提升电工装备行业质量竞争力，需要进一步加强电网物资检测透明管控，实现系统内外部检测机构协同发展，更好适配现代质量管理需要。

截至目前，国网系统内检测中心共有 14167 台 / 套仪器设备，其中可电子读数占比为 86%、数据可通信占比为 18%、直连管控平台占比为 10%。为加强对检测过程的管控能力，各省公司积极探索检测数据的自动采集方式，对检测设备进行数字化升级，检测设备由单设备运行向综合一体柔性工位转变，通过通信接口改造或图像识别等技术手段，实现设备的数据自动采集。

然而由于部分检测中心存在检测设备购置年限较久，自动化程度低，且部分设备原始供应商存在设备型号停产等问题，无法通过系统升级或接口改造实现设备数字化改造，对于这部分设备亟须引入机器视觉和人工智能的相结合的方式，实现老旧设备的数据直采。

### 二、实施案例

为满足对检测中心数据直采的管理需求，开发一套适应检测中心数据直采要求的现代化数据直采智能识别系统，具备对语音进行智能分析能力，实现对语音语义分析，触发拍照及图片数据上传，同时具备对视频的分析能力，通过对图片文字提取，刻度分析等方式，实现对不同显示方式的工具进行实时读数；通过数据直采智能识别系统，可实现视频预览、视频终端设备管理、计算任务管理、硬件计算节点管理、用户管理、检测图像管理、数据追溯管理、系统管理等功能，推动数字化，提高生产质量。

#### （一）网络拓扑结构

智能数据直采系统部署在中心机房，基于 IP 网络，独立完成音视频智能分析相关业务，并提供数据及状态等信息，是一套集远程采集、传输、储存、业务处理的智能分析系统。

智能数据直采系统主要由 AI 智能分析服务器、硬盘录像机、语音采集设备、控制模块、各类摄像机、网络设备等组成。系统以 AI 分析服务器为核心，通过智能数据直采系统进行集中管理，因音视频采集设备获取数据，通过本地网络传输到 AI 分析服务处理器进行视频解码，搭配人工智能后台进行图像分析和管理，实时识别工具读数等。系统整体网络拓扑结构如图 3-9 所示。

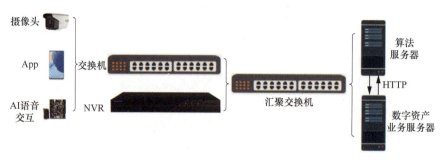

图 3-9　系统整体网络拓扑结构

1. 音频数据处理过程

（1）前端音频智能 AI 模块通过 4 通道阵列麦克风可以稳定可靠的采集周围 10m 内的语音信息。

（2）板载智能语音分析模块根据自定义词条过滤出有效输入信息，并迅速对有效语音信息做出反馈，保证良好的交互体验。

（3）语义分析过滤出来的信息，首先根据信息内容触发摄像机进行抓拍，然后通过网络传回后台进行语义解析，根据语义信息做后续处理。

2. 带屏幕的工具读数处理过程

（1）通过语音模块采集语音数据触发摄像头拍照，将图片回传至中心机房的视频 AI 服务器。

（2）AI 服务器内置推理平台，通过计算服务自动将图片输入到算法模型中进行计算识别后，将结果返回给平台。

（3）平台获取信息后与数字资产平台进行通信，将数据同步到对应资产信息。

3. 不带屏幕纯刻度工具的数据处理过程

（1）通过 Pad 拍照或语音触发拍照等方式获取检测结果图片，通过网络回传至中心机房的 AI 服务器。

（2）AI 服务器内置推理平台，通过计算服务自动将图片输入到算法模型中进行计算识别后，将结果返回给平台。

（3）平台获取信息后与数字资产平台进行通信，将数据同步到对应资产信息。

（二）系统架构

系统以平台＋算法＋算力一体化为架构，软硬件深度融合，具备高稳定性。系统架构如图 3-10 所示。

（三）算法方案

针对检测基地不同检测设备数据采集需求，由于检测工具种类繁多，读数输出方式各不相同，有带屏幕的、不带屏幕纯刻度的，因此需要借助机器视觉的技术，满足多种类型电网物资检测设备的数据采集要求。不同任务的具体算法方案见表 3-1。

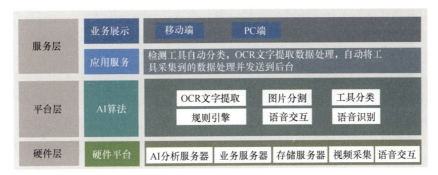

图 3-10　系统架构

表 3-1　　　　　　　　　　　　　　　　算法方案

| 任务名称 | 任务描述 | 算法方案 |
|---|---|---|
| 检测工具类型识别算法 | 检测工具类型，为下一步识别工具读数做准备 | 目标检测算法 + 分类算法 |
| 检测工具屏幕识别算法 | 针对有屏幕的检测工具，提取屏幕部分图片，为 OCR 识别做准备 | 目标检测算法 |
| 带屏幕工具 OCR 文字识别算法 | 提取屏幕文字信息，分析检测工具读数 | 目标检测算法 +OCR 算法 |
| 纯刻度工具读数识别算法 | 提取检测图片，分析纯刻度检测工具读数 | 目标检测算法 +OCR 算法 + OpenCV |
| 智能语音识别算法 | 提取语音信息，分析语音内容 | 语音识别算法 |

1. 不带屏幕工具的数据采集方案

算法首先将采集到的图像数据进行分类，识别工具类型，采用 YOLO-V5 算法对屏幕进行检测，定位到屏幕后，再通过 OCR 算法提取屏幕中的文字，根据设备类型将数据上传到后台，将数据同步到试验记录中。不带屏幕工具的数据采集如图 3-11 所示。

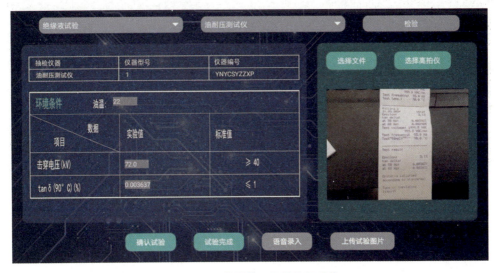

图 3-11　不带屏幕工具的数据采集

本方案中数据的提取，照片输入是关键，照片的拍照信息，拍照质量决定了后面的处理效果，因此拍照是一个非常重要的动作，本方案提供两种触发方案：①通过语音输入方式，AI 语音交互模块识别声音内容，后台进行语义分析触发拍照；②通过 Pad 上的 App 触发摄像头拍照，并对照片进行 OCR 识别提取出对应的数据信息。

2. 带屏幕的工具的数据采集方案

目前试验检测工具种类繁多，不同的检测设备数据内容不同，处理方式也不同，因此需要先识别出检测工具的准确类型，才能正确高效地处理数据。本算法利用 YOLO-V5 目标检测算法进行检测，识别出工具的类型及工具在图片中的位置，结合屏幕识别算法准确地截取屏幕图片，对屏幕内容进行识别。带屏幕工具的数据采集如图 3-12 所示。

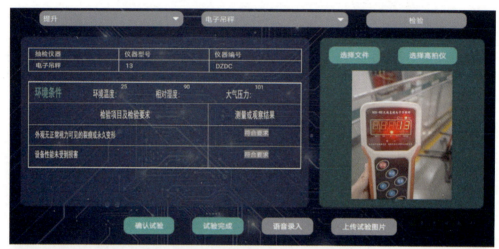

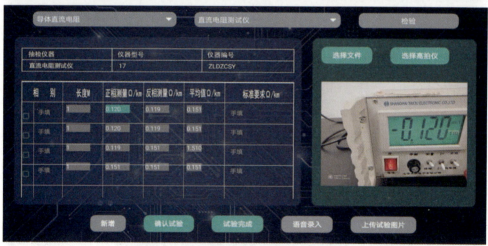

图 3-12　带屏幕工具的数据采集

3. 语音交互数据采集方案

电力设备种类繁多，每种设备包含不同的试验项目，每个项目使用到的设备也各不相同，因此试验过程比较复杂，为了保证照片与试验流程一一对应，采用语音方式进行交互，语音采集设备实时采集语音信息，将识别结果传入对应的试验的规则引擎，处理完成后会将数据实时同步到对应的试验记录中，同时系统会进行语音提示，确保试验按流程准确的进行，保证数据录入的准确性。语音交互工具的数据采集如图 3-13 所示。

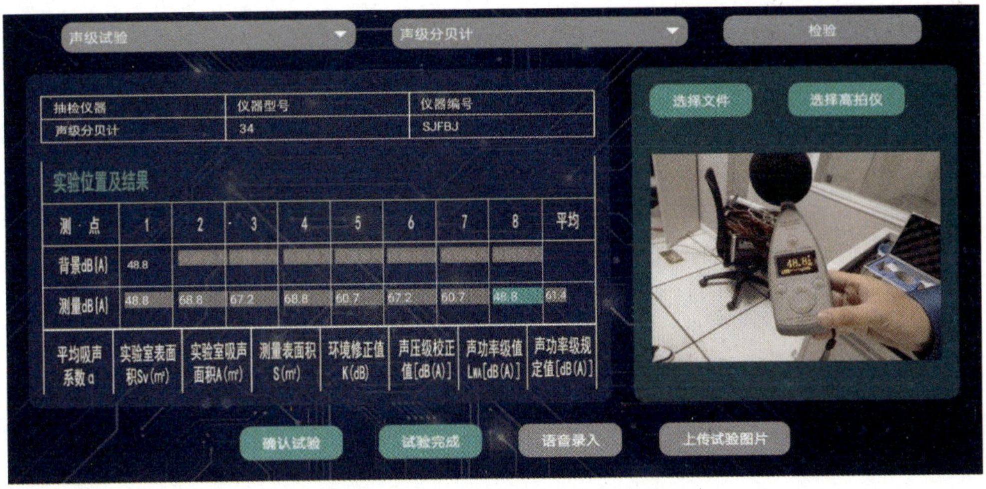

图 3-13 语音交互工具的数据采集

此方案适用于无数显屏机械类的量具，读数小且无法利用摄像头或者相机取得相对清晰的图片以供识别读数，只能通过语音识别来解决，但使用语音识别会有一个反复交互并确认的过程，逻辑上会比较复杂。

### 三、实施效果

数据直采智能识别系统通过先进的技术手段打通检测设备数字化的堵点，完成数据直采的闭环，所有数据的采集录入通过自动化的手段，自动生成统计数据，数据回溯等功能，让系统代替部分人工岗位，使工作人员从路程往返、手工报表、大量查找分析中解放出来，有效提高人力资源利用率、提高应急处理效率、提高员工的工作效率，减少不必要的人力投入。系统实施后取得了一系列实际成效。

（1）数据采集形成闭环。整个试验数据采集过程人员只是需要按照流程做试验，无需关注数据录入问题，避免了人员在数据录入过程中数据录入错误或数据造假问题。

（2）数据溯源。数据采集过程中保存了工具读数时的照片，后期可根据需要对数据进行人工复核，确保试验过程，试验结果可追溯。

（3）数据精确。部分纯刻度工具最小分辨率为 0.5mm，使用深度学习算法和 OpenCV 算法等可以将数据采样的准确性进一步的提升。

（4）智能管理。不同种类的工具采用不同的采集方式，确保所有工具的数据采集准确无误。

（5）智能控制。通过语音交互方式触发拍照等，试验过程更加简单高效。

通过打造国家电网检储配数据直采智能识别系统，提高了基地信息化、智能化、集成化水平，有利于提高企业的社会知名度，为打造国内一流高科技产业基地打下坚实基础，向社会更好地展示公司的高科技形象。

### 3.3.2 检测现场安全风险识别

#### 一、案例背景与需求

随着国家电网公司物资检测工作的深入开展及检储配一体化基地的建设，电网物资检测的覆盖范围和工作要求均不断提升，检测业务量日益增长，现行的检测中心管控模式及体系在工作效率、安全管控等方面暴露出一些不足，不能完全适应电网快速发展以及人力集约化管理的现实需要，不能满足国家电网公司对网省公司班组数字化建设的要求，主要体现在以下不足：针对检测中心环境状态识别、人员安全作业识别、设备转运风险识别、试验流程风险识别技术手段欠缺，人员及检测设备存在不按规章作业等风险隐患，发生风险亦难以第一时间了解并处理。

亟须通过一套检测中心数字化管控系统加快检测中心管理数字化转型，进一步提高管理的标准化、信息化、数字化和智能化水平，提升检测中心安全质量、效率效益。实现安全风险 AI 智能管控，强化标准化作业，提升安全自主能力。

## 二、实施案例

电力仓库智慧告警平台提供了一体化的 Web 服务，用户可以直观地配置和统计后台数据。平台包含控制台、基础服务、算法调度、开放能力及系统管理等多个模块，为用户提供了设备统一管理、视觉分析算法调度、识别记录查看等功能。此外，平台还支持 API 调用，为用户提供了更便捷的使用体验。

### （一）系统架构

电力仓库智慧告警平台系统架构如图 3-14 所示。

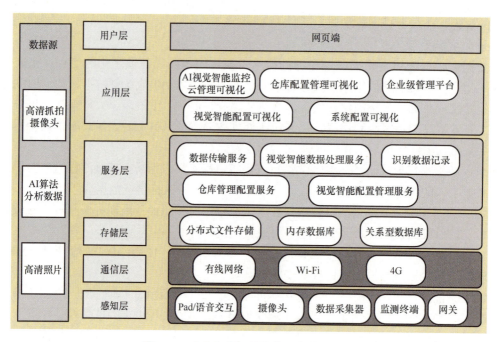

图 3-14 电力仓库智慧告警平台系统架构

1. 数据采集

数据采集层包括感知层和通信层，通过 AI 语音信号 /PAD 信号，控制高清摄像头拍摄照片，并输送至算法中心，基于各类算法模型，最终输出分析结果。

2. 服务层

服务层配置系统各类识别模型，接收数据采集层推送的 AI 算法分析结果，通过识别模型，输出识别结果；配置各类算法，以及算法的 AI 模型；配置各类辅助服务，如仓库区域、摄像头的配置等。

**3. 存储层**

存储层分布式存储各类图片文件、分析日志等各类信息，基于 Redis 以及 mongo 等高性能内存数据库，实现系统性能的极致提升。

**4. 应用层**

应用层分为 PC 端以及大屏端，PC 端提供系统所有的管理功能，诸如识别数据的展示、识别算法的配置、系统安全、权限配置等；大屏端展示控制台，实时展示当前系统的识别统计数据，实时接收系统后台推送的高清照片，识别提供完整的检测记录。

**(二) 安全风险 AI 智能管控模块**

安全风险 AI 智能管控模块部署在中心机房，基于 IP 网络，独立完成视频智能分析相关业务，并提供数据、告警及状态等信息，是一套集远程采集、传输、储存、业务处理的智能分析模块，主要由 AI 智能分析服务器、硬盘录像机、各类摄像机、网络设备等组成。模块以 AI 分析服务器为核心，通过视频智能分析平台进行集中管理，从数据采集终端获取数据，通过本地网络传输到 AI 分析服务器进行视频解码，搭配人工智能后台进行图像分析和管理，发现异常及时预警。

**(三) 视频数据处理过程**

（1）前端视频设备获取到视频流数据后，通过网络回传至中心机房的视频 AI 服务器。

（2）视频 AI 服务器内置推理平台，通过计算服务自动从对视频流数据进行解码，将解码出的图片输入到算法模型中进行计算识别后，将结果返回给平台。

（3）平台将获取到的识别结果根据设置好的算法报警策略进行过滤，之后将过滤出的结果和对应图片进行存储，并进行预警；同时报警信息会通过推理平台实时推送到监控中心数据展示模块来提供数据展示服务。

**(四) 算法方案**

算法方面采用基于深度学习神经网络算法来实现本项目的视频智能分析任务。深度学习是学习样本数据的内在规律和表示层次，是一类相对智能化的算法，它可以通过不断迭代训练来实现图像特征提取，从而实现诸如目标检测、目标分类等算法任务。针对上述项目需求，基于环境和人员行为分析，设备管理等提出以下深度学习算法方案，见表 3-2。

表 3-2　　　　　　　　　　　　　　算法方案

| 任务名称 | 任务描述 | 算法方案 |
|---|---|---|
| 烟火检测 | 检测在监控范围内是否产生烟雾、火焰，如有，及时报警 | 图像分割算法 |
| 安全帽检测 | 检测在监控范围内人员是否佩戴安全帽，如无，及时报警 | 目标检测算法 + 分类算法 |
| 抽烟监测 | 检测在监控范围内人员是否在抽烟，如有，及时报警 | 目标检测算法 + 分类算法 |
| 人脸识别 | 对监控范围内人员进行人脸识别 | 目标检测算法 |
| 工作服检测 | 检测在监控范围内人员是否穿工服，如无，及时报警 | 目标检测算法 + 分类算法 |
| 人员轨迹 | 检测在监控范围内人员轨迹，通过人脸识别算法 +UWB 人员定位 | 目标检测算法 + 分类算法 + UWB |
| 叉车障碍物 | 具备识别叉车行进线路上的障碍物和人员的识别 | 目标检测算法 + 分类算法 |

| 任务名称 | 任务描述 | 算法方案 |
|---|---|---|
| 安全围栏是否架设识别 | 检测在安全门关闭后外围是否有架设安全围栏，如无，及时报警 | 目标检测算法 |
| 安全区域内是否有人员识别 | 针对特殊材料实验工位及实验室，检测安全门是否关闭（对接安全门开关状态数据），确保无人环境，人脸识别陌生人报警 | 目标检测算法 |
| 绝缘手套识别 | 检测工位内操作人员是否佩戴安全手套，如无，及时报警 | 目标检测算法 + 分类算法 |
| 验电行为识别 | 检测工位内操作人员是否按操作规范对设备进行验电 | 目标检测算法 + 分类算法 |
| 放电行为识别 | 检测工位内操作人员是否按操作规范对设备进行放电 | 目标检测算法 + 分类算法 |
| 接地行为识别 | 检测工位内操作人员是否按操作规范对设备进行接地 | 目标检测算法 + 分类算法 |
| 被检设备操作识别 | 检测工位内人员是否按操作规范流程对设备进行实验 | 目标检测算法 |

1. 图像分割算法运用

以烟火检测为例，本算法功能首先采用 YOLO-V3 目标检测算法进行烟雾、火焰检测，定位图片中的烟火，得到包含烟火的检测框后，基于该检测框位置抠取出后 4 帧的对应图像，将这 5 帧中该检测框区域图像的通道进行合并。最后使用 ResNet-50 算法对合并后的图像进烟火分类处理，根据分类输出的烟火置信度与预设的阈值比较，若高于阈值，则输出告警信息。烟火检测算法流程和效果分别如图 3-15 和图 3-16 所示。

**图 3-15  烟火检测算法流程**

**图 3-16  烟火检测效果**

2. 目标检测算法 + 分类算法运用

以安全帽佩戴检测为例，安全帽检测为防范指定区域内人员未佩戴安全帽，本算法方案首先使用 YOLO-V3 目标检测算法进行人头检测，定位图片中的人头位置，得到包含人头的检测框后，在此检测框的基础上再使用 ResNet-50 安全帽的分类算法对检测框内容进行分类处理，根据分类输出的安全帽置信度与预设的阈值比较，若低于阈值，则输出告警信息。安全帽佩戴检测算法流程和效果分别如图 3-17 和图 3-18 所示。

图 3-17　安全帽佩戴检测算法流程

图 3-18　安全帽佩戴检测效果

3. 目标检测算法运用

以人脸识别场景为例，为提高人员的管理质量，对基地内的人员进行人脸识别；通过对视频画面进行分析，对画面中的人员进行人脸检测，抓拍到人脸后后台与人脸库进行比对，可用于陌生人判断，白名单、黑名单管理等。人脸识别算法流程和效果分别如图 3-19 和图 3-20 所示。

图 3-19　人脸识别算法流程

图 3-20　人脸识别效果

4.目标检测算法＋分类算法＋UWB运用

以人员轨迹跟踪为例，基于UWB技术的人员定位系统的应用，从根本上解决人员管理存在的问题。UWB人员定位解决多人现场管理问题，同时提高工作效率。改善管理模式，降低现场管理的人员成本。人员轨迹跟踪效果如图3-21所示。

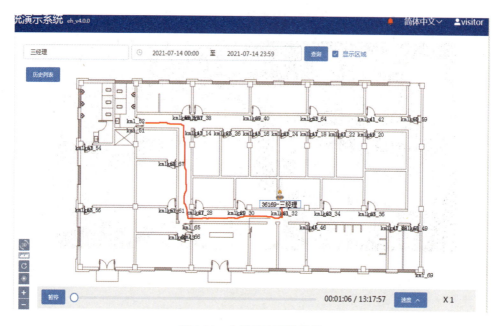

图 3-21　人员轨迹跟踪效果

（1）实时显示。软件通过平面、列表二种视图方式实时显示定位区域内不同类型人员（标签）实时位置，方便管理人员随时了解人员（标签）的实时位置，可分区域、楼层统计人员数量。

（2）电子围栏。通过定位系统将对区域出入口设置电子围栏，人员进入区域标签将产生震动报警，管理软件同时提醒管理人员。具体围栏区域设置根据现场实际情况决定。

（3）轨迹回放。软件自动保存标签运动轨迹，管理者可通过姓名或者卡号查看人员在某个时间段内的运动轨迹。

（4）求救呼叫。如人员遇到紧急情况发生时，长按标签中的"呼救"按键，发送求救请求，管理软件接收到求救信号后会弹出窗口提示管理人员进行处理。

（5）人员管理。关联智慧工地劳务系统，获取劳工名单进行相应绑定。可以通过人员姓名查询人员状态。

（6）出入记录查询。系统可自动生成某个时间段的报表，可以通过姓名、卡号查询、导出每个人的出入记录，也可以通过工种、部门等查询、导出出入记录。

三、实施效果

电网物资检测作业安全管理一直是电力现场管理的重点和难点，尤其变电现场人员作业安全风险高、作业对象和工具多且复杂、在电网出现特殊故障状态下安全作业压力更高、常规安全监控功效低且难以达到安全监管标准等行业难题，一直困扰着电力作业安全管理人员。一旦安全事故发生，直接威胁现场工作人员的生命安全，甚至导致整个检测中心的运行瘫痪，带来严重的经济损失和社会影响。

电力仓库智慧告警平台通过统计各类告警信息，展现各类告警的趋势，协助仓库管理员优化仓库管理配置；通过即时通信，前端及时收取算法分析仓库实景得出的告警或预警结果，告警支持视频以及图片的形式，有助于管理员对于危险情形的定位与溯源。数据可视化界面和实时报警数据获取与预览界面分别如图 3-22 和图 3-23 所示。

图 3-22  数据可视化界面

图 3-23  实时报警数据获取与预览界面

电力仓库智慧告警平台通过机器视觉 +UWB 等技术，实现检测中心环境状态识别、人员安全作业识别、设备转运风险识别、试验流程风险识别，可有效提升检测中心风险管控水平。通过机器视觉和深度学习技术，自动识别、跟踪和分类人员行为，提高安全生产水平和工作效率，实现安全监控、规范管理和智能预警等功能。经 AI 深度学习图像算法分析，实时自动精准识别和预警检测中心作业违章和不规范行为。实现了电力现场物资检测安全监管的立体化和智慧化预警，将安全预警前移，从源头杜绝电力作业安全事故发生。

# 数 字 孪 生 技 术

数字孪生技术是充分利用物理模型、传感器更新、运行历史等数据，集成多学科、多物理量、多尺度、多概率的仿真过程，在虚拟空间中完成映射，从而反映相对应的实体装备的全生命周期过程。数字孪生技术是一种超越现实的概念，可以用来构建检测基地数字孪生模型，随着电网物资质量管理体系的建设和不断深入，对海量运维大数据信息开展系统的梳理和数字孪生体建模应用具有重要意义。

针对电力物资检测过程中信息可视化程度不高、数据统计口径不统一以及缺少辅助决策问题，建立检测基地数字孪生三维可视化模型，对提升物资检测管控能力与效率有重要现实意义。

## 4.1 数字孪生技术概述

### 4.1.1 数字孪生基本概念

通俗来讲，数字孪生是指针对物理世界中的物体，通过数字化的手段构建一个在数字世界中一模一样的实体，借此来实现对物理实体的了解、分析和优化。从更加专业的角度来说，数字孪生集成了人工智能（AI）和机器学习（Madnine Learning，ML）等技术，将数据、算法和决策分析结合在一起，建立模拟，即物理对象的虚拟映射，在问题发生之前先发现问题，监控物理对象在虚拟模型中的变化，诊断基于人工智能的多维数据复杂处理与异常分析，并预测潜在风险，合理有效地规划或对相关设备进行维护。

数字孪生是形成物理世界中某一生产流程的模型及其在数字世界中的数字化镜像的过程和方法。在实际操作中，流程（或物理实体）及其数字虚拟镜像要比简单的模型或结构复杂得多。

#### 一、数字孪生的五大驱动要素

数字孪生有五大驱动要素，分别为物理世界的传感器、数据、集成、分析及促动器，此外还需持续更新的数字孪生应用程序。

1. 传感器

生产流程中配置的传感器可以发出信号，数字孪生可通过信号获取与实际流程相关的运营和环境数据。

2. 数据

传感器提供的实际运营和环境数据将在聚合后与企业数据合并。企业数据包括物料清单、企业系统和设计规范等，其他类型的数据包括工程图纸、外部数据源及客户投诉记录等。

3. 集成

传感器通过集成技术（包括边缘、通信接口和安全）达成物理世界与数字世界之间的数据传输。

4. 分析

数字孪生利用分析技术开展算法模拟和可视化程序，进而分析数据、提供洞见，建立物理实体和流程的准实时数字化模型。数字孪生能够识别不同层面偏离理想状态的异常情况。

5. 促动器

若确定应当采取行动，则数字孪生将在人工干预的情况下通过促动器展开实际行动，推进实际流程的开展。

## 二、数字孪生概念示意

数字孪生最初是基于设备全生命周期管理场景提出的，着眼点是物理设备的数字化。将这个概念进一步泛化，可以将物理世界的人、物、事件等所有要素数字化，在网络空间再造一个一一对应的虚拟世界，物理世界和虚拟世界同生共存、虚实交融，万物皆可数字孪生。

数字孪生概念示意如图 4-1 所示。

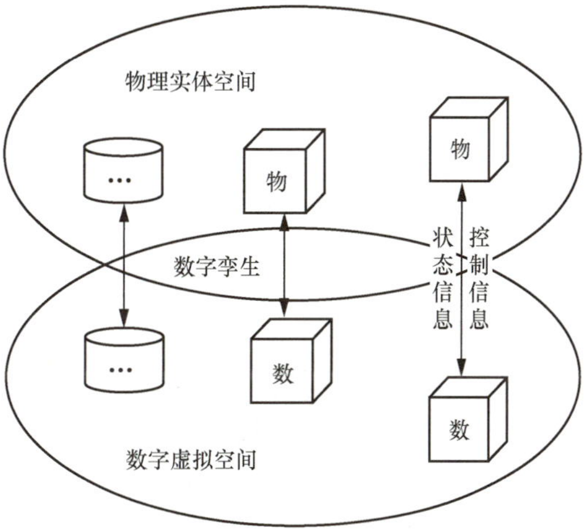

数字孪生以数据资源为关键要素，以现代信息网络为主要载体，以信息通信技术融合应用、全要素数字化转型为重要推动力，渗透到人类生活的方方面面中。数字孪生因建模仿真技术而起、因传感技术而兴，并随着新一代信息技术群体突破和融合发展而发展壮大。数字孪生与产业技术的深度融合，有力推动了相关产业数字化、网络化和智能化的发展进程，正成为企业数字化转型升级的强大推动力。

图 4-1　数字孪生概念示意

## 三、数字孪生具备的典型特征

1. 等价映射

数字孪生体是对物理实体的等价描述，是对物理实体进行数字化而构建的模型，数字孪生体的变化能够真实反映现实世界中的物理实体的变化。数字孪生体能够实现双向映射、数据连接和状态交互，起到"数化""保真"效果。

2. 实时交互

基于实时传感等多元数据的获取，孪生体可全面、精准、动态反映物理对象的状态变化，包括外观、性能、位置、异常等。"实时"体现数字孪生体所处状态是物理实体状态的实时虚拟映射；"交互"体现数字孪生体与物理实体间存在数据及指令互动。

**3. 共生演进**

"共生"体现在数字孪生体与物理实体同步构建，在全生命周期中相互依存，孪生体随着孪生对象的生长而不断演变。共智体现在三个层面：孪生体与孪生对象间共享智慧（包括：数据、算法）、孪生体内部各种孪生模型间共享智慧、不同生命周期阶段的孪生体间共享智慧。

**4. 预测优化**

根据物理实体的各项真实数据，通过数字孪生体进行仿真，实现对物理实体未来状态的预测，预先知晓未来状态能够辅助用户做出更合理的决策。根据物理实体的实时运行状态，通过数字孪生体进行监测，实现对系统不稳定状态的预测，预先觉察即将可能发生的不稳定状态，使用户更从容地处理该问题。

### 四、数字孪生体系架构

以数字孪生检测车间为例，其是利用信息制造技术，通过物理车间和虚拟车间的双向真实映射和实时交互，实现物理车间、虚拟车间和车间生产管理系统三者之间数据交互融合的新的车间管控模式。物理车间，即传统的检测车间，由真实的厂房、机器设备、工具以及车间人员组成，是数字孪生技术的实体基础，也是数字孪生车间构建的首要前提。虚拟车间是物理车间的虚拟映射，是由建模软件绘制的高度还原物理车间的虚拟模型，是数字孪生技术的仿真对象，也是数字孪生车间构建的关键要素。生产管理系统是用来帮助管理检测计划、产品质量、仓储库存以及实现检测过程管控、提高检测能力的系统，是数字孪生技术实现的媒介，也是数字孪生车间构建的重要桥梁。数字孪生检测车间如图4-2所示。

建立数字孪生体的最终目的，是通过描述物理实体集合内在机理，分析规律、洞察趋势基于分析与仿真对物理世界形成优化指令或策略，实现对物理实体决策优化功能的闭环。数字孪生体系架构如图4-3所示。

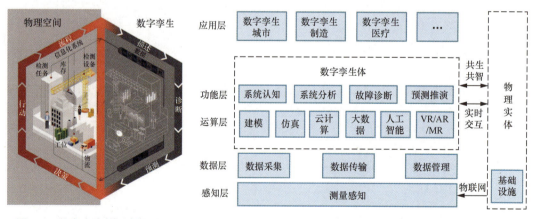

图 4-2　数字孪生检测车间原理　　　　图 4-3　数字孪生体系架构

**1. 感知层**

感知层主要包括物理实体中搭载先进物联网技术的各类新型基础设施。

**2. 数据层**

数据层主要包括保证运算准确性的高精度的数据采集、保证交互实时性的高速率数据传输、保证存取可靠性的全生命周期数据管理。

3. 运算层

运算层是数字孪生体的核心，其充分借助各项先进关键技术实现对下层数据的利用，以及对上层功能的支撑。

4. 功能层

功能层是数字孪生体的直接价值体现，实现系统认知、系统分析、故障诊断、预测推演等功能，从而起到辅助决策的作用。

1）系统认知。数字孪生体能够真实描述及呈现物理实体的状态，它是实现数字孪生体其他高级和智能化功能的基础。

2）系统分析。可实现数字孪生体的状态监测功能，发挥对物理实体的早期预警作用。

3）故障诊断。通过分析物理实体的运行状态，了解现象背后的原因。

4）预测推演。利用仿真技术来预见物理实体未来的状态演变，从而指导当前的运行决策。

5. 应用层

应用层是面向各类场景的数字孪生体的最终价值体现，具体表现为不同行业的各种产品，能够明显推动各行各业的数字化转型，目前数字孪生已经应用到了智慧城市、慧工业、智慧能源等多个领域，尤以数字孪生城市、数字孪生制造发展最成熟。

## 4.1.2　数字孪生发展趋势

数字孪生最初源于 2003 年由 Grieves 教授在美国密歇根大学产品生命周期管理课程上提出的"与物理产品等价的虚拟数字化表达"的概念，当时被称作"镜像空间模型"，其定义为包括实体产品、虚拟产品及两者之间连接的三维模型（Grieves，2005），但是直到 2011 年，Grieves 教授才在书中明确应用了"数字孪生体"一词（Grieves，2011）。数字孪生技术早期主要被应用在军工及航空航天领域。2010 年，美国国家航空航天局（NASA）在太空技术路线图中首次引入数字孪生的概念，开展了飞行器健康管控应用；2011 年，美国空军研究实验室（AFRL）明确提出面向未来飞行器的数字孪生体规范，指出要基于飞行器的高保真仿真模型、历史数据和实时传感器数据构建飞行器的完整虚拟映射，以实现对飞行器健康状态、剩余寿命及任务可达性的预测（Tuegel，Ingraffea，Eason，etal，2011）；美国洛克希德·马丁公司将数字孪生引入到 F-35 战斗机生产过程中，用于改进工艺流程，提高生产效率与质量（孟松鹤，叶雨玫，杨强，等，2020）。

2006 年，美国国家科学基金会（NSF）的 HelenGill 用"信息物理系统"（CyberPhysical System，CPS）一词来描述传统的 IT 术语无法有效说明的日益复杂的系统。通过计算、通信和控制（3C）的集成和协作，CPS 提供实时传感、信息反馈、动态控制等服务，通过这种方式，信息世界与物理过程高度集成和实时交互，以便以可靠、安全、协作、稳健和高效的方式监控物理实体。CPS 更多被定义为计算和物理过程的集成，已经成为工业互联网和工业 4.0 的核心概念。数字孪生是构建和实现 CPS 的必要基础，可以提供更加直观和有效的手段，通过"状态传感、实时分析、科学决策和精确执行"的闭环促进智能制造的发展（陶飞，戚庆林，王力翚，等，2019）。

中国信息通信研究院认为数字孪生城市是新型智慧城市建设的起点，是城市实现智慧的重要设施和基础能力，是城市信息化从量变走向质变的里程碑，并从 2018 年开始每年发布数字孪生城市研究报告（白皮书），极大地推进了数字孪生城市的概念被广泛接受。数字孪生城市的提出，也让数字孪生从小尺度的工业设备场景演进到了大尺度的城市复杂场景。

Gartner 自 2016 年起连续多年将"数字孪生"列为未来十大战略技术之一。Gartner 认为数字孪生体是"物理世界实体或系统的数字代表，在物联网背景下连接物理世界实体，提供相应实体状态信息，对变化做出响应，改进操作，增加价值"。由于数字孪生具备虚实融合与实时交互、迭代运行与优化，以及全要素/全流程/全业务数据驱动等特点，目前已被应用到产品生命周期各个阶段，包括产品设计、制造、服务与运维等。未来世间万物都将拥有其数字孪生体，并且通过物联网彼此关联，创造出巨大的价值。

近几年，随着新技术的迅猛发展，数字孪生技术的应用深度和广度也在不断拓展，并呈现出以下五大发展趋势。

1. 集成与标准化

随着数字孪生技术的不断成熟和普及，行业内对数据格式和交互协议的统一将成为一个重要趋势。这意味着更多的开放标准和接口将被开发出来以支持不同系统之间的无缝集成。

2. 高级仿真与预测分析

数字孪生将继续结合先进的仿真工具，如物理建模、机器学习和人工智能，从而实现更加精确的预测和更高级别的决策支持。

3. 边缘计算的融合

为了更快速地处理大量数据并降低延迟，数字孪生应用将更多地依赖于边缘计算技术。这可以让数据分析和处理更靠近数据源头，提升效率。

4. 可拓展性与灵活性

数字孪生平台和解决方案将越来越注重可扩展性和灵活性，以适应不断变化的市场需求和业务模式。通过模块化设计，这些系统能够快速适应新的需求和整合新技术。

5. 安全性与隐私保护

随着数字孪生在关键基础设施和敏感领域的应用增加，安全性和隐私保护将成为设计和操作的核心考虑因素。采用更强大的加密方法、访问控制和数据监管机制将成为常态。

## 4.2 数字孪生关键技术

### 4.2.1 电力行业数字孪生关键技术

#### 一、数据感知技术

数据感知是数字孪生体系架构中的底层基础，在一个完备的数字孪生系统中，对运行环境和数字孪生组成部件自身状态数据的获取，是实现物理对象与其数字孪生系统间全要素、全业务、全流程精准映射与实时交互的重要一环。因此，数字孪生体系对感知技术提出更高要求，为了建立全域全时段的物联感知体系，并实现物理对象运行态势的多维度、多层次精准监测，感知技术不但需要更精确可靠的物理测量技术，还需考虑感知数据间的协同交互，明确物体在全域的空间位置及唯一标识，并确保设备可信可控。

全域标识能够为物理对象赋予数字"身份信息"，支撑数字孪生映射。标识技术能够为各类设备、部位、部件赋予独一无二的数字化身份编码，从而确保现实世界中的每一个物理实体都能与孪生空间中的数字虚体精准映射、一一对应。同时，数字孪生全域标识是数字孪生中各物理对象及其数字孪生在信息模型台中的唯一身份标识，数字孪生全域标识可实现数字孪生资产数据库的物体快速索引、定位及关联信息加载。目前，标识技术已经开始走向体系化和标准化方向，国内自主的标识体系主要有 Ecode、CSTR、ISLI 和 NIOT 等，国际上主要使用标识体系则包括 Handle、DOI、OID、GS1、DID 等。

随着行业应用场景不断拓展，传统传感器已无法满足数字孪生对数据黏度、一致性和多功能的需求。智能化传感器能在物理量转换的基本功能基础上，利用微处理器的计算能力将信息分析、自动校准、功耗管理、数据处理等功能有机结合在一起，形成综合能力提升，从而使智能传感器具备自动校零、漂移补偿、过载防护、数模转换、数据存储、数据分析等能力，这样不但可以作为数据采集的端口，更可以自发地上报自身信息状态，构建感知节点的数字孪生。

## 二、混合建模技术

建立精确的包含"信息—能量—环境"多耦合关系和电力各环节要素的电力数字孪生模型，是实现与电力物理对象虚实高精度映射，构建电力数字孪生系统的基础和先决条件。

1. 电力数字孪生系统的混合建模技术

（1）基于多感知的物理实体数字孪生初始建模技术。使用视觉、听觉、触觉、动力感知等相关技术构建电力环境、对象、结构、功能等模型。

（2）基于多物理场和多尺度的建模技术。电力场景包含电、热、磁、力等多物理因素和考虑时空信息的多尺度信息流，需要从多物理场、多尺度角度进行全面、综合、真实的模型构建。

（3）基于"模型驱动 + 数据驱动 + 知识驱动"建模技术。应用物理系统机理建立数学模型、利用机器学习等方法构造数据模型、结合领域经验构建知识模型，将 3 种模型融合建立数字孪生分析模型。

2. 模型在仿真模拟与认知预测、决策支持层面的融合

通常有如下 3 种融合模式，可实现对实体电力环境的真实刻画。

（1）利用模型驱动的数值仿真，结合海量量测感知采集数据，综合生成样本集合，支撑数据驱动模型的构建，利用数据驱动模型进行系统状态分类和态势预测。

（2）利用数据驱动的数字模型，结合领域知识模型，补充优化数学模型，更精准地进行数值模拟仿真，预测系统态势。

（3）利用模型驱动数值仿真、数据驱动统计分析以及领域经验的知识模型，产生随机或特定离散事件，基于认知推理与事件概率图评估系统风险。

3. 数字孪生混合建模

电力数字孪生模型构建的全过程应采用并行开发的思想，通过接收能源互联网数据，实时更新模型的状态，使模型构建（设计、实施与集成）、使用和演化融为一体。数字孪生混合建模如图 4-4 所示。

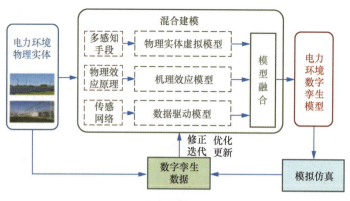

图 4-4　数字孪生混合建模

### 三、仿真技术

数字孪生仿真技术是创建运行数字孪生体、保证数字孪生体与物理实体间有效闭环互通的核心技术。数字孪生仿真技术可在大量过程数据的支持下，实现多物理场、多尺度条件下的，全面、综合的实时建模和实时仿真，并将虚实信息传递加载到数字孪生模型中，实现"模型驱动＋数据驱动＋知识驱动"混合驱动方式的高逼近仿真，从而与真实的电力物理现实世界建立持久、实时、交互的有效链接，实现全寿命周期和全电力系统的动态性仿真模拟与状态预测。

数字孪生的核心优势之一就是可以实现高效仿真，高效仿真支撑技术如图 4-5 所示。

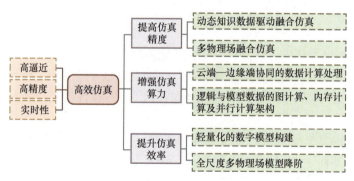

图 4-5　高效仿真支撑技术

1. 动态知识数据驱动融合仿真技术

将仿真得到的先验知识数据与真实测量得到的新知识数据相融合，对当前系统更精确描述，动态校正仿真模型状态，提高仿真结果的准确性和可信性。

2. 多物理场融合仿真技术

应用有限元分析方法、有限元仿真软件仿真模拟包括电力环境中电、热、磁、力等在内的多物理场效应及影响，提升仿真结果的准确性。

3. 云端—边缘端协同的数据计算处理技术

构建包括数据采集、传输和分析的"数据链"云端—边缘端通用智能算法库和系统设备通用精细化模型库，提升模型仿真算力。

4. 逻辑与模型数据的图计算、内存计算及并行计算架构

构建数字孪生模型与逻辑处理的图计算内存模型，实施内存计算，最大限度地减少仿

真过程中模型数据的迁移；实施分布式或多线程、案例（Case）级别或算法（Algorithm）级别的并行计算，大幅度提升仿真效率，以满足数字孪生系统实时响应要求。

**5. 轻量化的数字模型构建技术**

在保留决策相关要素基础上，根据不同应用场景，建立服务导向型的快响应轻量化模型，并在确保精度前提下，尽量压缩庞大的原始物理信息，降低模型仿真运算量。

**6. 全尺度多物理场模型降阶技术**

引入模型降阶技术，在保证仿真精度前提下，简化多物理场仿真模型，提高仿真运行效率。

## 四、混合现实技术

近年来，虚拟现实（Virtual Reality，VR）、增强现实（Augmented Reality，AR）与混合现实（Mixed Reality，MR）等技术得到了广泛的应用，将其与高效仿真相结合，并将数字信息与现实环境融合，就能为用户提供全新的沉浸式体验。上述几种交互模式的性能对比见表 4-1。

表 4-1　　　　　　　　　　几种交互模式的性能对比

| 特点 | VR | AR | MR |
| --- | --- | --- | --- |
| 用户与自然现实的交互程度 | 用户与现实隔离，并通过 VR 设备沉浸于全数字感应世界 | 交互是基于添加到同一数字信息的现实世界 | 现实世界充当投影虚拟现实的场景，用户通过设备沉浸其中 |
| 数字体验中的沉浸度 | 完全沉浸与独立平行的数字化时空 | 取决于 AR 叠加至现实中的数据密度 | 虚实融合空间中的感官沉浸取代了现实世界的原初体验 |
| 标识性设备 | VR 头盔（HTC、Oculus） | AR 眼镜（Google Class，华为 AR 眼镜） | 混合现实头盔（Microsoft HoloLens） |
| 发展阶段 | 对初次产业泡沫的调整 | 急剧扩张中 | 工业、军事领域大量应用 |

**1. 虚拟现实（VR）技术**

VR 技术可以让你看到 360° 无死角的虚拟环境，让你仿佛置身于另一个地方，或者是一个视频、一个游戏里面。

**2. 增强现实（AR）技术**

佩戴类 AR 设备可以让文字或者模型投影在你的眼前，但这些投影不能与环境做出互动。而非佩戴类 AR 设备可以透过镜头简单识别指定图片（或者二维码），并把它变成动画。此类也属于 AR。常见的例子包括将平板镜头对准书中图案，图案变成了动画跃然纸上。然而 AR 并不能分辨场景和物件，不会知道怪物在桌子边上，再走两步就会掉下来。在它眼中一切只是背景。

**3. 混合现实（MR）交互方式**

MR 技术可以识别场景，把一个模型放在房间的中间，那么无论你走到哪去看，模型还是在相同的位置。更进一步的 MR 中，模型再不是叠加在现实视角以上，而是与环境互动，甚至会像实物一样，可以被其他实物掩盖。

## 五、虚实迭代技术

运用数字孪生技术，可以实现物理电网与虚拟孪生电网间的双向互动。一方面，构建物理电网的数字孪生模型，可使得电网管理、检修、运行由实入虚，基于孪生模型可以对实际电网的复杂耦合关系开展建模仿真、参数分析、状态估计、故障预测和实时推演；另一方面，可以由虚入实，通过孪生模型的推演，将分析结果返回物理电网，用于指导运行

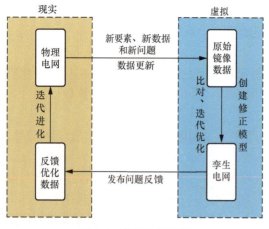

图 4-6 虚实迭代流程

和管理，并逐步提升孪生模型的仿真能力，形成虚实迭代融合、可进化的生交互系统。虚实迭代流程如图 4-6 所示。

虚实迭代指数字孪生电网将新变化的物理电网的新要素、新数据和新问题创建修正模型，通过仿真计算对物理电网显性问题或潜在隐患进行分析，发布问题反馈，通知维护人员。物理电网根据反馈进行问题处理后，电网状态迭代进化，更新的数据继续映像到孪生电网中，孪生电网根据新数据进行模型重建和逆向迭代，找到数据背后隐藏的规律，这是孪生电网人工智能的一种基于学习泛化性的自适应迭代升级过程。电网的各类设备往往采用统一的标准化应用场景及一致特征的目标对象，这对孪生电网学习泛化力的虚实迭代提供了基础条件。

### 六、数字集成技术

电网数字孪生并非重新建设，而是在现有的信息系统基础上构建起来的。这样电网要建设数字孪生必须通过已有信息系统去感知控制物理电网。因此对于电网而言，数字集成技术是非常必要的技术。

数字集成在各组织中由于开发时间或开发部门的不同，往往有多个异构的、运行在不同的软硬件平台上的信息系统同时运行，这些系统的数据和能力彼此独立、相互封闭，使得其难以在系统之间交流、共享和融合，从而形成了"系统孤岛"。而在数字孪生系统建设过程中，为了满足数字孪生应用的需求，需要围绕建立面向数字孪生对象的数字模型，这就需要将各种系统的数据和功能进行集成即数字集成。

1. 数据集成

数字集成包含数据集成和能力集成两部分。

数据集成是把不同来源、格式、特点性质的数据在逻辑上或物理上有机地集中，从而为企业提供全面的数据共享。在企业数据集成领域已经有了很多成熟的框架可以利用。通常采用联邦式、基于中间件模型和数据仓库等方法来构造集成的系统，这些技术在不同的着重点和应用上解决数据共享和为企业提供决策支持。

数字孪生的数据集成需要面向对象建立数字孪生模型，以数字孪生模型为核心将各系统的数据进行抽离，以满足数字孪生的数据消费服务。

2. 能力集成

能力集成是把不同的系统的功能服务化，变成数字孪生对象可调用的能力集，从而为数字孪生应用提供反控物理世界的能力。能力的集成目前市场上有比较多的方式，通常采用微服务改造、SOA 服务化、API 网关、硬件网关等方式来完成。这些技术在改造成本和实施难易程度上各有侧重，对系统平台的要求也并不相同，需要组织根据具体的情况进行选择完成。

### 4.2.2 电力物资检测的三维建模

我们分别提出检测单元概念模型、检测单元三维模型、检测业务工作模型三大混合建模技术，实现从单一设备建模，到检测基地及检测车间内部的多尺度建模，再到最后基于模型＋数据＋知识实现对检测业务进行数字孪生。

## 一、检测单元概念模型

随着检测技术的发展，检测设备的复杂性也日益提高，导致检测设备运维管理越发困难。传统的设备运维管理系统已无法满足现代化设备运维的实际需求，迫切需要建设具有网络化、数字化以及智能化监控、故障诊断及预警等一体化设备智能运维服务平台。智能运维前提是检测设备数字化，采用关系—实体（E-R）图方法对检测基地重要设备进行数字化前的概念建模。

### （一）概念模型建模方法

E-R 图提供了表示实体类型、属性和联系的方法，用来描述现实世界的概念模型。E-R 图是概念数据模型的高层描述所使用的数据模型或模式图，它为表述这种实体联系模式图形式的数据模型提供了图形符号。这种数据模型典型的用在信息系统设计的第一阶段；比如它们在需求分析阶段用来描述信息需求和／或要存储在数据库中的信息的类型。但是数据建模技术可以用来描述特定论域（就是感兴趣的区域）的任何本体（就是对使用的术语和它们的联系的概述和分类）。在基于数据库的信息系统设计的情况下，在后面的阶段（通常称为逻辑设计），概念模型要映射到逻辑模型如关系模型上；它依次要在物理设计期间映射到物理模型上。

实体一般认为，客观上可以相互区分的事物就是实体，实体可以是具体的人和物，也可以是抽象的概念与联系。关键在于一个实体能与另一个实体相区别，具有相同属性的实体具有相同的特征和性质。用实体名及其属性名集合来抽象和刻画同类实体。在 E-R 图中用矩形表示，矩形框内写明实体名；比如检测基地中的变压器检测设备、互感器检测设备都是实体。

属性是实体所具有的某一特性，一个实体可由若干个属性来刻画。属性不能脱离实体，属性是相对实体而言的。在 E-R 图中用椭圆形表示，并用无向边将其与相应的实体连接起来。在智能运维中，需要监测各类检测设备的状态信息，这些状态信息就是该设备在智能运维中的属性。比如避雷器检测设备的电流、电压、温度、湿度、振幅都是需要监测的属性。

关系是信息世界中反映实体内部或实体之间的关联。实体内部的联系通常是指组成实体的各属性之间的联系；实体之间的联系通常是指不同实体集之间的联系。在 E-R 图中用菱形表示，菱形框内写明联系名，并用无向边分别与有关实体连接起来，同时在无向边旁标上联系的类型（$1:1$、$1:n$ 或 $m:n$）。比如避雷器检测设备包含调压器，一台避雷器检测设备可能对应多台调压器，另一台调压器只能对应一台避雷器检测设备。

### （二）典型检测设备概念模型

检测设备实体主要包括避雷器检测设备、互感器检测设备、电抗器检测设备、电容器检测设备、变压器检测设备、开闭所检测设备、JP 柜检测设备、熔断器检测设备。检测环境实体主要包括光源、视频监控、AGV 叉车、门禁和广播报警等设备。检测基地中的主要设备实体如图 4-7 所示。

我们选择避雷器检测设备、互感器检测设备、变压器检测设备、开关柜检测设备为研究对象，对设备状态属性进行抽象，具体结果见表 4-2。

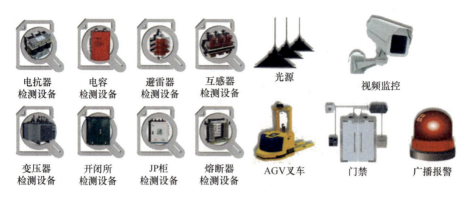

电抗器 电容 避雷器 互感器 光源 视频监控
检测设备 检测设备 检测设备 检测设备

变压器 开闭所 JP柜 熔断器 AGV叉车 门禁 广播报警
检测设备 检测设备 检测设备 检测设备

图 4-7　检测基地中的主要设备实体

表 4-2　　　　　　　　　　设备状态属性抽象结果

| 序号 | 设备名称 | 状态属性 | 说明 |
|---|---|---|---|
| 1 | 避雷器检测设备 | 调压器输出电压、调压器输出电流、试验变输出电压、升流器输出电流、环境温度、环境气压、环境湿度、设备冒烟、设备 $CO_2$ 浓度、设备电磁保护监控、调压器音频、调压器振幅、调压器温度、试验接地电阻值 | |
| 2 | 互感器检测设备 | 调压器输出电压、调压器输出电流、试验变输出电压、升流器输出电流、环境温度、环境气压、环境湿度、设备冒烟、设备 $CO_2$ 浓度、设备电磁保护监控、调压器音频、调压器振幅、调压器温度、试验接地电阻值 | |
| 3 | 变压器检测设备 | 电压、电流、功率、功率因数、环境温度、环境气压、环境湿度、环境烟雾、环境 $CO_2$、环境电磁场、环境声音、震动频率、压力、设备温度 | |
| 4 | 开关柜检测设备 | 电压、电流、互感器电流流量、互感器额定电流比、温湿度、烟雾、震动频率 | |

　　对检测基地中各类设备的易损部件，以调压器、升流器、断路器、PLC 控制器、智能网关、上位机以及交换机为研究对象，对部件状态属性进行抽象，具体结果见表 4-3。

表 4-3　　　　　　　　　　部件状态属性抽象结果

| 序号 | 设备名称 | 状态属性 | 说明 |
|---|---|---|---|
| 1 | 调压器 | 调压器输入电压、调压器输入电流、调压器输出电压、调压器输出电流、调压器温度、调压器振幅 | |
| 2 | 升流器 | 升流器输入电压、升流器输入电流、升流器输出电压、升流器输出电流、升流器温度、调压器振幅 | |
| 3 | 断路器 | 断路器输入电压、断路器输入电流、断路器输出电压、断路器输出电流、断路器温度 | |
| 4 | PLC 控制器 | 上位机发送信息、PLC 控制器反馈信息 | |
| 5 | 智能网关 | 输入电压、输入电流、网关收发信息、网关存储容量、网关温度等 | |
| 6 | 上位机 | 内存容量、磁盘容量、CPU 利用率、CPU 温度等 | |
| 7 | 交换机 | 交换机指示灯、交换机温度、交换机 CPU 利用率等 | |

检测基地中的主要设备 E-R 图如图 4-8 所示。

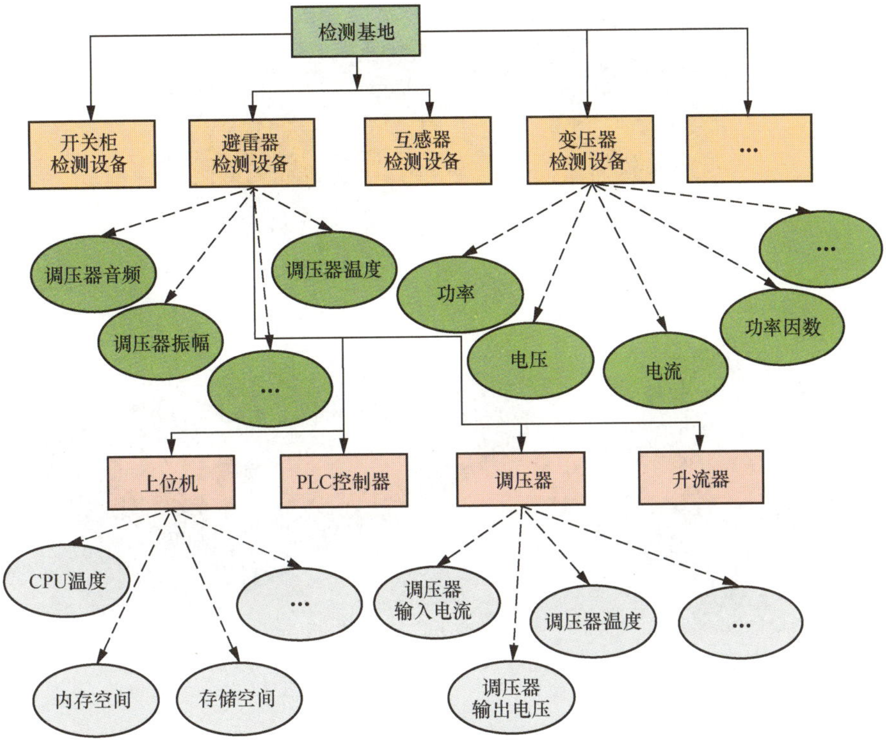

图 4-8　检测基地中的主要设备 E-R 图

## 二、检测单元三维模型

### （一）检测单元三维建模方法

针对大型检测基地建模、检测车间内部建模及检测设备与部件建模，项目采用不同建模方法。

1. 对于大型检测基地建模

首先要保证检测基地中各类建筑物和构筑物真实，同时保证道路、管线与空间布局坐标的准确。传统三维建模通常使用 3DsMax、AutoCAD 等建模软件，基于影像数据、CAD 平面图或者拍摄图片估算建筑物轮廓与高度等信息进行人工建模。这种方式制作出的模型数据精度较低，纹理与实际效果偏差较大，并且生产过程需要大量的人工参与；同时数据制作周期较长，造成数据的时效性较低，因而无法真正满足用户需要。倾斜摄影测量技术以大范围、高精度、高清晰的方式全面感知复杂场景，通过高效的数据采集设备及专业的数据处理流程生成的数据成果直观反映地物的外观、位置、高度等属性，为真实效果和测绘级精度提供保证，同时有效提升模型的生产效率。检测基地倾斜摄影建模方案和三维模型分别如图 4-9 和图 4-10 所示。

图 4-9　检测基地倾斜摄影建模方案

图 4-10　检测基地倾斜摄影三维模型

**2. 对于检测车间内部建模**

采用激光雷达进行内部建模。背包激光雷达扫描系统是室内建模的最佳选择。该设备在水平和垂直两个方向分别设置激光雷达传感器，同时可选配高分辨率全景相机以及高精度 GNSS 设备，结合同步定位与制图构建（SLAM）技术，无论扫描环境中是否存在 GNSS 信息，均可获取扫描范围内的高分辨率全景影像以及高精度三维点云数据。激光点云采集设备和采集建模结果分别如图 4-11 和图 4-12 所示。

图 4-11　激光点云采集设备

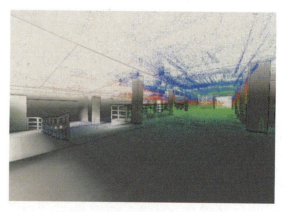

图 4-12　激光点云采集建模结果

**3. 对于检测设备与检测部件建模**

采用 UG、Pro E、3DsMax 等三维建模工具，研究关键设备几何模型、物理模型在不同映射粒度和规则下的创成技术；从几何、物理、行为、规则、约束等维度，形成覆盖关键设备形状、尺寸、位置、运行状态、物理参数等多学科、多物理量和概率化的设备层数字孪生仿真模型。该数字孪生模型在孪生数据驱动下，可初步实现仿真模型与物理实体的虚实同步。基于 Modelica 等建模软件，构建虚拟空间数字孪生驱动模型，并基于实时数据修正模型参数，实现数字孪生仿真模型的自适应优化控制。检测工位示例如图 4-13 所示。

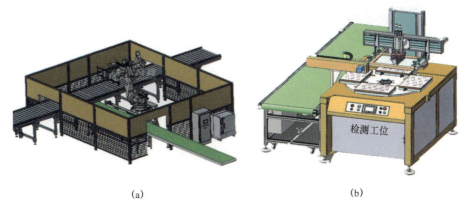

(a)　　　　　　　　　　　　　　　　(b)

图 4-13　检测工位示例

### （二）典型检测设备三维模型

检测基地三维场景展示包括三维场景建模、检测过程监控及场景导航 3 个部分。制作整个检测基地的三维模型，实现虚拟场景到现实场景的映射。三维场景建模主要是对检测基地的基础场景进行建模，包括 AGV、工位、立库及机房（变压器工位、开关工位、线缆工位等）。检测基地中的检测区域如图 4-14 所示。

检测基地中的检测车间和检测工位三维模型分别如图 4-15 和图 4-16 所示。

图 4-14　检测基地中的检测区域

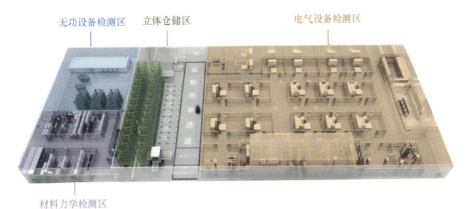

图 4-15　检测基地中的检测车间三维模型

图 4-16 检测基地中的检测工位三维模型

## 三、检测业务工作模型

### （一）检测业务建模方法

（1）典型检测业务所内含的多检测任务运行的试验系统数据精准化。采用 Ansys、Hypermesh 等有限元分析软件进行仿真模拟，采用控制变量法根据待试验物资检测结果的主要影响因素作为变量，得到物资质量检测结果受环境因素变化产生的变化规律及修正系数，消除环境因素改变对试验结果所产生的误差，以此来保障物资质量检测试验结果的准确度。

（2）物资检测关键设备的故障诊断。利用 CNN 神经网络模型进行准确识别来自检测设备的电信号，通过 STFT 或小波变换转换成频谱图，用于显示信号频率随时间的变化情况，在确定好相应的模型性能指标之后，通过数据前向传播过程和误差后向传播过程，不断修正模型参数，直到卷积模型满足要求。在 CNN 识别中，将卷积和池化操作提取的高维特征与训练好的模型进行匹配，输出识别结果。

（3）抽象变压器、避雷器、开关柜检测过程中的关键工序。由 Plant Simulation 等系统仿真工具进行实践，研究建立关键工序单元的工序和检测设备状态、设备负荷、检测时间等检测仿真模型，通过设备层虚拟模型向工序层虚拟模型的粗粒度关联和映射，建立基于设备模型的工序层数字孪生模型。基于关系型数据库与实时数据库技术，将工序层数字孪生模型的仿真数据映射至工业云平台的通用 PaaS 层，用于数字孪生模型的实时数据驱动。

### （二）典型检测业务建模

分布式车间调度问题中 3 类具有代表性的分布式车间调度问题是分布式流水车间调度问题、分布式作业车间调度问题以及分布式柔性作业车间调度问题。

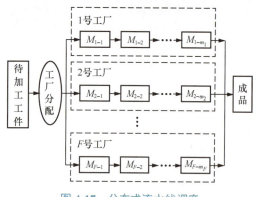

图 4-17 分布式流水线调度

（1）分布式流水车间调度问题。分布式流水车间调度如图 4-17 所示，主要集中在分布式置换流水车间调度问题（Distributed Permutation Flow-shop Scheduling Problem，DPFSP），或称并行流水线问题（PFP）。

（2）分布式作业车间调度问题。分布式作业车间调度如图 4-18 所示。分布式作业车间调度问题（Distributed Job-shop Scheduling Problem，DJSP）中，每个工厂均为一个作业车间，不同工件的工艺路径可能不同，主要将最小化最大完工时间作为优化目标。

（3）分布式柔性作业车间调度问题。分布式柔性作业车间调度如图 4-19 所示。分布式柔性作业车间调度问题（Distributed Flexible Job-shop Scheduling Problem，DFJSP）基于若干指标提出工厂分配和机器选择策略。

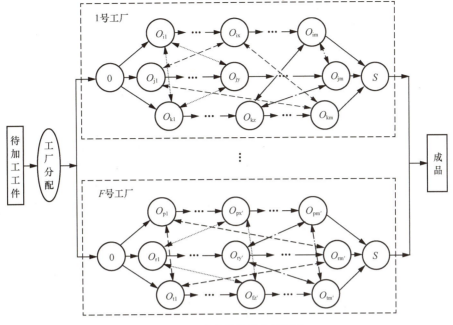

图 4-18　分布式作业车间调度

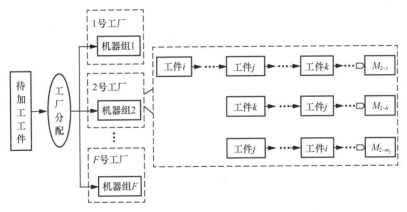

图 4-19　分布式柔性作业车间调度

### 4.2.3　电力物资检测数据融合与仿真分析

**一、多源数据融合技术**

数据融合（Data Fusion）也称为信息融合（Information Fusion），起源于 1973 年美国国防部资助开发的声呐信号处理系统，具有更广义化的概念在 20 世纪 90 年代被提出。

**（一）数据融合原理**

多源数据融合按照融合层级的不同被分为数据级，特征级与决策级。数据级融合方法直接对原始数据进行处理，识别结果也是基于融合后的数据获得，这类方法的优点在于信息损失少，但是由于原始数据数据量通常较大，因此该类方法无法满足实时性，且对不同传感器之间的标定精度要求较高。特征级融合方法对多源数据的特征进行融合，需要首先提取各类原始数据的特征，提取后的特征相较于原始数据更加简单，因此该类方法在实时性上较像素级融合方法更有优势，但是信息损失也更加显著，同时由于融合效果受特征提取方法影响，因此对特征学习更充分的深度学习方法在该层次更有优势。上述两类方法都是在较低层对数据进行融合，对传感器配准及多源数据的时间一致性与空间一致性有严格要求。同时不同传感器覆盖范围的差异，也会对融合结果造成影响。决策级融合方法是更高层次的数据融合，融合对象是不同类型数据的识别结果。该类方法实时性好，受传感器配准误差影响小，对传感器要求不高，同时不同传感器的处理结果可互为对照。决策级融合方法要求不同类型数据针对同一对象独立获得识别结果，因此该类算法允许两类数据中的一个检测结果出错且最终结果不一致，这代表着某一类数据质量较差时整个系统也能得到正确的结果，因此具有较好的容错能力。数据融合原理如图 4-20 所示。

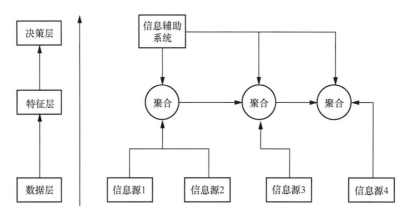

图 4-20　数据融合原理

通过图 4-20 可以看出，数据级聚合处在数据聚合的初级阶段。目前学术领域关于故障判断、数据采集等的研究，大部分是基于传统的数据级聚合而展开。在数据层，通常是通过监测的数据源，直接获取设备或仪器的特征，数据大多体现出同类型的特点。特征层的聚合往往是对在数据级聚合的基础上，对不同类型的特征量进行提取，并针对这些数据进行特征融合和关联分析。决策层的聚合通常是在上述提取的基础上，对数据进行深入的分析、识别和挖掘。

结合目前数据聚合的主要算法，本节选择典型相关性算法对数据进行聚合。典型相关性主要研究 $X$ 和 $Y$ 两组变量之间的相关关系，以显示两者的依赖关系。具体的思路则是找到两变量线性组合 $u = \sum_{i=1}^{p} a_i X_i, v = \sum_{i=1}^{q} b_i Y_i$，进而分析两变量组合的相关系数。假定对给定的两组变量 $X = (X_1, X_2, \cdots, X_p)^T$ 和 $Y = (Y_1, Y_2, \cdots, Y_q)^T$，在已知变量线性组合下，可得到 $u$、$v$ 的相关系数为

$$\rho_1(u,v) = \frac{a^T \sum_{12} b^T}{\sqrt{a^T \sum_{11} a^T} \sqrt{b^T \sum_{22} b^T}} \qquad (4\text{-}1)$$

式中　$\sum_{11} a$、$\sum_{12} b$、$\sum_{22} b$——分别表示变量 $X$、变量 $Y$ 和变量 $X$、$Y$ 的协方差。

（二）电力检测设备状态整体架构

检测基地的检测设备所产生的数据是大数据，具有大数据的增长快、总体体量大、类

型多的特征，同时也存在设备数据间关联性强的特点。要实现对这些大体量、多类型检测设备数据的融合和故障评估，首先是构建检测设备的状态监测架构，以实现对不同检测设备信息数据的采集。结合状态监测的相关理论和信息融合的原理，电力检测设备状态整体架构如图 4-21 所示。

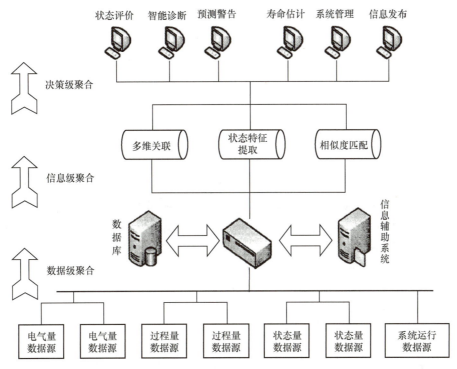

图 4-21　电力检测设备状态整体架构

该架构同样分为数据级聚合层、信息级聚合层、决策级聚合层 3 层。其中，数据级聚合层主要对检测设备的各类运行参数、地理环境信息、气象信息等各类数据进行采集，并对数据进行预处理；信息级聚合层主要对信息特征进行提取，对信息进行分类；决策级聚合层主要检测设备的运行状态进行评估，并对故障进行判断，对寿命进行估计等。通过对信息的多次聚合，可清晰得到多源信息之间的二维关联。

（三）设备信息时空关联构建

传统的信息分析是基于某系统，或者是某几个系统的数据进行单独分析。这种信息分析方法存在不足，就是这些信息分散在不同的系统中，且这些数据都存在关联性，却没有被有效整合。而在检测设备运行中，很多设备数据是在同一时间、同一地点产生的，这些数据存在很强的关联性。由此，要做好信息的整合，结合近期的研究成果，可建立一个时空相关的关联数据处理模型。即将信息的时空维度、信息关联程度和应用空间联系起来，在数据关联的基础上，实现数据的分析。

（四）信息聚合模型构建

通过上述三维空间维度表示，可描述在同一时间同一检测设备的不同监测数据。而在完成上述数据的关联后，根据采集到的信息特征，对不同来源的数据进行分类，最终通过信息关联平台，实现对数据的集中处理。在构建的检测设备监测信息处理模型中，根据信息的不同特征和来源而建立了不同类别的信息分块模型，这些信息分块模型中的数据信息通过多维关联处理后，最终构成信息综合处理模型。

## 二、基于有限元仿真的数据准确度保障

为了提升电网物资质量检测的准确性，根据实际情况建立待检测物资模型，找到对物资质量检测结果主要影响因素，采用控制变量法进行不同环境因素影响下的仿真模拟。

主要包括以下步骤：①根据现场实际情况，建立待试验物资的有限元仿真模型并验证其准确性；②根据建立待试验物资的有限元仿真模型得到待试验物资在不同外界环境影响下的试验曲线变化规律及修正系数，对试验曲线进行修正，消除环境因素改变对温升试验所产生的误差，该方法能够保障大型电网物资质量检测的准确性。

为达上述目的，首先获取电网物资质量检测中，待试验物资的几何参数、材料参数及环境因素对待试验物资进行有限元仿真，建立待试验物资的有限元模型。在获取环境因素之前，可以通过安装相关仪器采集环境影响因素，获取在物资质量检测中对待试验物资的主要影响因素。同时为了保障温度场中所建模型的准确性，需要进行一组或多组试验，将得到的试验真实值与仿真得到的实际值进行对比，验证温度场中所建有限元模型的准确性。当建模过程中因为参数的不确定性、边界条件的假定等导致有限元模型不准确时，可以采用一种基于子结构的有限元模型修正方法，来保障建立待试验物资的有限元仿真模型准确性。该方法通过组集子结构主模态的特征解和特征灵敏度，求解整体结构的特征解和特征灵敏度，用于有限元模型修正。

在基于灵敏度分析的模型修正过程中，将有限元模型的计算模态同结构试验模态的残差作为目标函数，有

$$J(r) = \sum_i W_{\lambda_i}^2 [\lambda_i(\{r\})^A - \lambda_i^E]^2 + \sum_i W_{\phi_i}^2 \sum_j [\phi_{ji}(\{r\})^A - \phi_{ji}^E]^2 \tag{4-2}$$

式中　$\lambda_i^A$——有限元模型的第 $i$ 阶特征值，为结构圆频率的平方，$\lambda_i^A = (\omega_i^A)^2 = (2\pi f_i^A)^2$；

　　　$\phi_{ji}^A$——第 $i$ 阶特征向量对应第 $j$ 个自由度的值，$\lambda_i^A$ 和 $\phi_{ji}^A$ 均为设计参数 $\{r\}$ 的函数；

$\lambda_i^E$、$\phi_{ji}^E$——分别包含结构试验模态的频率和振型；

$W_{\lambda_i}$、$W_{\phi_i}$——分别为结构试验频率和振型在不同测量精度条件下的权重系数。

有限元模型修正过程通过优化搜索技术不断调整结构设计参数 $\{r\}$ 来最小化目标函数，采用子结构方法求解结构特征解 $\lambda_i^A$ 和 $\phi_{ji}^A$。

基于灵敏度分析的设计参数型修正方法，求解目标函数关于结构设计参数的灵敏度矩阵，提供最优的优化搜索方向。目标函数对结构设计参数的灵敏度矩阵为

$$Z(r) = \frac{\partial J(r)}{\partial r} = \sum_i W_{\lambda_i}^2 [\lambda_i(\{r\})^A - \lambda_i^E] S_\lambda(r) + \sum_i W_{\phi_i}^2 [\phi_i(\{r\})^A - \phi_I^E][S_\phi(r)]^T \tag{4-3}$$

其中特征值和特征向量对于参数 $r$ 的灵敏度矩阵为

$$S_\lambda(r) = \frac{\partial \lambda(r)}{\partial r} \tag{4-4}$$

$$S_\phi(r) = \frac{\partial \phi(r)}{\partial r} \tag{4-5}$$

采用子结构方法求解所有单元参数的一阶偏导。在有限元模型修正过程中，基于子结构方法通过式（4-3）构建目标函数，建立灵敏度矩阵为优化算法提供搜索方向，采用常用的基于 Trust-region 的优化算法，完成有限元模型修正过程。

由于独立子结构系统矩阵较小，未知参数少，在待检测物资模型修正中具有以下优势：①子结构系统矩阵较小，分析精度和效率高；②各子结构相互独立，可以对独立子结构进行修正和重新分析，不需要分析整体结构；③针对当前的多核计算机硬件，进行并行计算，提高计算效率。

因此，在计算整体结构对结构单元参数的特征灵敏度时，只需要计算包含该单元参数的一个子结构的特征灵敏度，其他子结构的特征灵敏度为 0。由于子结构的尺寸远远小于整体结构，该子结构方法极大地提高了结构特征值和特征灵敏度的计算效率，从而有效地提高了模型修正过程的效率。

在保证所建待试验物资有限元模型准确的情况下，对待试验物资进行仿真模拟，采用控制变量法根据待试验物资检测结果的主要影响因素作为变量，得到物资质量检测结果受环境因素变化产生的变化规律及修正系数，消除环境因素改变对温升试验所产生的误差，以此来保障物资质量检测试验结果的准确度。有限元仿真流程如图 4-22 所示。

变压器通过调节不同网络电压传输电能，是电力系统安全稳定运行的重要组成部分。温升试验是变压器检测中的重要一环，其目的是为了验证顶层油和

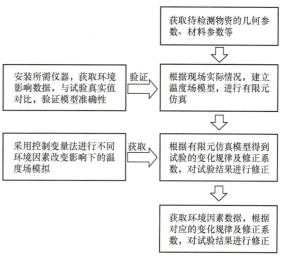

图 4-22　有限元仿真流程

高低压绕组的温升限值是否符合相关标准和技术协议书的要求。温升试验所需时间长，顶层油温度与绕组平均温度的过程数据极易受到环境因素的影响，从而导致最终温升结果的不准确，因此温升试验是电网物资质量检测中需要保障的重要试验。因此，本节以电网物资质量检测中变压器的温升试验为例，详细介绍一种基于有限元仿真的变压器温升试验数据准确度保障方法。

### （一）变压器质量检测试验过程

为了更好地进行变压器的建模和变压器温升试验的有限元仿真，针对变压器物资质量的检测过程进行详细介绍，主要包括试验目的、试验过程及结果的判定标准。

1. 温升试验接线

高压侧施加电流，低压侧短路，温升试验接线如图 4-23 所示。

2. 温升试验具体过程

（1）将温度巡检仪的探头贴到被试品相应要求的测试点上。1 ~ 4 号探头放置

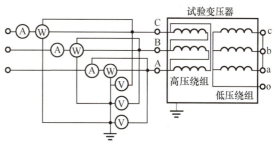

图 4-23　温升试验接线

在被试变压器四周 1.5m 位置中的油杯中。

（2）依据被试品设置试验参数。干式变压器的试验方法为负载温升、空载温升（即模拟法），油浸式变压器的试验方法为负载温升（即短路法）。负载温升控制选择为电流模式、功率模式，空载温升控制选择为电压模式。设置页面如图 4-24 所示。

图 4-24　温升试验设置页面

（3）温升试验前，点击电阻测试按钮，进入温升电阻测量界面，如图 4-25 所示。选择电流挡位及冷态电阻测试，点击电阻合闸，点击测试按钮启动测试，测试完后点击存储按钮保存冷态电阻数据。点击电阻分闸后可退出冷态电阻测试，冷态电阻值只取一次即可。

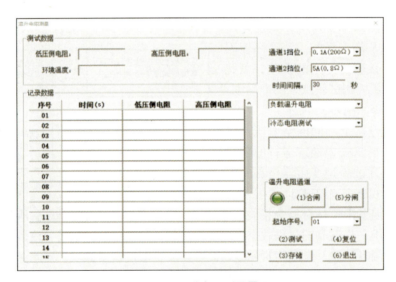

图 4-25　温升电阻测量界面

（4）点击测试按钮开始温升试验，实时数据会显示在相应的表格中，等系统升到目标值点击计时按钮，系统会每 15min 自动记录一组数据，对于油浸式变压器的额定电流试验阶段每 5min 自动记录一组数据。实时数据包括实时电压，电流，功率及实时测试温度值等，如图 4-26 所示。

（5）温升试验结束后应在 2min 以内完成第一组数据的测试。切断试验电源后，应立即开始热态电阻的测试，点击电阻测试按钮，选择热态电阻测试，点击电阻合闸开始热态电阻的测试。系统会在 1min 时记录第一组数据，并在后面的每 30s 记录一组数据，最多记录 24 组数据。点击存储即可保存试验结果数据。如果前几个序号的测试结果不稳定，可以选择从指定的序号开始存储 20 组数据，如图 4-27 所示。

**注意**：温升试验结束后才能开始热态电阻的测试。

温升监测数据

| | AB | BC | CA | 平均 |
|---|---|---|---|---|
| 有效值电压(V) | 391.70 | 391.30 | 392.40 | 391.80 |
| | A | B | C | 平均/和 |
| 有效值电流(A) | 2.9021 | 2.8916 | 2.9053 | 2.8997 |
| 有功功率(kW) | 0.2799 | 0.2792 | 0.2786 | 0.8376 |
| 频率(Hz) | 50.000 | | 时间 | 00:00:03 |

温升温度数据(℃)

| 环境温度1CH | 环境温度2CH | 环境温度3CH | 环境温度4CH | 低压绕组5CH | 高压绕组6CH |
|---|---|---|---|---|---|
| 16.1 | 16.2 | 16.0 | 16.3 | 15.0 | 14.5 |
| 铁芯温度7CH | 备用温度8CH | 备用温度9CH | 备用温度10CH | 备用温度11CH | 备用温度12CH |
| 15.2 | 15.2 | 15.1 | 14.3 | 14.9 | 14.9 |

温升试验数据

| 时间 | 电压(V) | 电流(A) | 功率(kW) | 环境温度1CH | 环境温度2CH | 环境温度3CH | 环境温度4CH |
|---|---|---|---|---|---|---|---|
| 2018-03-31 21:36:18 | 389.30 | 2.8819 | 0.8262 | 12.6 | 12.5 | 12.6 | 12.5 |

图 4-26　实时数据

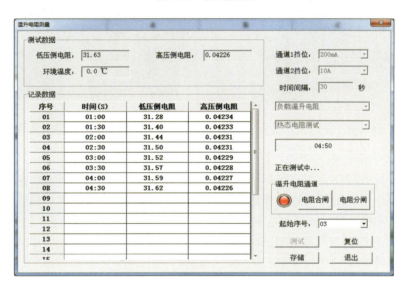

图 4-27　温升试验结果数据

#### （二）变压器温升试验建模仿真分析

通过对变压器温升试验过程与原理的了解，获取待试验变压器的几何参数、材料参数等建立变压器模型，根据建立变压器温升试验的有限元仿真模型得到温升曲线的变化规律及修正系数，对温升曲线进行修正，消除环境因素改变对温升试验所产生的误差，以此来保障变压器温升试验的准确度，提升物资质量检测的准确性。

建模将采用变压器自身影响和外部环境影响结合的方式，对变压器的温升试验进行分析后给出建模示意图和仿真图，建立温度场模型。后续将采用仿真数据和试验数据结合的方法，仿真数据与多台机器试验结果对比，对试验结果进行修正，以满足试验的要求。

1. 建立模型

（1）变压器模型。本节研究对象为干式变压器，利用 ANSYS 仿真软件设计出等效的三相三柱式变压器模型，与实际干式变压器的相关参数进行同步，将其导入热仿真软件，模拟运行出该变压器的实际温度变化情况。使用 ANSYS Design Modeler 画出其三维结构模型，如图 4-28 所示。其中中间位置为三相变压器图，温升试验中周围四个测量环境温度的温度传感器。

（2）布尔运算。对所建模型进行布尔运算，进行联合、相交、相减。使所建变压器模型分割成两个基本形体，方便后续网格划分以及温度场计算。

（3）网格剖分。建立干式变压器模型后，需要对模型进行网格划分，将整体划分为各个相邻的小单元，网格剖分对仿真精度和计算结果的准确性有着较大影响。本文设置节点数为 39552 个，建立单元数为 228165 个，并对热源以及热源中的边缘部分进行细化处理。温升试验有限元仿真模型如图 4-29 所示。

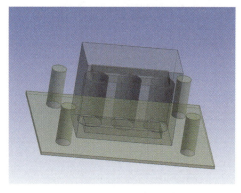

图 4-28　温升试验三维结构模型

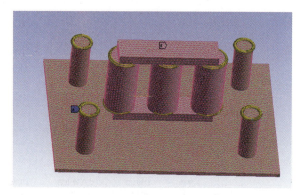

图 4-29　温升试验有限元仿真模型

2. 求解和分析结果

启动软件检查程序，如有问题会显示提示错误信息，按要求进行修改。通过自检完成后，在模型中建立能量方程。考虑到易受太阳辐射影响，因此可以根据所在经纬度建立 DO（离散坐标）辐射模型。在角度离散设置中，参数值越高，计算越复杂，但结果准确性越高，考虑到变压器在试验中所处位置，Phi 分割设置为 6，每次辐射迭代次数一次。

同时，考虑到对流影响，根据布尔运算后的界面处理，设置为自然空气对流流速为

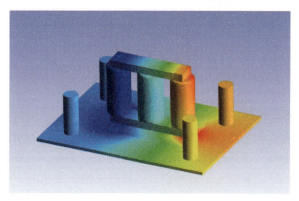

图 4-30　温升试验有限元仿真分析结果

0.05m/s。将分成的内部形体设置为热源，外部形体为边界条件。在环境温度为 300.15K 的情况下，利用 Fluent 对模型的热辐射、能量方程、对流以及散热的仿真进行分析，计算迭代次数为 200 次。温升试验有限元仿真分析结果如图 4-30 所示。

一般来讲，计算结果所有方程式的全局缩放差降至 $10^{-3}$，能量的降至 $10^{-6}$ 以外，就满足默认的收敛标准。根据多次仿真结果，可得出如下结论。

（1）因为连续性残差（Continuity Residuals）会根据前五次迭代中的行为进行缩放，所以连续性残差非常依赖初始值（Initial Guess）和启动过程。好的初始猜测值会导致更高

的连续性残差，而这用来判断收敛是违反直觉的（Counter-Intuitive）。

（2）因为全局比例因子（Global Scale Factors）依赖于求解水平，所以有时候即便求解过程依然还在变化，残差就已经显著低于了默认的收敛目标。这种情况最常出现于能量方程。

（3）对于一些方程式来说，比如说湍流流量，较差的初始值可能导致较高的比例因子。在一些案例中，比例残差开始的时候很低，随着非线性源的增加而增加，最终降低。所以不能仅仅只是从残差的值来判断是否收敛，还要从残差曲线的趋势来判断。需要确保在至少 50 个迭代步骤以内残差持续降低或者始终保持在较低的水平才能得出求解是收敛的。

变压器属于物资质量检测的重点，而温升试验受外界影响因素较大，试验准确度不容易保障。在此以变压器为例，其他品类物资可以类推。变压器温升试验迭代曲线如图 4-31 所示。

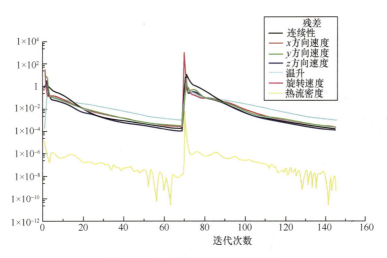

图 4-31　变压器温升试验迭代曲线

3. 变压器温度场分析

设变压器运行于自然对流的散热方式，此时没有风机在底部运转，变压器的散热基本都是依靠空气来进行自然散热。不同温度下空气的密度、比热容、动力黏性以及导热系数等物理参数也并不相同，取室内常温 20℃ 状态下的空气参数，密度 $\rho$ 为 1.205kg/m$^3$，比热容 $c$ 为 1.00kJ/(kg·K)，导热系数 $\lambda$ 为 $2.59 \times 10^{-2}$W/(m·k)，动力黏性 $\mu$ 为 $2.59 \times 10^{-2}$W/(m·K)。

温度场仿真时，取环境温度为 20℃，空气流体的重力加速度为 9.81m/s$^2$。为提高结果准确性，设置空气的流速为 0.05m/s，人工黏性为 0.01，热辐射系数设定为 0.1，得到变压器温升试验温度场分布云图，如图 4-32 所示。

从图 4-32 可以看出，以额定负载运行并使用自然散热方式的情况下，干式变压器内部温度场的分布情况是关于铁心中柱左右对称，高低压绕组的温度均高于铁心柱上的温度，低压绕组的温度均高于高压绕组上的温度。B 相上的温度明显要比 A、C 两相要高，由于磁阻最小原理可知，B 相磁通最大，铁损耗最大。此时 B 相上的最热点大概在低压绕组的中部左右，而高压绕组的最高温出现在顶部附近的位置。对于铁心的每一相柱，其温度分布趋势由下往上先上升再下降，再上升再下降。最高处的温度普遍要略高于最低处的温度。这是由于变压器运行产生热传递现象，导致外部空气温度变高，热流呈层流状上升，但最热点并没有出现在最顶部，这是因为有上升的热空气流和涡流损耗。变压器温升试验温度场分布节点如图 4-33 所示。

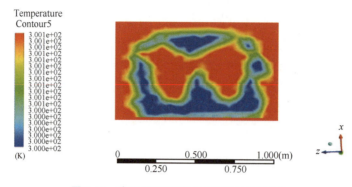

图 4-32　变压器温升试验温度场分布云图

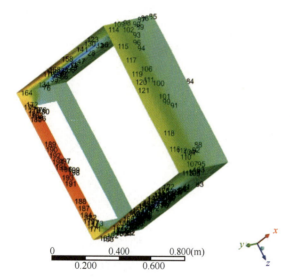

图 4-33　变压器温升试验温度场分布节点

根据建立变压器温升试验的有限元仿真模型得到温升曲线的变化规律及修正系数，对温升曲线进行修正，消除环境因素改变对温升试验所产生的误差。

### 三、基于神经网络的设备故障仿真分析

CNN 是深度学习的代表算法之一，它能对数据进行自动预测和分类，而且网络的结构趋于深化，可以结合应用环境进行调整，层次浅、复杂度小的网络结构有利于减少程序运行时间，提高效率。通过设计一个结构简单且合理的 CNN 网络结构，对产生故障前后的检测数据进行预处理，并建立设备故障诊断的神经网络模型进行优化和分析，对故障类型进行智能诊断。

### （一）检测数据预处理

当设备产生故障时，通常都伴随着测得相关状态量数值变化，我们往往也根据相关状态量数值的变化，来判断设备产生故障原因。因此，对这些状态量的监测与分析成为故障诊断的重要途径。主要包括电流信号、温度信号、电阻信号、误差信号和参考信号等信号。一部分设备的故障与相关状态量呈直接对应关系。比如，在互感器设备中，互感器准确度测试中变比错误，那么我们可以根据误差显示数值来判断故障原因是测试线损坏还是变比选择错误等其他错误；避雷器设备中，避雷器工频试验中全电流和阻性电流不显示，那么我们可以根据电流显示数值来判断是通信错误还是仪器故障。然而，一些设备的故障与相关状态量数值关系不够明显，亟须一种快速准确的故障诊断方法。

在相关状态量与故障类型不易识别的情况下，可以根据对相关状态量的提取，来判断设备故障具体情况。

时域信号的特征提取是一种简单直接的方式，在早期电信号特征提取中应用广泛。然而，传统的时域特征提取方法存在着对信号变化不够敏感的局限，电信号数据在时域上的变化剧烈，所提取的特征往往不具备稳定性和可靠性。因此，频域分析逐渐成为更为可靠和有效的选择。信号通常通过短时傅里叶变换（STFT）或小波变换转换成频谱图。时谱图中显示了几个单频电波在同一时间中相互叠加后的幅度和时间的特征，直接对电信号进行采样时，只能得到时间段中混合频率的幅度。傅里叶变换可以将电频分解为多个单频率随时间的幅度变化，变换后的频谱能反映电信号中的多种频率特征，让电信号经过 STFT，即可得到 STFT 的时频图。傅里叶变换是一种全局性的描述，STFT 类似于求导，将整个非平稳过程看成是切分成多个短时平稳信号的共同作用，通过加窗获得短时电信号在某一时刻的信号特征，时域上移动窗口进行傅里叶变换得到对应的幅度谱，再将幅谱拼接之后得到时间—频率—频率分贝的图像，即 STFT 频谱。横轴纵轴分别为时间频率，用颜色反映当前时刻各种频率的强弱。

STFT 频谱的提取过程中，预处理部分包括预加重、分帧和加窗。预加重公式为

$$y(n) = x(n) - ax(n-1) \tag{4-6}$$

式中　$x(n)$——电流信号；

　　　$a$——温度信号，取值范围为 0.9～1.0。

预加重的作用是减少尖锐噪声影响，加强高频信号，有利于后面频谱分析。

电信号大多是非平稳的时变信号，但在一小段时间内依然具有短时平稳性，利用电信号的这一特性，对电信号做分帧处理。一般来说帧的长度取值区间在 20～40ms 之间，相邻帧有 50% 的重叠，这样可以避免后续做快速傅里叶变换时，造成时序信息的损失。分帧公式为

$$H = (N-T)/(T-S)+1 \tag{4-7}$$

式中　$H$——误差信号；

　　　$N$——参考信号采样；

　　　$S$——电阻信号采样。

加窗的目的是消除各个帧两端可能会造成的信号不连续性，常用的窗函数有方窗、汉明窗和汉宁窗，根据窗函数的特性，本文采用汉明窗。其数学公式为

$$\omega(n) = 0.54 - 0.46 \times \cos[2n\pi/(N-1)], n = 0,1,\cdots,N-1 \tag{4-8}$$

STFT 常常被用在音频信号处理中，因为时域信号的不稳定性，所以在分析电频数据时，通常在频域分析，而 STFT 的作用是将音频信号从时域变换到频域，STFT 的变换的计算方式为

$$x(k) = \sum_{n=0}^{N-1} x(n)g(n-\tau)e^{-j\frac{2\pi}{N}nk}, 0 \leqslant k \leqslant N \tag{4-9}$$

式中　$x(k)$——电流信号；

　　　$g(n-\tau)$——$\tau$ 时刻的时域窗口采样点数；

　　　$N$——参考信号采样。

STFT 的结果可以通过复数形式表示，即

$$x(k) = ae^{-j\theta_k k} = a\cos\theta_k k + ja\sin\theta_k k = a_k + jb_k \tag{4-10}$$

通过 STFT 将音频信号从时域变换到频域后，得到了不同故障特征下的 STFT 频谱图，显示了各个信号频率随时间的变化情况。

### （二）检测设备故障诊断模型建立及参数优化

**1. CNN 模型的评价指标**

最终训练的 CNN 模型的性能需要通过相应的度量来评估。常用的分类任务评价指标有精确度（Precision，P）、召回率（Recall，R）和 F1-Measure(F1)，它们的公式为

$$P = \frac{TP}{TP + FP} \tag{4-11}$$

$$R = \frac{TN}{TN + FN} \tag{4-12}$$

$$F1 = \frac{2PR}{P + R} \tag{4-13}$$

式中　　TP——阳性样本被正确识别为阳性样本；

TN——阴性样本被正确识别为阴性样本；

FP——阴性样本被错误识别为阳性样本；

FN——阳性样本被错误识别为阴性样本。

**2. CNN 模型的建立**

卷积模型的识别过程可以分为 CNN 训练和 CNN 识别两个部分。在 CNN 的训练过程中，预先设定模型参数和训练步骤；然后，通过数据前向传播过程和误差后向传播过程，不断修正模型参数，直到卷积模型满足要求。在 CNN 识别中，将卷积和池化操作提取的特征与训练好的模型进行匹配，输出识别结果。

**3. CNN 模型的参数优化**

在训练 CNN 之前，可以对其他参数进行更精细的选择，如学习率和 Batch Size，学习率决定了训练过程中调整权值和减少误差的步长，Batch Size 决定了在每次训练迭代中使用的整个数据集子集的大小。故障情况下的信号的 MFS 声学特征为 CNN 识别模型的输入特征，对学习率和 Batch Size 进行优化。

优化后得到不同学习率在一个 Epoch 过程中故障情况的识别结果，一个 Epoch 是指对整个数据集的完全遍历。结果表明，CNN 识别的准确度随着学习率的变化而变化，当 CNN 识别准确度达到最大值时对应的学习率能使 CNN 模型具有较高的精度和加速误差收敛的能力。同时在选定 Batch Size 时，根据使用不同 Batch Size 得到的 CNN 模型识别准确度和 CNN 模型运行时间的结果，可以得出，识别准确度随着 Batch Size 的变化而变化，一般 Batch Size 越小，识别准确度越高，但 CNN 运行时间越长。反之，Batch Size 越高，运行时间越短，但识别准确度越低。因此，在具有较高的识别准确度和合适的运行时间时选择合适的 Batch Size 尤为重要。

**4. CNN 模型的训练和验证**

选定上述参数后，即可对 CNN 进行完整的训练和验证。然而，在使用数据集训练模

型之前，需要将整个数据集划分为训练集和验证集。通过对数据集进行良好的划分，可以提高 CNN 模型应用的速度。如果划分不好，它会极大地影响 CNN 模型的识别性能。使用不同比例的数据集进行分割得到 CNN 识别准确度和 CNN 运行时间的结果，当 CNN 模型的识别准确度最高，运行速度最快时选取对应的数据集分割比。在 CNN 模型训练过程中，随机选取一些设备故障信息 MFS 特征向量作为训练集输入到 CNN 中，将剩余的特征信息输入到训练好的 CNN 模型作为测试集，完成对设备故障信息的学习和故障类型的学习。

当 CNN 模型建立和 CNN 参数优化后，把信号的特征信息输入 CNN 模型中训练，根据迭代次数与训练次数的变化计算出设备的不同故障在 CNN 模型中的准确率。结果表明，该方法可以对故障类型进行快速准确的识别并进行智能诊断。

### 四、基于遗传算法的检测基地调度技术仿真结果验证

针对典型业务场景，对检测基地调度模型进行建立分析，并对类似于柔性作业车间的检测基地调度问题进行调度算法分析。

#### （一）大型电网物资质量检测基地调度模型建立

在调度算法模型中，物资质量检测基地调度问题描述如下：$n$ 个电网物资 $\{E_1, E_2, \cdots, E_n\}$ 要在 $m$ 台检测设备 $\{M_1, M_2, \cdots, M_m\}$ 上进行检测。每个物资包含多项检测任务，由基地检测安排，检测顺序预先确定，且每项检测任务可在一台或多台设备上进行，检测时间随检测设备的不同而不同，另外，物资在每台设备间的运输将由 AGV 进行，AGV 的运输时间由检测设备间的距离确定。该调度目标是为各项检测任务确定合适的检测设备，确定每台检测设备上的各物资的检测任务、任务执行顺序，确定每台 AGV 的运输任务及顺序，使得检测基地所设目标达到最优。

因此，基于上述问题描述，大型电网物资质量检测基地调度问题包含 3 个子问题：①确定各被检测物资的检测设备；②确定各个设备上的检测任务执行顺序；③确定各 AGV 的运输任务。对于所研究的电网物资质量检测基地调度问题，由于每项检测任务可以在基地内部分可选的检测设备上进行检测，在柔性作业车间调度问题分类中可被分为部分柔性作业车间调度，并且含有 AGV 约束。

在基地进行检测任务时，还需满足以下约束：①同一检测设备在同一时刻只能检测一件物资；②同一物资的同一项检测任务在同一时刻只能被一台检测设备进行；③每件物资的每项检测任务一旦开始不能中断，每件物资前一项检测任务结束后，可以立即安排进行下一项检测任务，也可等待其他同批次物资检测任务结束后再执行；④同一批次中的物资优先级相同；⑤不同物资的检测任务之间没有先后约束，但同一件物资的检测任务之间有先后约束；⑥同一台 AGV 在同一时刻只能运输一件物资；⑦所有物资在零时刻都可以被检测，所有检测设备在零时刻都处于空闲状态，所有 AGV 在零时刻都处于空闲状态；⑧ AGV 运输时间由不同检测设备间距离决定；⑨运输过程中不考虑 AGV 干涉问题，且 AGV 可在第一时间将物资从当前检测设备运输至下一检测设备。

基于检测基地调度问题描述，本文研究中同时考虑 3 种性能指标：①物资检测最大完工时间，要求最小；②基地检测设备使用率，要求最大；③基地设备总负荷，要求最小。这 3 种性能指标的目标函数分别如下。

最小物资检测最大完工时间 $C_M$ 为

$$\min C_M = \min(\max C_k)\ \ 1 \leqslant k \leqslant m \tag{4-14}$$

式中　$C_k$——设备 $M_k$ 的完工时间。

最大基地检测设备使用率 $W_k$ 为

$$\min W_k = \min(\max W_k)\ \ 1 \leqslant k \leqslant m \tag{4-15}$$

式中　$W_k$——设备 $M_k$ 的使用率。

最小基地设备总负荷 $W_T$ 为

$$\min W_T = \min\left(\sum_{k=1}^{m} W_k\right)\ \ 1 \leqslant k \leqslant m \tag{4-16}$$

同时考虑基地中的多重约束，在满足各目标最优的情况下，得到调度问题最优解，即基地对于当前批次物资的最佳调度方案。

（二）大型电网物资质量检测基地调度技术应用

针对大型电网物资质量检测基地调度问题，提出利用遗传算法进行问题求解，对算法中的编码与解码、种群初始化与选择、基因交叉与变异等环节进行设计，使其更符合检测基地调度需求，并采用实际运行的干式变压器质量检测数据输入，得到更符合实际问题的调度方案，能有效解决检测基地调度问题。

本节所研究的调度问题将以检测物资中最常见的干式变压器为实例，干式变压器质量检测任务见表4-4。各批次变压器因检测级别的不同所需要进行的检测任务也不同，B级检测需要进行任务 J1 ～ J9，C级检测需要进行任务 J4 ～ J9。

表 4-4　　　　　　　　　　　干式变压器质量检测任务

| 检测级别 | 检测任务符号 | 检测任务 |
|---|---|---|
| B 级 | $J_1$ | 温升试验 |
| | $J_2$ | 局部放电试验 |
| | $J_3$ | 雷电冲击试验 |
| | $J_4$ | 绕组电阻测量试验 |
| | $J_5$ | 电压比测量和联结组标号检定试验 |
| | $J_6$ | 空载损耗和空载电流测量试验 |
| | $J_7$ | 短路阻抗和负载损耗测量试验 |
| | $J_8$ | 外施耐压试验 |
| | $J_9$ | 感应耐压试验 |
| C 级 | $J_4$ | 绕组电阻测量试验 |
| | $J_5$ | 电压比测量和联结组标号检定试验 |
| | $J_6$ | 空载损耗和空载电流测量试验 |
| | $J_7$ | 短路阻抗和负载损耗测量试验 |
| | $J_8$ | 外施耐压试验 |
| | $J_9$ | 感应耐压试验 |

注　$J_i$ 表示第 $i$ 道检测任务。

　　B、C 两级检测任务所需设备及时间见表4-5，其中对应任务检测设备无法完成使用−1进行排除，其中对于时间单位设定，通过检测任务中时间最长的温升试验（18h）作为参照，进行其他任务时间单位换算。由于基地内各检测设备的功能、功率不同，对于同一检测任务的所需时间也不同，所以需要为各物资相应的检测任务寻找到合适检测设备。此外，对于有限个 AGV 进行运输任务调度。检测基地 AGV 运输时间见表4-6。

表 4-5　　　　　　　　　　　B、C 两级检测任务所需设备及时间

| 检测级别 | 检测任务 | 检测设备及所需时间 | | | | | | | |
|---|---|---|---|---|---|---|---|---|---|
| | | $M_1$ | $M_2$ | $M_3$ | $M_4$ | $M_5$ | $M_6$ | $M_7$ | $M_8$ |
| B 级检测 | $J_1$ | 100 | 90 | 95 | 80 | 85 | 90 | −1 | −1 |
| | $J_2$ | −1 | −1 | −1 | −1 | −1 | −1 | 1 | −1 |
| | $J_3$ | −1 | −1 | −1 | −1 | −1 | −1 | −1 | 7 |
| | $J_4$ | 3 | 4 | 3 | 4 | 3 | 4 | −1 | −1 |
| | $J_5$ | 4 | 3 | −1 | −1 | −1 | 5 | −1 | −1 |
| | $J_6$ | 1 | 2 | 3 | 1 | 2 | 3 | −1 | −1 |
| | $J_7$ | 1 | 2 | 1 | 2 | 1 | 2 | −1 | −1 |
| | $J_8$ | −1 | −1 | −1 | −1 | −1 | 2 | −1 | −1 |
| | $J_9$ | 2 | 1 | −1 | −1 | −1 | 2 | −1 | −1 |
| C 级检测 | $J_4$ | 3 | 4 | 3 | 4 | 3 | 4 | −1 | −1 |
| | $J_5$ | 4 | 3 | −1 | −1 | −1 | 5 | −1 | −1 |
| | $J_6$ | 1 | 2 | 3 | 1 | 2 | 3 | −1 | −1 |
| | $J_7$ | 1 | 2 | 1 | 2 | 1 | 2 | −1 | −1 |
| | $J_8$ | −1 | −1 | −1 | −1 | −1 | 2 | −1 | −1 |
| | $J_9$ | 2 | 1 | −1 | −1 | −1 | 2 | −1 | −1 |

表 4-6　　　　　　　　　　检测基地 AGV 运输时间

| 检测设备 | $M_1$ | $M_2$ | $M_3$ | $M_4$ | $M_5$ | $M_6$ | $M_7$ | $M_8$ |
|---|---|---|---|---|---|---|---|---|
| $M_1$ | 0 | 1 | 4 | 1 | 1 | 2 | 6 | 4 |
| $M_2$ | 1 | 0 | 4 | 2 | 2 | 1 | 4 | 2 |
| $M_3$ | 4 | 4 | 0 | 4 | 1 | 5 | 1 | 2 |
| $M_4$ | 1 | 2 | 4 | 0 | 3 | 3 | 3 | 1 |
| $M_5$ | 1 | 2 | 1 | 3 | 0 | 2 | 1 | 5 |
| $M_6$ | 2 | 1 | 5 | 3 | 2 | 0 | 3 | 6 |
| $M_7$ | 6 | 4 | 1 | 3 | 1 | 3 | 0 | 2 |
| $M_8$ | 4 | 2 | 2 | 1 | 5 | 6 | 2 | 0 |

注　$M_m$ 表示第 m 台检测设备。

　　接下来将对遗传算法流程进行应用设计，改进的遗传算法流程如图4-34所示。

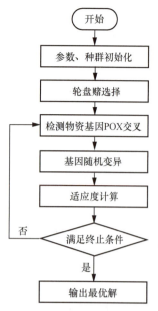

图 4-34 改进遗传算法流程

### 1. 染色体编码与解码

本文对检测基地调度问题进行遗传算法设计时，在编码方式上进行特殊化设计，采用多重编码的方式，即对检测基地中检测设备、被检测物资以及 AGV 进行三重编码，保证最优解决方案的产生。

比如，以检测基地调度问题实例数据为例任意生成的一条染色体编码为：

[[3, 1, 2, 2, 0, 1, 3, 0, 2, 3, 0, 2, 1, 3, 0, 3, 0, 1, 1, 0, 0, 1, 3, 2, 0, 1, 0, 1, 1, 2], [2, 3, 0, 5, 4, 6, 0, 6, 0, 1, 7, 4, 7, 1, 1, 5, 5, 0, 0, 1, 1, 0, 1, 5, 5, 1, 0, 5, 5, 0], [2, 0, 2, 1, 1, 0, 1, 0, 1, 1, 0, 0, 1, 1, 0, 1, 1, 2, 2, 2, 2, 1, 0, 0, 1, 0, 0, 0, 1, 1]]。

其中，染色体编码第一层为物资编码，每一件物资编码出现的顺序即其要进行的检测顺序，第一个位置上的数字 3 表示物资 4 的第一项检测任务。数字 3 再次出现第 7 个位置表示物资 4 的第二项检测任务。染色体编码第二层为对应物资检测任务的执行设备编码。第三层为 AGV 编码，表示当前设备前往下一设备的 AGV 编号。对于检测基地调度问题，与解决传统部分柔性作业车间调度问题不同的是，对编码的层级要求更多，除了基本的物资编码与检测设备编码外，还需要对设备间执行运输任务的 AGV 进行编码。

在解码过程中，根据物资编码部分可以得到各件物资的检测任务安排，根据检测设备编码可以得到检测任务的执行时间，但较为复杂的是对于 AGV 的解码。由于 AGV 的数量与时间距离限制，AGV 的解码较为关键。所提出的染色体编码与解码过程均在 AGV 层级上进行了设计，在保证检测基地中物资检测任务顺序与设备分配合理化的前提下，对 AGV 运输进行以高效率为目标的编码、解码设计，确保能进行后续遗传算法操作且能得到调度方案最优解。

### 2. 种群初始化

为确保算法的全局搜索能力，选取的个体应该尽量均匀分布于所给的求解空间中。研究中常采用海明距离法对个体间进行差异计算，从而决定是否生成该个体。其中，海明距离 $D_{ij}$ 为染色体 $i$ 和 $j$ 在同一基因位数值不同的位数，计算公式为

$$D_{ij} = \sum_{k=1}^{L} \eta_k \tag{4-17}$$

式中　$L$ 为选取的染色体编码长度，对于其中的 $\eta_k$，有

$$\eta_k = \begin{cases} 0, d_{ik} \neq d_{jk} \\ 1, d_{ik} = d_{jk} \end{cases} \tag{4-18}$$

$\eta_k$ 的取值与 $d_{ik}$ 及 $d_{jk}$ 是否相同有关，若相同，则 $\eta_k$ 取 1，否则 $\eta_k$ 取 0。

对于应用的海明距离法，其对种群进行初始化的步骤如下。

（1）进行随机选取，获得第一个个体。

（2）若选取的个体 $i > 1$，则将此个体与第 $i-1$ 个个体进行海明距离 $D_{ij}$ 计算，若得到

的结果 $> p$，对个体进行重新随机选择，直至所计算得到的 $D_{ij} \geq p$，其中 $p$ 为 $\leq$ 染色体长度的一个正数。

（3）重复步骤（2），直至种群初始化完毕。

3. 选择操作

算法设计中的优质个体选择采用轮盘赌策略。选择的概率与个体的适应性有关，适应性越强，则被选中的概率就越大，这不仅可以提高全局收敛速度，还能通过一定概率让次优个体被选中，保证了种群多样性。具体实施步骤如下。

（1）将式（4-14）～式（4-16）作为本文所研究调度算法中的目标函数 Fitness(i)。

（2）对种群中每一个体计算对应适应度值 Fitness(i)。

（3）对步骤（1）中所得到的种群中所有个体适应度值进行求和。

（4）由式（4-18）对种群内个体被选择的概率进行计算，即

$$q_j = \sum_{i=1}^{j} \frac{\text{Fitness}(i)}{\sum_{i=1}^{r} \text{Fitness}(i)} \tag{4-19}$$

（5）在区间 [0, 1] 内进行随机数 $K$ 选取，并按照降序排列得到 $K=\{k_1, k_2, \cdots, k_n\}$，并初始化 $i=1$，$j=1$。

（6）对 $k_i$ 和 $q_j$ 进行对比，如果 $k_i$ 小于 $q_j$，则可以对个体 $j$ 进行选择，此时 $i=i+1$，否则 $j=j+1$。

（7）对步骤（6）进行重复直至 $i > N$，$N$ 为种群内个体数。

4. 交叉操作

在遗传算法设计中，交叉操作具有重要意义，交叉能使种群从迭代中继承父代优秀遗传特征，即优秀解决方案。基于检测基地调度的问题特征，在交叉操作中进行算法设计，与以往遗传算法中染色体任一基因进行交叉不一样，而是提出对被检测物资进行 POX 交叉操作，极大减少非必要求解时间，提升算法求解效率。POX 交叉极大地保留了父代调度方案中的优秀检测顺序，该方法通过引入范围区间为 [0, 1] 的交叉率参数 $P_c$。具体实施步骤如下。

（1）创建随机数 rand $\in$ [0, 1]，若 $P_c >$ rand，进行下一步，否则退出操作。

（2）从种群中通过随机选取两条染色体作为交叉父代。

（3）将父代被检测物资集合分为 $N_1$，$N_2$ 两组，且每组物资数 $\geq 2$。

（4）将父代①中含有组 $N_1$ 物资的基因位保留，同时将父代①中含有组 $N_2$ 物资的基因位设置为 0，接着将父代②中含有组 $N_2$ 物资的基因按原定顺序插入父代①中的 0 位置。

（5）将父代②中含有组 $N_1$ 物资的基因位保留，同时将父代②中含有组 $N_2$ 物资的基因位设置为 0，接着将父代①中含有组 $N_2$ 物资的基因按原定顺序插入父代②中的 0 位置。

（6）POX 交叉步骤如图 4-35 所示，从种群中随机选取父代染色体两条，其中父代①的物资基因编码为 [1, 3, 3, 3, 2, 4, 1, 4, 2, 3, 1, 1, 2, 2, 2, 4, 1, 2, 1, 4, 3, 2, 1, 3, 1, 4, 2, 2, 4, 1]，父代②的物资基因编码为 [2, 2, 2, 4, 4, 1, 1, 1, 3, 2, 4, 3, 4, 3, 1, 1, 4, 3, 4, 2, 2, 3, 1, 1, 1, 3, 2, 1, 2, 2]，由物资集合 {1, 2, 3, 4} 分组，$N_1=\{1, 4\}$，$N_2=\{2, 3\}$。接着进行步骤（4）与步骤（5）完成 POX 交叉操作，得到具有父代优良特征的子代。

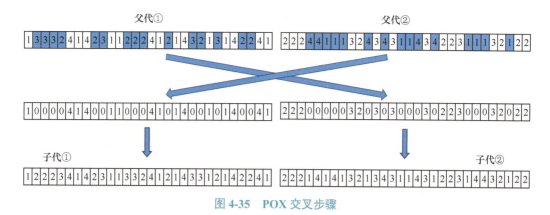

图 4-35 POX 交叉步骤

5. 变异操作

为提高算法的局部搜索能力，算法中的变异操作将染色体中被检测物资基因、检测设备基因以及 AGV 基因进行变异，其中，检测设备基因和 AGV 基因进行随机变异，而被检测物资基因由于存在物资检测任务不一的情况就将采取随机交换两基因位置的方式进行实现。由于改变被检测物资基因后，其对应的检测设备可选集也进行了改变，将保存选中的两物资基因对应的所选检测设备的顺序，这样交换位置后仍能使用该顺序，使用列表记录所选物资的检测设备顺序，若基因同选中交换的基因一致便可出栈列表中的检测设备基因和 AGV 基因。

6. 算法验证结果

对上述所设计的算法进行实际调度应用，研究所使用的调度实例中该批次变压器包含 4 件变压器，两件进行 B 级检测、两件进行 C 级检测，所需 8 台检测设备，3 台 AGV。

对本文提出的改进遗传算法进行实现，算法采用 Python 进行编程，执行平台为 PyCharm Community Edition 2021.3.2，Python 版本为 3.9，程序运行环境为内存 8G，酷睿 i5 处理器，64 位 Windows11 操作系统的个人计算机。算法中的关键参数设置为：种群规模 $P_s$=200，交叉率 $P_c$=0.8，变异率 $P_m$=0.2，迭代次数 $G$=100；对该批次干式变压器质量检测任务检测进行算法验证，将得到求解结果如下。

最短时间：129.0。

最佳染色体：[[3, 2, 0, 3, 0, 3, 1, 0, 3, 0, 0, 2, 1, 2, 1, 2, 3, 1, 0, 1, 1, 0, 0, 2, 1, 1, 1, 3, 0, 2], [1, 3, 4, 0, 6, 2, 1, 7, 4, 2, 0, 5, 6, 1, 7, 1, 5, 0, 0, 1, 3, 5, 5, 0, 5, 1, 5, 1, 0], [2, 0, 0, 2, 0, 1, 1, 1, 1, 0, 0, 2, 1, 2, 2, 1, 0, 1, 1, 2, 2, 1, 2, 1, 0, 0, 1, 1, 2, 0]]。

将调度结果可视化，得到最佳调度方案甘特图，如图 4-36 所示，其中横坐标为检测时间，纵坐标为所使用的检测设备，$A_0, A_1, A_2$ 表示 AGV 在各设备间的物资运输，$O_{i,j}$ 表示各变压器质量检测的任务执行，$i \in \{0, 1, 2, 3\}$，$j \in \{1, 2, 3, \cdots, 9\}$。比如，设备 5 上出现 $O_{0,1}$ 表示变压器 1 的第一项检测任务的安排，由于是该变压器第一项任务，不需要进行 AGV 运输，设备 7 上的 $O_{0,2}$ 表示其第二项检测任务的安排，前面显示的 $A_0$ 表示变压器 1 在完成设备 5 上的第一项任务后，变压器由 1 号 AGV 运输至设备 7，类似地，其他项目表示相同，图中的空白部分表示检测设备空闲。

种群解的变化与均值变化如图 4-37 所示，种群适应度最小值变化情况如图 4-38 所示，全局最优解变化情况如图 4-39 所示。

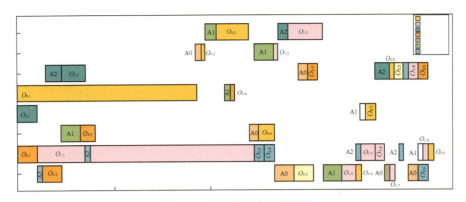

图 4-36　最佳调度方案甘特图

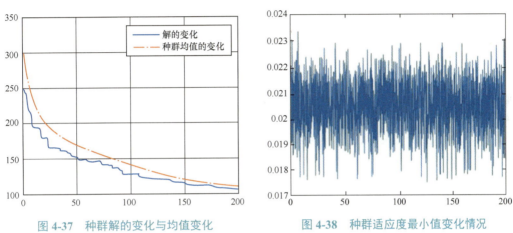

图 4-37　种群解的变化与均值变化　　　　图 4-38　种群适应度最小值变化情况

通过以上验证结果显示，本文提出的遗传算法求解大型电网物资质量检测基地调度问题，能很好地寻找到调度问题最优解，即调度最佳方案，而且调度计算过程快速高效，且经多次运行，最优解收敛程度较高，可见算法可行性。

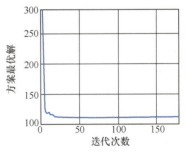

图 4-39　全局最优解的变化

# 4.3　数字孪生典型应用案例

### 4.3.1　大型电网物资质量检测基地智能运维平台

#### 一、案例背景与需求

"中国制造 2025"计划的逐步推进和实施有力地促进了中国从制造大国向制造强国的转变。传统制造业中存在大量的设备，将这些设备联网并进行基于云计算的管理（设备上云）为智能制造提供数据支撑，是实现智能制造的首要条件。加快新一代信息技术与制造业深度融合是推进传统制造向智能制造转型升级的关键。应逐步加快设备数字化、网络化进程，完善设备上云相关的工业数据融合和分析技术、网络安全和异构网络融合等技术，实现数据在企业内部的各生产系统间、企业与云平台间的无缝传输，实现信息与物理世界的协同。

在电力物资抽检业务中，由于电力设备的种类繁多，而且针对不同供应商的不同工艺流程有着不同的检测标准，产品抽检要大量人手，且没有形成量化检测指标体系，物资抽检的效率与可靠性存在很大问题。设备智能化程度不同、接口协议各异、标准体系不完善和机制模型不清晰等问题普遍存在，导致在向智能检测的转型和升级过程中的困难。加强检测中心设备上云技术开发与检测大数据挖掘分析等方面的研究，对开展检测中心智能运维研究有重要现实意义。通过推广典型智能应用场景，逐步加快检测智能化进程，最终形成平台化的解决方案，实现各类数据自动化采集与互联，建立基于云检验的检测框架体系，实现基于云检验的检测基地智能运维。通过基于云检验检测基地智能运维技术的研究，可进一步强化抽检精益化管理，深化检测新技术推广应用。

国家电网公司在 2021 年物资重点工作任务中明确提出：完善质量监督"云网络"，依托 EIP 加强重点设备"云检验"，因此，为响应国家电网公司物资质量相关要求，进一步提高物资检测的效率和透明度，保证检测工作质量和效率，全面体现检测工作的科技创新、精细管理、公平公正、诚信服务，亟待开展检测基地智能运维技术研究，实现检测基地的运维效率提升和智能化水平。在此基础上，需要基于工业互联网架构的"设备上云"管理体系，实现设备远程运维和全天候设备监测以及检测任务智能排产与调度。改变传统线下运维向云端运维变革，实现设备维护与检测任务调度云端的状态实时感知，从而实现检测设备智能运维与检测任务智能排产调度，有效提升电力设备柔性检测智能化水平。

## 二、实施案例

大型电网物资质量检测基地智能运维平台主要包括状态分析总览、全景展示、检测准确度、故障诊断、智能调度、运维管理、知识图谱、安全风险识别 8 个模块。状态分析总览界面可以直观地看到基地目前的状态、出现的故障信息、正在进行的调度信息、实时监测数据等信息。8 个模块中的检测准确度、故障诊断、智能调度 3 个模块对整个大型电网物资质量检测基地从 3 个方面进行功能支撑，而全景展示、运维管理、知识图谱、安全风险 4 个模块让基地操作简单可靠，方便工作人员进行基本信息查询和风险规避，保障了大型电网物资质量检测基地智能运维平台的稳定性。智能运维平台框架如图 4-40 所示。

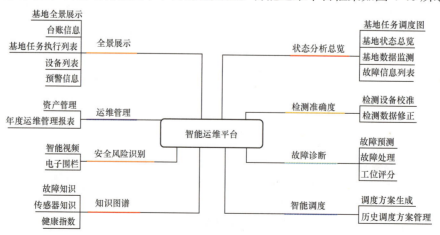

图 4-40　智能运维平台框架

（一）状态分析总览

状态分析总览如图 4-41 所示。

图 4-41  状态分析总览

1. 基地任务调度

从检测任务角度，根据甘特图看到具体哪些物资在哪些工位检测的直观情况，从工位角度，直观查看工位占用的具体信息、进行的试验以及空闲时间，对基地进行的调度任务有一个清晰的认识。

2. 基地状态总览

根据基地状态总览展现出基地的设备状态、工位状态、任务状态、PM 值、基地评分、湿度、温度信息，通过具体数据表明基地全局情况和基地目前状态。

3. 基地数据监测

基地数据监测包括样品历史检测数量和当日基地物资检测数量，对当日物资检测已检、执行中与待检数量有清晰划分，并展示所检样品的合格率。

4. 故障信息列表

故障信息列表包含设备故障类列表与数据异常类列表。设备故障类列表针对平台硬件损坏给出故障信息，数据异常类列表根据采集数据或试验数据等异常信息给出警告。

（二）全景展示

1. 基地全景信息展示

绘制整个检测基地的三维模型，实现虚拟场景到现实场景的映射，如图 4-42 所示。三维场景建模主要是对检测基地场景包括工位、物流设备等进行建模。

台账信息包含基地名称、基地面积、基地规模、基地地址等信息。

基地任务执行列表可以根据进度条直观地看到不同类型设备的正在进行试验的进度，了解设备类型等信息，方便后续对设备的调度管理。

2. 工位部件及建模

调用部件级三维模型对在线监测数据进行展现，并综合展现部件级工位模型、在线监测结果数据、试验结果数据、故障报警数据以及评估分析结果等信息。点击基地三维模型具体工位则可进入相关模块。工位部件及建模页面如图 4-43 所示。

图 4-42　基地三维模型

图 4-43　工位部件及建模页面

（1）设备列表。与三维模型中所点击的具体工位信息相对应，如图所示，包括工位部件级三维模型、子系统列表、子系统状态量实时监测图、监测预警、评估预警等数据和信息。子系统列表可查看工位包含的子系统，包含电源系统、环境监测系统（温度、湿度、大气压力、烟雾、有害气体等）、传感器监测系统（磁场、噪声、震动、压强等）。

（2）运行状态在线监测。实时反应子系统中状态量的故障信息，如电源系统状态量中试验电源 A 相电压数据异常、环境监测系统状态量中电源柜压强数据异常等。

（3）预警信息。包含监测预警与评估预警，监测预警根据数据异常信息进行实时预警，评估预警根据对工位进行打分，对处于亚健康状态的设备给出对应维保建议，预警信息为物资质量检测提供保障。

（三）检测准确度

检测准确度模块包含设备管理和检测设备校准情况统计，如图 4-44 所示。

图 4-44　检测准确度模块

1. 设备管理

根据不同检测设备的检测项目，与标准值进行对比（不同规格设备标准值不同），当检测设备的检测项目标准值异常时进行校准，从设备层面保障数据检测的准确度。

2. 检测设备校准情况统计

在对检测设备进行校准后，通过检测设备校准情况表对异常总次数与设备影响因素进行统计。

（四）故障诊断

故障诊断主要包含故障预测、故障处理、工位评分 3 个模块。

1. 故障预测

在故障信息列表中对故障信息进行诊断操作，得到对应的故障概率分析，根据故障信息预测出故障产生的原因。针对故障出现概率排名前六的故障生成故障率统计图，并对产生此类故障的试验进行操作与设备规范，及时避免对物资质量检测效率造成的影响。故障预测模块页面如图 4-45 所示。

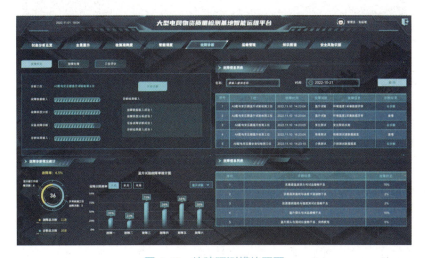

图 4-45　故障预测模块页面

#### 2. 故障处理

在进行故障概率分析找到故障产生的原因后，生成故障处理列表，给出故障处理方式，当进行故障处理列表中给出的操作后仍无法解决问题时，可以点击备用方案查询按钮，出现备用处理方式表对故障进行追加处理。故障处理模块页面如图 4-46 所示。

图 4-46　故障处理模块页面

#### 3. 工位评分

对工位的各个子系统及子系统相关状态量进行加权评分，并生成子系统健康状态评分表与子系统详细评分表，根据评分对应的健康状态给出对应维保建议，即使避免设备故障对检测基地造成的损失。不同子系统对应的状态量和评分规则不同。工位评分统计含有评分总次数、工位平均得分、子系统最低得分，可以总的了解工位评分状况，根据子系统最低得分可以更好地找到出现问题的子系统，保障各个工位物资质量检测的顺利进行。工位评分模块页面如图 4-47 所示。

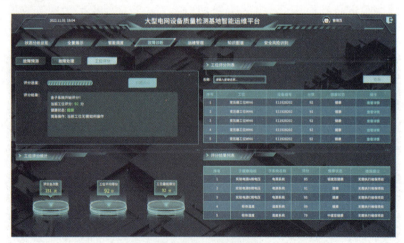

图 4-47　工位评分模块页面

#### （五）智能调度

智能调度模块页面如图 4-48 所示，根据调度开始时间、任务类型、实验项目、是否考虑 AGV、A 级待测项目、B 级待测项目、C 级待测项目、AGV 数量、故障工位输入生成调度方案，来合理利用基地资源，提高物资质量检测效率。点击调度方案生成则自动生成调度方案。

图 4-48　智能调度模块页面

点击历史调度方案查询，可以直观地看到大型电网物资质量检测基地智能运维平台历史的调度方案，如图 4-49 所示。

图 4-49　历史调度方案

（六）运维管理

运维管理模块页面如图 4-50 所示，包含资产管理与年度运维管理。

1. 资产管理

在资产管理页面根据设备的名称和类型，可以查询到设备的状态具体信息，包括型号、保管员、出厂编号、设备厂家、设计寿命、使用寿命、维保周期、送检周期、设备状态等详细信息，可以在资产管理页面对设备信息进行编辑，导入数据或导出所需数据。

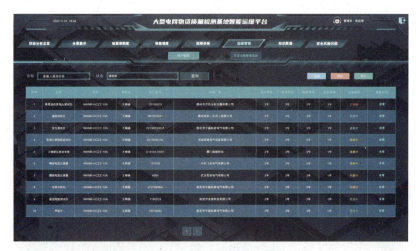

图 4-50　运维管理模块页面

2. 年度运维管理

年度运维管理报表包含每年基地设备维护次数、完成检品试验数量、设备维护费用以及年度运维管理一系列相关报表的下载。

（七）知识图谱

知识图谱针对基地涉及的故障知识、传感器知识、健康指数进行管理，搭建丰富的资料库，方便使用者运维管理。包含故障知识、传感器知识、健康指数 3 个功能模块。

1. 故障知识

可以根据故障名称搜索故障相关信息，包含定位方式处理方式等，同时可以对故障信息进行编辑、删除、导入。故障知识模块页面如图 4-51 所示。

图 4-51　故障知识模块页面

2. 传感器知识

可以根据传感器类型搜索传感器相关信息，包含传感器尺寸、安装方式、接线方式等，同时可以对传感器信息进行编辑、删除、导入。传感器知识模块页面如图 4-52 所示。

图 4-52　传感器知识模块页面

3. 健康指数

给出 4 种不同健康状态的计算方式与计算状态分数时的涉及参数。

### 三、实施效果

大型电网物资质量检测基地智能运维平台已进行应用落地，如图 4-53 所示，并解决了以下实际问题。

（1）针对多物资类别异构检测数据的统一接入问题进行解决并验证其可行性与可靠性，为开展物资质量云检测打下基础。

（2）对检测数据准确度影响因素进行分析，提出有限元仿真方法对试验结果进行判定，保障目标试验的准确性。

（3）分析检测设备故障信息，建立检测设备故障诊断的神经网络模型对设备故障进行智能诊断并制定健康状态的

图 4-53　大型电网物资质量检测基地智能运维平台

指标体系来降低设备事故的发生，提高了设备故障诊断及维护水平。

（4）建立并完善柔性多目标调度模型，改善了调度研究中出现的求解效率低、调度结果待优化现状，通过智能调度为检测基地的高效率运行提供重要手段。

（5）设计了面向工业互联网的智能运维平台总体技术架构及功能模块并将关键技术嵌入其中，解决检测基地平台需求的问题，为智能运维技术提供支撑。

通过以上对于大型电网物资质量检测基地智能运维系统平台的开发、设计、搭建、应用及验证，能够使各类运维数据得到充分处理及分析，能够在所提出的系统平台的保障下保证检测基地正常运行，能够及时处理各类突发情况以及安全事故，能够在满足日常检测需求的情况下做到智能调度以便于效率最大化，且预留出的设计余量能促进后续开发与创新，使检测基地不断向智能化、高效化、安全化大力发展。

### 4.3.2　基于数字孪生的电工装备智慧生产管控平台

#### 一、案例背景与需求

《中华人民共和国国民经济和社会发展第十四个五年规划和2035年远景目标纲要》中，"加快数字化发展，建设数字中国"作为独立篇章，将打造数字经济新优势，坚持新发展理念，营造良好数字生态，列为"十四五"时期目标任务之一。在《中国制造2025》规划中要求加快推动制造业创新发展，提质增效，实现从制造大国向制造强国转变。数据资源已变得越来越重要，如何"激活数据要素潜能"，打造数字经济新优势，已成为企业数字化转型亟须思考的问题。同时，国家电网公司大力建设现代智慧供应链体系，开展电工装备智慧物联平台（EIP）建设，加强对供应商生产过程的在线监造，对质量提出了更高的要求。基于此，绝缘子生产车间亟须通过数字化转型，解决当前自动化程度低、状态感知困难、数据孤岛、风险防控能力不足等迫切问题，全面提升数字化管理能力，同时满足客户的管理要求，提升企业综合竞争力和客户满意度，实现可持续发展。

绝缘子生产车间的生产线拥有注射及挤包穿伞两种复合绝缘子生产工艺，年产能为100万支110kV标准产品，车间整体生产流程自动化程度不高，部分生产环节自动作业模式和人工作业模式并存，人力成本高居不下；车间采用传统的仓储管理模式，入库、配发、出库等环节均采用人工管理，存在大量重复性、机械性的工作，劳动强度高，效率低，无法准确核对库存，库存积压大，仓储成本居高不下。同时，复合绝缘子的市场需求增速较快，尤其是高档次复合绝缘子产品，企业目前的生产能力无法满足市场需求，亟须提高效率，提升产能，占领市场。因此，企业必须积极应对经营形势变化，在思想和行动上保持紧迫感，大力开展降本增效工作，保持企业的运行活力。

#### 二、实施案例

数字孪生技术就是创建物理实体的虚拟实体，可以将现实世界中的设备、人员、流程及其状态信息"搬"到"云"上，借助历史数据、实时数据以及算法模型等，模拟、验证、预测、控制物理实体全生命周期，以全新的方式，使各个环节无缝衔接，持续提升生产效率，最大限度地降低故障率。基于数字孪生的电工装备智慧生产管控平台是一个集各类信息深度融合、精细化管理、智能化安全监测、综合决策分析，统一协同指挥调度等于一体的创新管理和运营的大数据可视化平台，借助数字孪生技术，通过内建生产设备数字化体系、生产流程优化体系，实现生产流畅、管理高效、风险可控、反应及时、产能提升、智慧运营，达到企业降本增效，提升自身竞争力的目的，总体目标如图4-54所示。

（一）构建虚实结合的数字孪生车间

1.建立虚拟车间

（1）为各类生产要素建立数字孪生模型。绝缘子生产车间致力于电工装备物资的生产，拥有多种生产设备，如硅橡胶注射成型机，电动注塑机，激光打码机等，多种设备之间既存在并行生产也存在串行协同。基于数字建模技术为各类生产要素建立生产设备数字孪生模型，并将采集的运行监测数据、设备全寿命周期数据及环境数据输入模型，使物理实体设备实时状态信息精准映射到数字孪生模型上，实现设备状态可视化。以硅橡胶注射成型机为例，在生产硅橡胶复合绝缘子的过程中，硅橡胶注射成型机是关键设备，运行状态直接影响硅橡胶复合绝缘子的产品质量。参照实际硅橡胶注射成型机建立的数字孪生模型，形态上保持一致，生产设备数字孪生模型建立完成后，能够实时反映真实设备的生产状态，如是否开机、所处生产环节、当前生产数据等。硅橡胶注射成型机及其数字孪生模型如图 4-55 所示。

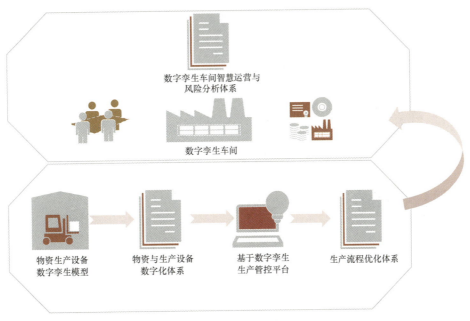

图 4-54　总体目标

图 4-55　硅橡胶注射成型机及其数字孪生模型

（2）按实际生产车间布局，建立虚拟车间。虚拟车间是车间人、机、物、环境等生产要素的物理模型、行为规则的集合，是物理车间在虚拟环境下的展现。为了更好地还原数字空间中设备的工作条件以及多台设备联合工作的情形，不仅要构建生产设备三维数字孪生模型，还需要构建车间厂房以及辅助设备的数字孪生模型，使设备数字孪生模型在数字孪生车间中具有与实际生产车间高度一致的分布状态，车间布局整齐、方便生产、便于管理。基于数字孪生的虚拟车间如图 4-56 所示。

图 4-56　基于数字孪生的虚拟车间

## 2. 实现信息互通

虚拟车间的建立，只是完成了"骨骼"的搭建，信息的双向互通才是实现"经络"的覆盖。

（1）打通各类生产数据实时采集的通道。通过对设备进行智能化改造，一方面，确保通过 TCP/IP 协议可对设备关键参数进行采集；另一方面，对于不能直接进行信息采集的设备，通过增加传感器来实现信息的感知。比如，用于物流运输的 AGV 叉车及其数字孪生模型如图 4-57 所示。生产车间在生产活动中非常重要的步骤是各种物料的运送，叉车在物流过程中起着至关重要的作用，是连接生产活动和仓储活动的重要一环。通过使用智能 AGV 叉车代替原有人工作业，可

图 4-57　AGV 叉车及其数字孪生模型

提高运输效率。虚拟车间与 AGV 叉车控制系统建立信息通道，通过实时采集 AGV 叉车当前的任务、位置、方向、速度、电量等信息，实现状态数据的实时采集和监测，掌握 AGV 叉车的运行状况并在虚拟车间中通过三维动画的形式进行直观展示。同时，通过信息通道，能够对 AGV 叉车的任务和状态进行调整，从而更好地分配运输任务，规划行进路线。

（2）建立"感知－分析－决策－执行"全过程数据闭环。虚拟车间从物理车间获取生产数据并实时反映物理车间的生产运作情况。虚拟车间基于信息感知、数据分析等手段，在生产设备、制造过程以及车间运行层分别建立物理车间和虚拟车间"感知－分析－决策－执行"全过程数据闭环，如图 4-58 所示，从而使车间生产更加

图 4-58　"感知－分析－决策－执行"全过程数据闭环

透明，解决了生产过程中的资源短时冲突、计划协同性差、资源效率低等问题，实现车间制造资源的优化配置。

## 3. 实现流程再造

完成虚拟车间建立和实现信息互通后，如何实现车间的更高效运转成为重点任务。通过对生产车间业务流程的梳理和分析，对孪生数据进行深度挖掘，提出了复杂环境下的大数据预测—响应动态调度模型，如图 4-59 所示，从整体上优化生产流程，包括缩短各环节间衔接时间、优化物流运输路径、调整资源配置方式、缩短生产周期、提升设备利用率等。

图 4-59　大数据预测—响应动态调度模型

企业生产过程中设备、物料、人员等因素持续动态变化，如生产工序时间不确定、物料入库和准备时间不确定，物料类型和数量不确定等。不确定性事件也时有发生，如订单加急和订单取消，检测设备异常和故障等，这些因素都对企业业务的顺利开展和按时完成影响巨大。针对车间中生产工序时间不可控、物料数目变化以及设备故障等动态和不确定性因素，基于智慧生产管控平台持续收集的生产过程中产生的各种历史相关数据，采用机器学习、专家系统等方法对生产过程进行预测，利用基于代理的框架探索启发式或元启发式调度策略，设计出面向生产车间核心业务的、具有较快响应速度的生产流程智能调度策略，并据此对生产业务流程进行动态优化。比如，当系统预测动态不确定事件即将发生时，则相应动态事件将通过动态调度过程分解模型来确定，即根据具体不确定事件，制作出能快速响应的动态调度方案，将不确定性环境下的动态调度问题转化为多个连续确定环境下的静态问题。

为了求解大数据预测—响应动态调度模型，基于优化理论和析取图方法，研究针对该模型的优化算法，最终开发出与生产车间业务领域知识有机融合的多目标动态调度模型优化算法，并成功应用于虚实结合的数字孪生车间进行流程再造，极大地提高了生产效率。

另外，利用基于数字孪生的智慧生产管控平台实时采集物理车间的生产计划、物料消耗、生产进度、产品检验、零部件流转、资源使用、人员信息等数据，在虚拟空间进行物流、生产效率和产品计划达成率的准实时（以天为单位）仿真分析，基于仿真结果对物理车间的人员、物料、设备、工装、工具等资源进行优化调度，提升生产效率和资源能源利用率，实现数据驱动的智能化生产。

（二）建立基于数字孪生的电工装备智慧生产管控平台

以数字孪生车间为基础，建立电工装备智慧生产管控平台，在孪生车间之上，搭建运营管理、生产监控、库存管理、安防管理、人员管理、资产管理、统计报表、质量追踪等高级应用，采用可视化的技术手段进行监控和管理，实现数据价值的深层次挖掘和应用。

1. 以可视化的形式实现全量数据监控

基于智慧生产管控平台将指标数据和相关信息节点数据实时汇总、处理分析并进行可视化展示，采用看板、视频、三维仿真等方式，在车间孪生数据的驱动下，实现产品全加工过程的实时监控、过程优化及远程控制，如图 4-60 所示。同时在车间现场安装展示大屏，展示实时生产数据，让作业人员能够了解当前的生产进度，从而调整自身的工作状态。

2. 建立基于二维码标记的全流程追溯体系

生产过程中物料、在制品、成品在车间混合流动，各生产环节前序物料准备状况无法准确、实时获取，难以掌握生产过程信息。一旦出现质量问题，无法实现生产环节的精准追溯，快速定位问题所在。因此，使用二维码对生产过程中的在制品进行身份标记，记录各环节的生产设备、生产人员信息并将其采集至管控平台，全流程追溯。同时，通过智慧生产管控平台，将原材料信息、质量信息、仓储信息、配送信息与二维码相关联，从而实现产品质量的全程追溯，如图 4-61 所示。

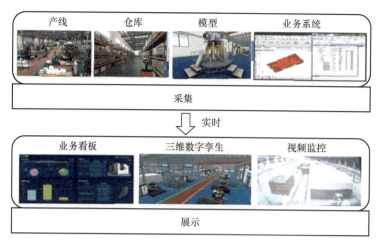

图 4-60　产品全加工过程的实时监控、过程优化及远程控制

图 4-61　基于二维码标记的全流程追溯体系

3. 贯通数据，实现资源整合

为了有效地整合资源，从供应链入手，分析采购、生产、物流、仓储、销售环节存在的问题，通过数据分析发现问题并提出解决措施，有针对性地优化存在问题的环节。数据贯通及资源整合展示如图 4-62 所示。

（1）ERP 贯通。通过与国家电网公司 ERP 系统（企业资源管理平台）进行数据贯通，实现原材料库的自动化管控，提升自动化、数字化管理水平。

（2）EIP 贯通。通过与国家电网公司 EIP 系统（电工装备智慧物联平台）进行数据贯通，将工厂生产数据和实验数据实时上传，实现销售、生产、原材料信息共享和协同管理。

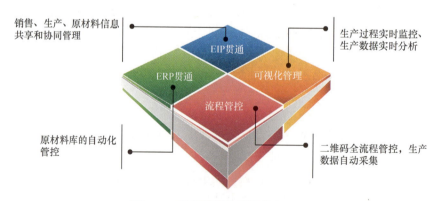

图 4-62　数据贯通及资源整合展示

（3）流程管控。通过与车间生产管理系统对接，能够实现随时查看生产任务完成情况和报工情况；通过基于二维码标记的全流程追溯体系，实现生产过程数据贯通。

（4）可视化管理。通过可视化技术，实现生产过程实时监控，生产数据实时分析，提升企业的生产管理和信息化水平。

### 三、实施效果

#### （一）为企业数字化转型打下了坚实基础

基于数字孪生的电工装备智慧生产管控平台自 2019 年 12 月上线应用以来，极大地推动了企业管理方式的变革，响应了国家数字化转型战略和国家电网公司的管理要求，充分发挥了数据在生产制造、经验管理、市场服务方面的正向驱动作用，丰富了数字化转型的有效途径，迈出了企业向数字化转型的坚实一步。当前，企业生产监控能力、风险防控能力、运营分析能力得到大幅提升，通过资源整合，也满足了国家电网公司的在线监造管控要求，为企业今后的可持续发展打下了坚实的基础。

#### （二）建立统一的信息化平台，提升企业经营管理能力

统一的信息化平台的建立，实现了企业资源配置方式的变革。利用信息化技术实现企业人、机、料、法、环的全面信息化管理，打通业务流程、信息系统和供应链数据，通过全链条数据贯通与智能分析，实现全程线上流转、数据贯通、辅助决策等管理模式创新，提升企业经营管理能力。平台投运后，生产订单自动关联、计划排产自动生成、生产任务自动下达、工单执行状况定时反馈、报工情况自动统计，将原有的人工作业模式转化为了线上自动作业模式，业务流程流转时间大幅降低 40%，真正实现了"无纸化"办公；通过自动化的库存管理、高效的物流搬运和生产流程的优化，使得原材料利用率更高，周转更快，降低直接材料成本 5%，提升库存周转率 15%；平台通过 AGV 运输替代现有人工叉车运输，自动完成物流任务调度及执行，实现车间内物料自主流转，物流效率提升约40%；平台实时监控生产过程中的设备状态、环境状态、半成品数量、原料库存数量、待发货数量等信息，及时动态调整任务分配策略，提前做好前序环节资源准备，避免等待，主要生产设备利用小时数平均提升约 35%。自平台应用后，整体产品生产周期缩短 30%、在制品减少 30%、产能提升 20%，累计实现利润 400 余万元。

#### （三）加强市场反应能力，提升企业竞争力

基于数字孪生的智慧生产管控平台将高素质的人员、智能化的设备、先进的管理模式、稳定的环境因素有机融合并将这些关键要素与产品生产过程进行无缝关联。平台投运后，原料入场试验及产品出厂试验结果及时反馈，确保"带病"原料不会进入生产流程，"带病"产品无法出库，有效地保障了产品质量。同时，通过二维码全流程精准追溯，能够快速定位问题所在，及时消除故障，避免因反馈、处理不及时而造成的生产浪费。

平台对库存数据、流程数据、生产数据进行自主分析，及时预警原料短缺、工期紧张、人员不足等问题。以原材料短缺为例，平台上线前，通常影响工期 4～7 天，平台投运后，通过提前预警，生产工期几乎不受影响。截至 2021 年 6 月 30 日，平台共预警风险15 条，内部风险防控水平得到大幅提升。

平台对于客户要求能够快速响应。国家电网公司在电工装备智慧物联平台（EIP）投运后，要求供应商实时上传生产过程数据及试验数据，接入情况考核结果将应用于后续招标流程，直接影响供应商中标概率。武汉南瑞在第一时间进行了接入，截至 2021 年 6 月 30 日，平台共上传约 43000 条数据至国家电网公司 EIP 平台，快速响应了客户的要求，提高了自身的竞争力。

## （四）提高了客户满意度

基于数字孪生的电工装备智慧生产管控平台基于数据整合与分析、资源共享与供应商协同，实现柔性化生产和精益化管理模式。平台从设备选型、资源配置、设备布局、在制品物流、原材料配送、现场物料存储等方面进行柔性管控，满足客户多样化需求，实现快速响应、精准定位、按期交付，助力市场开拓。2020年底，国网电力科学研究院组织了企业客户满意度调查，其中武汉南瑞绝缘子以95.31分排名第一。此外，数字孪生技术形成的数据信息交互机制还可以强化组织的动态能力，使组织在面对复杂的外部创新环境时能够有效整合、建立并重构内外部资源，这种动态能力能够帮助企业应对激烈的市场竞争，增强竞争力，提高客户满意度。

第 5 章

# 区 块 链 技 术

质检数据是电网企业内部的数据资产，因此具备严格的权限审查机制。在传统的数据共享模式下，各质检数据通过系统接口对接来实现数据的交互共享，不同的系统对同一数据在语法、语义等方面都存在差异，缺乏共享的标准化处理。相同数据在不同业务流程、系统中的流转校验、可追溯以及数据安全保障方面，传统架构存在一定的不足。实现结构化电力质检数据的存储与加密机制是现阶段亟待解决的问题之一。

由于电力设备检测过程中存在各主体数据的安全性、方便性、共享性效果偏低的问题，且清分结算过程中的智能化、可信化、便捷化亟须改变，不同系统之间存在"数据孤岛"现象，导致检测过程中透明度、公信度有待提升。基于中心化数据库的数据分析，各方对分析结果并不能达成共识，不能较好地产生的共享经济。区块链技术的出现，设计质检数据共享机制的新物资质量管控体系，能够实现电力物资质量检测数据的安全共享。

## 5.1 概述

### 5.1.1 区块链的基本概念

区块链这一概念首次出现在比特币白皮书中，但是该白皮书并未对区块链做出精确定义。虽然近年来区块链的潜力被逐渐挖掘并应用到货币系统之外的诸多领域，但由于其技术本身还不够完善，变体也有很多，所以截至目前依然没有一个确切的定义。现有的成熟区块链系统，如比特币、以太坊等，其顶层应用主要完成价值交换的功能，因此也常将区块链技术称为分布式账本技术。

#### 一、区块链的定义

区块链是一种分布式账本，其节点涉及数据加密、时间戳与共识机制。从狭义上讲，区块链是数据块按照时间先后顺序排列成链中的特定数据结构，并且加密保证了不可篡改或伪造的分布式共享账本，可以安全、简单地存储有时间先后顺序的并且可以在系统中验证的数据。从广义上讲，区块链通过加密算法使用链式结构来验证和存储数据，使用共识机制来生成和更新数据，利用智能合约自动化脚本代码来编码和操作数据。区块链技术的核心在于分布式，不需要第三方可信机构的存在，避免了第三方中心化系统普遍存在的低吞吐量、高延迟和存储非安全等问题。传统数据处理模式如图 5-1 所示，区块链模式如图 5-2 所示。

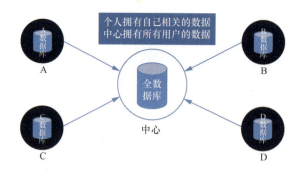

图 5-1　传统数据处理模式

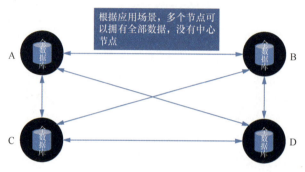

图 5-2　区块链模式

## 二、区块链的分类

区块链被分为公有链、私有链及联盟链，3 种区块链对比见表 5-1。

表 5-1　　　　　　　　　　　　　　　　　3 种区块链对比

| | 公有链 | 联盟链 | 私有链 |
| --- | --- | --- | --- |
| 访问权限 | 公开读写 | 受限读写（预先定义节点） | 受限读写（通常为单一节点） |
| 性能 | 慢 | 快 | 快 |
| 共识算法 | 证明类共识算法（POW，POS，POC 等） | 传统共识算法（Raft，PBFT 等） | 传统共识算法（Raft，PBFT） |
| 身份举例 | 匿名、假名比特币、以太坊 | 已知身份 Fabric | 已知身份 R3 Corda |

1. 公有链

公有链即公共区块链，指世界上的任何人都能进行读取和发送的交易，并且该交易能够获得有效性的确认，任何人都可以参与其中。区块链的共识机制将会决定区块是否可被添加到区块链中并且明确当前状态。

公有链的特点为：①用户不受开发者影响；②访问门槛低；③数据普遍公开。

2. 私有链

私有链即完全私有区块链，指的是区块链的写入权限完全的由一个组织所掌控。参与此区块链的所有节点都收到严格控制。私有链可以是个人、也可以是一个公司，独自享有该区块链的读写权限。

私有链的特点为：①交易速度迅速；②保障隐私；③大幅度降低了交易成本；④更好地保护其基本的产品不被破坏。

**3. 联盟链**

联盟链即联盟区块链，指区块链由多个或单个组织或机构管理，每个组织或机构控制一个或多个节点，一起对交易的过程等内容进行数据记录，且只有这些组织或机构能够对该区块链中的数据进行读写和发生交易。

联盟链的特点为：①部分去中心化；②可控性强；③数据默认不公开；④交易速度快。

### 三、区块链的特征

**1. 去中心化**

区块链的基本特征是去中心化，这意味着区块链不依赖中央处理节点来实现分布式记录，数据存储和更新。因为使用分布式存储和计算能力，没有中心化的应届和管理部分，故整个网络中节点的权利和义务是相等的，系统中的数据由整个网络的节点一起维护。区块链中的每节点都遵循同一原则，该原则是基于密码算法而非信用，而且每次进行数据的更新都需要网络中其他用户的允许，所以不需要第三方中介机构或信任机构的背书。在传统的集成式网络中，攻击中心节点会破坏整个网络，而在去中心化的区块链网络中，对一个节点进行攻击是没有办法进行整个网络的控制和破坏的，对网络中超过 51% 的节点进行掌握仅仅只是得到控制权的开始罢了。

**2. 透明性**

区块链对整个网络节点公开数据记录和更新操作，因为区块链系统使用的是开源程序，开放规则和高参与度。区块链数据记录和运行规则可被整个网络节点进行审查和追溯。

**3. 开放性**

因为区块链系统是对外开放的，所以除了有关私有信息的数据被加密之外，区块链的其他数据是对整个网络中所有节点公开的。所有人与参与节点都可以对区块链记录或开放相关应用进行查询。

**4. 自治性**

整个系统中的节点能对在去信任的环境中自由并且安全的交换数据，是因为区块链技术所使用的是协商一致的规范与协议。让对"人"的信任变成了对机器的信任，所有的人为操作都不能干预。

**5. 信息不可更改**

一旦区块链系统中的信息验证通过后，添加到区块链中它会被永久的存储并且不可更改。若非可以同时对整个系统中超过 51% 的节点进行控制，不然是无法进行修改的，所以区块链的数据稳定与可靠性极高。

**6. 匿名性**

区块链技术解决了节点之间的信任问题，所以数据的交换和交易都可在匿名的情况下完成。节点之间的数据交换遵循固定且预测的算法，故其数据交互是无须信任的，它可以基于地址而不是个人身份来完成，因此交易双方无须公开身份让对方信任。

### 四、区块链的结构

区块是区块链的核心单元，其结构如图 5-3 所示。区块链由区块互相连接而成，其结构如图 5-4 所示。区块包含区块头和区块主体两部分，区块头主要包含的 3 组元数据分别为父区块哈希值数据、时间戳与随机数、Merkle 树根数据，区块的大部分功能都由区块头实现。区块主体起到记录交易信息的作用。区块使用其父区块哈希值找到前一个区块，将区块连接起来就形成了具有链式结构的区块链。

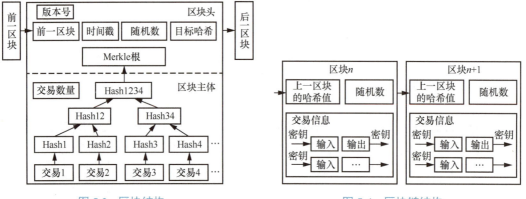

图 5-3　区块结构　　　　　　　　　　　图 5-4　区块链结构

## 五、区块链的四大基础核心技术

### 1. 分布式账本存储

分布式账本技术是一种在网络成员之间共享、验证和同步、记录成员之间交易的分布式数据库，需要匹配一个点对点网络和共识算法，节点成员一般是地理上分开的，每个节点都存储一套账本的副本，没有中央管理者和中心化的数据存储。分布式账本中的每条记录都有一个时间戳和唯一的密码签名，这使得账本成为网络中所有交易的可审计历史记录。

### 2. 加密算法

区块链对密码学的直接需求主要基于确定所属权和保护数据隐私两方面的考虑。由于电子数据易于复制的特性，数字形式载体的资产（资产表明蕴含价值的东西）无法像物理形式载体的资产那样较容易地证明所属权，因此需要使用密码学中的数字签名技术来证明数字资产的所属。区块链系统中的账本由网络各节点共同维护，账本数据公开透明。这些公开的数据记录可能会造成隐私泄露，因此，需要借助密码学相关技术匿名化处理交易信息。区块链中所用密码学算法包括哈希函数、Merkle 树、数字签名、椭圆曲线签名算法、环签名算法、零知识证明、抗量子密码算法等。

### 3. 共识机制

区块链可以理解为互联网中的去中心化记账系统，区块链需要在去中心节点的情况下，使各个诚实节点记账数据的一致。区块链解决了可信信息在不可信信道上传输、价值转移的问题。而共识机制解决了区块链即使在分布式场景中也能使节点记账数据一致性的问题，奠定了系统的安全性。在区块链中，目前主要有工作量证明（Proof of Work，PoW）、权益证明（Proof of Stake，PoS）、股份授权证明（Delegated Proof of Stake，DPoS）及实用释占庭容错（Proctical Byzantine Fault Tolevance，PBFT）4 种主要的共识机制。

### 4. 智能合约

区块链 2.0 以以太坊为代表实现了更复杂的分布式合约记录——智能合约。合约记录在区块链中，一旦满足了合约的触发条件，预定义的代码逻辑能够自主执行，执行后的结果上链不可更改。智能合约是一种特殊协议，旨在提供、验证及执行合约，它允许我们在不需要第三方的情况下，执行可追溯、不可逆转和安全的交易。智能合约包含了有关交易的所有信息，只有在满足要求后才会执行结果操作。智能合约和传统纸质合约的区别在于智能合约是由计算机生成的，不受任何人为干预影响，具有公平、公正、透明的特性。

### 六、区块链的工作流程

区块链的工作流程如图 5-5 所示。

（1）发送节点将新的数据进行记录并且广播到区块链网络中。

（2）对节点收到新的交易后，会对交易进行共识验证，检查信息的合法性等，然后将检验通过的数据记录纳入一个区块里。

（3）当新区块被成功创建并通过共识机制验证后，会将新区块广播到整个网络，通知其他节点。

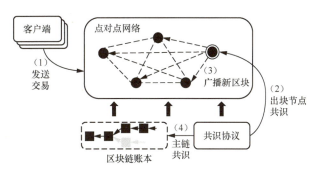

图 5-5　区块链的工作流程

（4）其他节点在接收新区块后，会验证区块的有效性，包括交易的合法性和共识规则的遵守。如果区块被大多数节点接受和验证，它就被添加到区块链的末尾。

## 5.1.2　区块链的应用现状

区块链的应用领域已经扩展到多个行业，如供应链、政府服务、物联网、新能源等。通常认为目前适合的场景至少有 3 个特点：①有分散、多方参与和写数据的要求；②数据真实性要求高；③在初始情况下，需要多个不希望相互存储的参与者建立分布式信任。

为贯彻落实中央关于加快推动区块链技术和产业创新发展的重大决策部署，顺应数字经济和能源转型发展趋势，全面支撑公司电力物联网建设，国家电网公司于 2019 年启动了区块链公共服务能力建设工作，在全面分析区块链技术与发展趋势的背景下，结合公司业务发展需求，创造性地提出了"一主两侧"区块链架构体系，并在产业链金融、综合能源交易、物资电商化采购、司法存证等方面开展了研究与试点探索。

国网链是国网公司基于自主研发的区块链技术推出的企业级区块链服务平台，基架构体系如图 5-6 所示。国网链致力于解决总部及省（市）公司各类业务领域下的区块链应用场景，推动区块链技术在能源电力领域的规模化、生态化发展。结合公司实际业务需求，开创式的提出"一主两侧多从"的公司级区块链平台架构。国网链共包括主链、交易侧链、数据侧链、网省从链及堆栈从链 4 部分，其中主链位于北京数据中心，为总部一级部署系统提供存证类区块链服务；交易侧链位于西安数据中心，为总部一级部署系统提供交易类区块链服务，数据侧链位于上海数据中心，为总部一级部署系统提供数据共享类区块链服务。山东、浙江、河南、青海、山西、福建、四川、辽宁 8 家为从链建设单位，其他省公司从堆栈从链上链。国网链总体架构如图 5-7 所示。目前国网链处于初步建成阶段，其性质属于私有链，尚未实现与司法链或者能够提供第三方司法存证服务的联盟链的互联互通。未来规划中，国网链可以实现与央企链、行业链的互联互通。

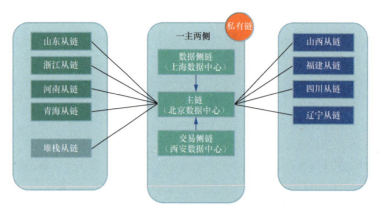

图 5-6    国网链架构体系

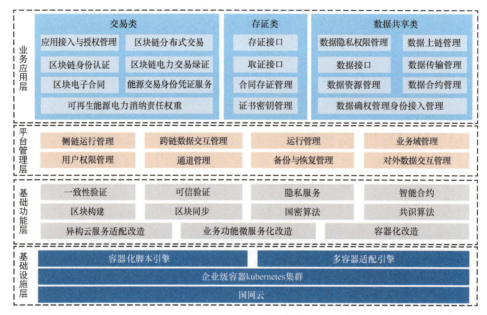

图 5-7    国网链总体架构

## 一、国网链的试点应用

2020 年，国家电网公司在区块链技术研究与试点应用方面，重点探索能源、金融、政务三大领域 12 项试点应用，挖掘区块链在公司生产、经营、服务等业务创新中的应用价值。各类应用探索统一基于公司级区块链公共服务平台构建，遵循国网链"一主两侧"的主侧链应用原则。

### （一）能源领域的试点应用

1. 电力交易类应用

开展可再生能源消纳责任权重、分布式发电市场化交易、市场主体信用评价等业务试点应用，探索智能合约技术应用，研究电力能源交易模式创新机制，推动基于区块链的市场信息与数据共享，打造精益化电力交易管理体系，助力电力交易市场化改革。

2. 新能源云类应用

开展新能源云业务试点应用，整合全产业链资源，打通电源端、用户端等多环节，基于区块链实现新能源规划建设、运行维护、生产经营中多方主体互信互动、业务融通协同，营造良好的营商环境，促进新能源消纳和产业良性发展。

3. 物资类应用

开展供应履约、质量检测等业务试点应用，运用区块链技术解决部分业务环节传统模式下合同单据、检测报告等信息保真能力不强、互信度不高、投诉纠纷处理难等问题，实现可信共享的物资全生命周期管理。

4. 安全监管类应用

开展安全监督、台账治理、重大活动保障等业务试点应用，在数字化工作票、人员管理、违章记录、防护日志、端口管控等方面，利用区块链防篡改特性实现全过程可信溯源，提升作业人员安全风险防范意识，实现安全生产"穿透式"管理。

5. 调控运行类应用

开展调控模型、源端维护等业务研究和试点应用，利用区块链数据防篡改、可溯源、多点共识等特性，为调控运行提供稳定可靠的模型数据基础。探索区块链技术在调度倒闸操作网络化下令等方面的应用，提高调度工作效率，提升调控管理能力。

**（二）金融领域的试点应用**

1. 智慧财务类应用

开展电子发票、资金监管等业务试点应用，利用区块链加密算法、智能合约等技术优化财务业务流程，加快信息传递速度，促进数据共建共享，提高业务办理效率，降低财务风险。

2. 线上产业链金融类应用

开展线上产业链金融业务试点应用，利用区块链实现信用传导，提高审批验证、合同签约、票据流转等效率，缓解中小企业融资难、融资贵问题，助力中小微企业发展。

3. 电力保险类应用

开展停电保险、保险替代保证金等业务试点应用，研究区块链保险自动理赔模型，打造智能保险产品，实现产品自动赔付，提高保险服务效率，促进业务创新。

**（三）政务领域的试点应用**

1. 司法存证类应用

依托国网电商公司作为北京互联网法院"天平链"节点优势，在北京互联网法院指导下试点开展法院管辖范围内电子商务合同等重要法律凭证的司法存证服务，实现事后取证向同步存证转变，弥补证据滞后性和真实有效性争议等缺陷，降低公司潜在法律风险。

2. 征信类应用

开展征信业务试点应用，利用区块链公开透明特性提升信用评价数据真实性，提高面向政府、面向企业的征信服务水平，以信用建设推进国家治理现代化。

3. 一网通办类应用

开展政务数据和电力数据互联互通业务试点应用，通过区块链技术提高身份授权管理、经营证照多端应用、电子档案管理、一证办电等服务的公信力和数据安全性，让数据多跑路、人民群众少跑腿，提高企业和居民满意度。

4. 数据管理类应用

开展数据共享交易业务试点应用，实现数据源头的登记确权、数据使用的授权验证、数据管理的调用溯源、数据共享的可信计量等服务，促进电网数据的开放共享、安全合规，实现电网数据资产的高效管理和运营。

## 二、物资类区块链的应用

物资类区块链主要应用在供应履约和质量应用（检测数据、供应商资质、履约、评价）方面。

### （一）供应履约

实现了电子合同上链、履约电子单据上链及线上存证，如图5-8所示。结合ECP2.0的电子合同签约流程，对身份认证、电子合同起草、审批、签署、变更、生效等环节的核心字段数据以及签约生效的电子合同进行上链。初步实现交接单、验收单、采购供货单的相关数据采集和上链，后续扩展至质保单、电子结算单据等其他履约电子单据。在电子合同、电子履约单据存证过程中，将上链数据同步到司法链，或者具有司法机关、仲裁、公证处节点的联盟链进行存证，获取存证编号。法院诉讼平台可连接上述存证平台获取原始电子证据，并与链上数据进行验证。

**电子合同上链**

结合ECP2.0的电子合同签约流程，对身份认证、电子合同起草、审批、签署、变更、生效等环节的核心字段数据，以及签约生效的电子合同进行上链

**履约电子单据上链**

初步实现交接单、验收单、采购供货单的相关数据采集和上链，后续扩展至质保单、电子结算单据等其他履约电子单据

**线上存证服务**

在电子合同、电子履约单据存证过程中，将上链数据同步到司法链，或者具有司法机关、仲裁、公证处节点的联盟链进行存证，获取存证编号。法院诉讼平台可连接上述存证平台获取原始电子证据，并与链上数据进行验证

图5-8 供应履约示意

### （二）质量应用

#### 1. 检测数据

实现了对质量数据台账管理、质量数据上链、质量预检管理、质检报告管理及质检结果管理，如图5-9所示。

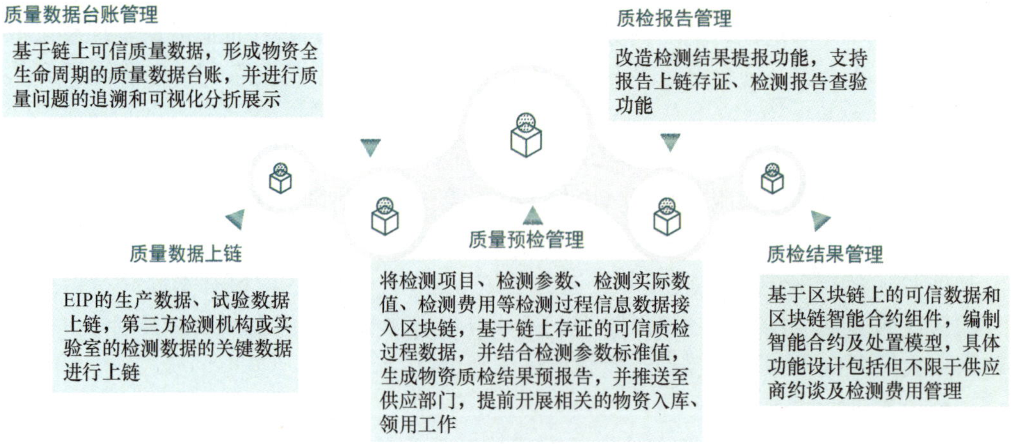

**质量数据台账管理**

基于链上可信质量数据，形成物资全生命周期的质量数据台账，并进行质量问题的追溯和可视化分析展示

**质检报告管理**

改造检测结果提报功能，支持报告上链存证、检测报告查验功能

**质量数据上链**

EIP的生产数据、试验数据上链，第三方检测机构或实验室的检测数据的关键数据进行上链

**质量预检管理**

将检测项目、检测参数、检测实际数值、检测费用等检测过程信息数据接入区块链，基于链上存证的可信质检过程数据，并结合检测参数标准值，生成物资质检结果预报告，并推送至供应部门，提前开展相关的物资入库、领用工作

**质检结果管理**

基于区块链上的可信数据和区块链智能合约组件，编制智能合约及处置模型，具体功能设计包括但不限于供应商约谈及检测费用管理

图5-9 检测数据示意

2. 供应商资质、履约、评价

实现供应商资质管理和供应商评价管理，如图 5-10 所示。供应商资质管理包括资质审查、资质上链、资质检索、资质撤销。通过发布资质审查需求，添加供应商资质明细信息，同时按照区块链要求进行数据标准转换，确认资质后提交上链，并按照智能合约要求进行数据规范准备，如果存在链上，则复用，如果不存在，则重新资质审查，并将审查结果上链，对过时的资质审查进行撤销。供应商评价管理包括发布供应商评价、评价上链、评价签名、评价查询及异议申请。确认评价后提交上链，并按照智能合约要求进行数据规范准备，对于评价的信息在上链的同时，根据预先设定的签名策略，使用当前管理员的密钥进行签名，防止恶意评价。

### 供应商资质管理

资质审查→资质上链→资质检索→资质撤销

包括发布资质审查需求、资质上链、资质检索、资质撤销。通过发布资质审查需求，添加供应商资质明细信息，同时按照区块链要求进行数据标准转换，确认资质后提交上链，并按照智能合约要求进行数据规范准备，如果存在链上，则复用，如果不存在，则重新资质审查，并将审查结果上链，对过时的资质审查进行撤销

### 供应商评价管理

供应商评价→评价上链→评价签名→评价查询→异议申请

包括发布供应商评价信息、评价信息上链、评价签名、评价查询、评价异议申请。确认评价后提交上链，并按照智能合约要求进行数据规范准备，对于评价的信息在上链的同时，根据预先设定的签名策略，使用当前管理员的密钥进行签名，防止恶意评价

图 5-10　供应商资质、履约、评价示意

## 5.2　基于区块链的质检数据存证与共享关键技术

### 5.2.1　基于区块链的质检数据存储

#### 一、质检数据类型分析

电力检测报告基本数据主要包括：①检测报告基本信息；②注意事项；③检测样品信息；④检测结果汇总信息；⑤各类检测设备及被检测物资异动情况（进度异动、试验异动、其他异动）；⑥检测报告正文（包括检测环境、检测过程数据、检测日期等）；⑦主要检测仪器设备信息；⑧检测样品实物图。

电力设备物资检测数据类型分为结构化数据和非结构化数据两种。

#### （一）检测报告结构化数据概述

1. 检测报告基本信息

检测报告基本信息见表 5-2。

2. 检测报告样品信息

检测报告样品信息见表 5-3。

3. 检测结果汇总

检测结果汇总见表 5-4。

表 5-2 　　　　　　　　　　　　　　检测报告基本信息

| 字段名称 | 字段类型 | 必选填 | 备注 |
|---|---|---|---|
| report_id | string | 必填 | 报告编号 |
| product_name | string | 必填 | 样品名称 |
| product_model | string | 必填 | 样品型号 |
| client | string | 必填 | 委托单位 |
| category | string | 必填 | 检测类别 |
| release_date | Date | 必填 | 发布日期 |

表 5-3 　　　　　　　　　　　　　　检测报告样品信息

| 字段名称 | 字段类型 | 必选填 | 备注 |
|---|---|---|---|
| Sample_name | string | 必填 | 样品名称 |
| Sample_model | string | 必填 | 样品型号 |
| Client | string | 必填 | 委托单位 |
| Product_unit | string | 必填 | 生产单位 |
| Sample_status | string | 必填 | 样品状态 |
| Arrival_date | date | 必填 | 到样日期 |
| Sample_num | string | 必填 | 样品数量 |
| Sample_code | Uint32 | 必填 | 抽检编码 |
| Detect_location | string | 必填 | 检测地点 |
| Detect_date | date | 必填 | 检测日期 |
| Detect_basis | String | 必填 | 检测依据 |

表 5-4 　　　　　　　　　　　　　　检测结果汇总

| 字段名称 | 字段类型 | 必选填 | 备注 |
|---|---|---|---|
| Serial_num | Uint32 | 必填 | 序号 |
| Sample_item | String | 必填 | 检测项目 |
| Standard | String | 必填 | 标准要求 |
| Detect_result | String | 必填 | 检测结果 |
| Conclusion | String | 必填 | 结论 |

（二）检测报告非结构化数据概述

除了包含结构化数据外，电力物资设备检测报告中，还包含多种形式的非结构化数据，主要由如下部分组成。

1. 检测报告正文

检测报告正文是对检测过程中每一项试验的详细记录，其中包括环境、检测产生的过程数据和结论等，如环境条件、测量指标、检测结论、检测日期、检测人员。

2. 样品信息

样本信息描述检测样品的主要参数，不同的检测样品其包含的铭牌参数不同。比如干式变压器的样品信息，其中包括名称、序列号、生产厂家、额定容量、额定电压、分接范围、冷却方式、绝缘水平、短路阻抗、连接组标号、绝缘耐热等级、额定频率、额定电流等。

3. 主要检测仪器设备

主要检测仪器设备是记录检测过程涉及使用到的仪器信息，其中包括仪器名称、型号、仪器编号、测量范围、准确度等级、最大允许误差、测量不确定度、证书号、有效期、检测场景等。

4. 检测波形图

检测波形图是反应检测样品质量情况的图表数据，一般以波形图的形式呈现，其中横坐标一般为时间序列。

5. 样品信息

样本信息主要以图片形式，像素至少为 $1080\times720$，格式为 jpg、jpeg、png 等，图片不能小于 12kB，且要完整拍下样本的铭牌、样本正视图、侧视图。

6. 检测实验过程视频

质检检测过程需要提供视频录像数据，分辨率为 720p，帧率不能小于 15，格式可以为 mp4、flv 等。

## 二、结构化数据存储

### （一）质检数据结构

区块链是由区块有序链接起来形成的一种数据结构，其中区块是指数据的集合，相关信息和记录都包括在里面，是形成区块链的基本单元。为了保证区块链的可追溯性，每个区块都会带有时间戳，作为独特的标记。区块由两部分组成：①区块头，链接到前面的区块，并为区块链提供完整性；②区块主体，记录了网络中更新的数据信息。

基于区块链技术将质检数据信息记录在区块链当中，可以实现对质检数据的实时记录，比如委托单、检测内容项等维度信息。基于区块链的质检数据管理架构整体设计如图 5-11 所示。

图 5-11 基于区块链的质检数据管理架构整体设计

由图 5-11 可以看出，每个区块中区块头都与上一个区块通过质检数据信息链相连接，形成质检数据信息的链式结构。区块作为质检数据信息的集合，记录这一段时间范围内每条质检数据的信息或共享内容。区块头用于记录在质检数据信息链链接的上一个区块的散列函数值，保证质检数据的连续性，同时为了保证质检数据管理具有可追溯性，在区块头上还记录每一个区块中的时间戳。区块主体用于记录在一定时间范围内所有的质检数据信息以及共享信息，在区块链中的每一个节点都可以对质检数据进行管理和监督。

质检数据是电网企业内部的数据资产，因此具备严格的权限审查机制，无法与公共区块链链接并对其进行管理。因此，为了实现对质检质检数据的共享，需要建立与区块链链接的共识机制。

### （二）存储原理

质检数据存储模型结合区块链技术应用到结构化的质检数据存储的实际场景中，其具体架构如图 5-12 所示。分布式质检数据存储模型分为 2 个模块，分别为分布式存储数据库和区块链，其中存储数据库支撑区块链的存储，而区块链支撑存储数据库的安全防护。电力用户通过端设备将存储请求传至边设备，如智能融合终端、物联代理装置等，每个边设备拥有若干个存储节点，组合成数据聚合器，边设备收到存储请求后将检测结果数据需求传至各自的存储节点，其过程记录于区块链中。

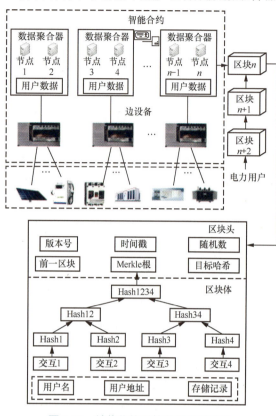

图5-12 结构化的质检数据存储架构

将结构化的质检数据采用脱链存储，只在区块体中存储委托单、检测内容项等维度信息，而将采集的原始数据存储在边设备数据聚合器的存储节点中，在存储时进行加密，加密存储过程如下。

第1步：电力用户向边设备提出存储需求，选择其中任一节点存储数据，且一定时间（如1min）内只能向该节点发送存储请求。

第2步：存储节点收到请求后回复存储响应给发送方，并提供存储服务次序号，待发送方确认后即可进行数据存储。

第3步：存储节点上传存储记录到链上的区块中，每个区块均由区块头和区块体组成。

第4步：用户对存储过程进行信用评价，系统根据结果评估该存储节点性能。

## 三、非结构化数据存储

数据的安全高效存储和安全共享是质检业务稳定可靠的重要保障。随着电力物联网建设的推进，如何对质检过程中生成的海量非结构化数据进行高效存储以及共享越来越受到关注。具体而言，检测一体化平台配调各系统间的数据需要存储和共享访问，边设备和边设备之间需要进行数据共享访问。因此，边设备和边设备之间存储的数据如何进行安全高效共享访问，以及原先各个系统的"数据孤岛"如何打通都是亟须解决的难题。

### （一）集中式存储模式的制约因素

在大数据收集、存储和使用的过程中面临着诸多安全风险，大数据泄露导致的隐私问题为用户带来严重困扰。在电力行业内，电网公司依托数据中心建设，对电力数据（包括营销数据、综合数据、ERP数据、生产数据等）进行归集与整理，在内部单位之间实现数据共享。传统集中式模式下的数据存储和共享如图5-13所示。

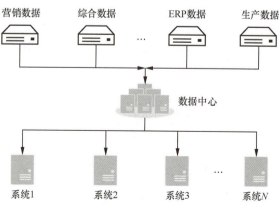

图5-13 传统集中式模式下的数据存储和共享

电力行业对于信息安全的投入很大，并且数据在行业内部单位之间流通，信息安全和信息泄露事故发生的可能性非常小。但是电力数据共享模式，由于各种客观条件的约束过于保守，没有最大地发挥电力数据的作用。互联网数据共享模式存在的问题很多，在数据来源方面，主要有通过网络爬虫爬取数据、通过合作获取数据、通过购买获取数据 3 种方式，上述数据获取方式均存在来源驳杂、数据质量难以保障、数据版权不清晰难以追溯等问题，给数据平台留有很大隐患；在共享模式上，平台获取上游原始数据后经过清洗机制对数据进行清洗增值，然后共享或交易给数据需求方，主要是通过 API 或者数据分组的形式将清洗后的数据进行共享，该方式存在数据泄露、隐私、数据版权、数据无法溯源等问题。虽然目前已有多家机构或企业开展数据共享业务，但由于没有相关标准规范约束，使得数据共享行业存在数据隐私、数据泄露、数据所有权不清等诸多问题。将区块链技术与数据共享相结合，能有效地解决这些问题。

### （二）部分分布式存储模式的制约因素

分布式的存储模式能够解决数据中心的单点性能瓶颈问题，比如基于 Hadoop 平台对电网大数据进行了优化存储；哈希桶存储方式，实现相关联数据的集中存储和多源配用电数据规范化集成，以缩短数据查询和分析耗时。基于 Spark 平台的弹性分布数据集概率模型，可有效处理可再生能源的大规模样本数据。基于动态实时优先级调度算法，通过一种数据处理任务控制调度模型，以优化数据中心的数据处理能力。但是上述方法的数据在传输和存储过程中对集中式存储中心服务器造成的访问压力巨大，吞吐量易受通信瓶颈制约。

分布式存储技术将数据信息分散存储在多个独立设备中，提升了数据存取效率。其中，区块链技术是分布式存储的重要研究方向，其存储节点通过维护一个不可篡改的公共账本以实现数据共享。而数据湖以原始数据和可用于分析的形式存储所有数据，是一种安全的辅助存储库。利用区块链技术取代集中式服务器，执行存储交互验证并借助无证书密码学进行审验。基于区块链的共享存储系统模型，在不涉及第三方的情况下为用户提供隐私保护。对于电力质量报告数据结合区块链与数据湖技术的良好特性，通过环签名和 CryptoNote 协议加密边设备存储节点间的数据，利用区块链智能合约实现数据共享。构建基于数据湖与智能合约的数据共享和访问控制模型，解决非结构化数据难共享和难访问，以及存取性能慢的问题。

虽然分布式文件系统能实现 PB 量级的数据存储，但存在访问延时较长的弊端，为了改进分布式文件系统的动态安全存储性能，通过 Mongo DB 非关系型数据库的引入，设计一种分布式文件系统与 Mongo DB 相结合的动态安全存储技术，以使非结构化大数据的动态信息存储得以实现。非结构化大数据的动态存储平台如图 5-14 所示。

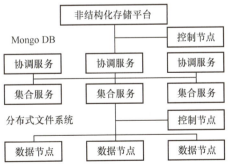

图 5-14　非结构化大数据的动态存储平台

用户模块通过访问接口，用于数据的缓存维护，提升访问速率，比如集合区域的信息；协调服务模块是为了保证总体的系统集群里有且仅有唯一一个主控制节点，该模块不仅可以完成全部集合寻址入口的存储，还能对集合服务状态进行实时监控，令主控制节点采集到实

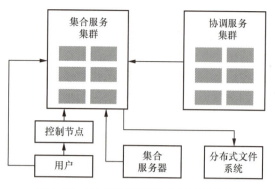

图 5-15　基于动态存储平台的结构示意

时的集合服务状态信息；控制节点模块的功能是达成集合空间的分配目标，调度元数据存储负载，检测到失效节点时转移故障，对文件系统中的垃圾文件回收请求与 Schema 的更新请求进行处理；而集合服务模块则主要解决数据的 I/O 请求以及自动分片较大数据量的集合。基于动态存储平台的结构示意如图 5-15 所示。

关于分布式文件系统框架，作为该系统核心管理者的控制节点，也叫作 Name Node，功能是对文件系统的命名空间、集群配置以及存储块复制等进行管理；数据存储的基本单元为存储节点，按照块的形式对数据进行存储，与此同时，为控制节点提供每个块的实时精准信息；而客户端部分主要是对分布式文件系统的应用程序进行获取。

网络数据的大爆发促使探究存储非结构化大数据技术变得至关重要，因此，提出新的基于区块链的非结构化大数据动态安全存储技术能够保障非结构化大数据高效的存取速率。同时，通过构建多用户规则调度模型，采用存储信息种类构建集中式存储管理模型，分离数据源与数据管理，得出区块链分布式模型，经过对授权信息的加密与解密，设计透明、完整的全部数据交互与版权信息安全流程。利用分布式文件系统记录数据信息，得到区块链的分布式文件加密系统模型。将动态存储平台 Mongo DB 非关系型数据库与其进行融合，实现非结构化大数据动态安全存储技术。

## 5.2.2　基于区块链的质检数据加密

### 一、结构化数据加密

为实现电力关键数据的可信存储，将部分数据上传至区块链进行存储，利用区块链存储数据不可篡改的特性提供数据的公信力，为后期数据的应用和开发打下坚实的基础，上链前通过中间件程序加密，下链前通过中间件程序解密，中间件程序保护数据的安全隐私。结构化数据上链和下链如图 5-16 所示。

具体的功能要求以及接口要求如下。

（1）功能要求。通过调用接口可以实现数据上链和上链数据的信息查询，分析

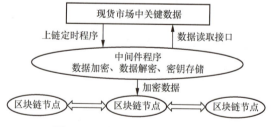

图 5-16　结构化数据上链和下链

不同上链存证数据的格式和逻辑，研究上链存储方案。提供容错重传机制，对于定时上链失败的数据可以进行提示并自动重传，针对上链数据研究有选择性地加密机制，实现将上链的数据定时下载保存到数据库以供其他应用进一步使用。

（2）接口要求。所有接口支持超文本传输（HTTP）协议，并使用一种基于 JSON 的开放标准进行安全验证。上链接口可以设置数据类型，设计上链数据不加密和加密 2 个部分，以便满足电力共享中具备不同安全权限的主体。查询接口可以根据存证 ID 进行查询，获取单个存证的内容和上链信息。提供根据上链信息进一步查询链上数据的接口。

在结构化之间数据加密过程中，数据的不可篡改性由哈希函数的不可逆向推导和非对称加密算法共同保证，数据的有效性由 SM2 签名算法保证。

### （一）哈希算法

哈希（Hash）算法又称为消息摘要算法，它是密码学算法中的一种。该算法无需借助任何密钥即可将任意长度的数据映射成一个固定长度的二进制值，这个固定长度的二进制值通常称为哈希值。哈希算法具有单向不可逆的特性，即对于任意值不管进行多少次哈希运算都会得到相同的结果，但是不能通过哈希结果反推原始数据的值，如果输入值产生微小的变化，其得到的结果将是截然不同的，因此可以利用此特性保证数据的完整性和防伪造性。密码学中常用的哈希算法有 SHA-1、SHA-2 和 MD5 等。由于 MD5、SHA-1 已经被证明是一种不安全的算法，因而区块链中使用了更可靠的 SHA-256 算法，该算法是 SHA-2 散列算法的"家族"中的一种特定算法。SHA-256 加密算法执行流程如图 5-17 所示。

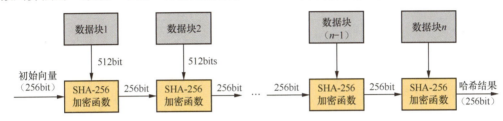

**图 5-17　SHA256 加密算法执行流程**

SHA256 的加密过程可以分为明文数据的预处理和迭代加密两步。在明文数据的预处理阶段，SHA256 加密算法是对明文数据的长度进行填充，保证明文数据可以被分解为 $n$ 个 512bit 大小的数据块。迭代加密阶段是对所分解的 $n$ 个数据块进行循环加密，上一个数据块的输出会被作为下一个数据块的输入进行计算。通过 $n$ 次计算，最后得到的 256bit 的数据就是最终的加密结果。

### （二）非对称加密算法

非对称加密算法是相较于对称加密算法来说的，如果加密和解密时使用的是同一把密钥则为对称加密算法，反之则为非对称加密算法。在非对称加密算法中密钥包含私钥和公钥两部分。私钥需要用户自身进行管理，它是用户身份的唯一证明。公钥则可以对任何人公布，其他用户可以使用公钥对两者所传递的消息进行加密或解密。虽然非对称加密算法的加密和解密速度不如对称加密算法快，但是在针对区块链中的复杂场景，非对称加密算法可以提高交易系统的安全性和完整性。在区块链中，一个账户对外暴露的公钥是由私钥经过椭圆加密算法生成的，账户使用的交易地址则是由公钥通过哈希算法得到的，它们之间是一种单向性关系，即无法从被推出的一方反推回上一方。

数字签名是指通过密码学技术运算产生各种符号及代码形成一个密码对消息进行签名，它只能由消息发送者生成，任何人不能对其进行伪造，它是对消息发送者身份的一种可靠保障。在区块链中通过该技术可以确保交易产生方的身份，当网络中的节点发起一笔交易时，该节点会对这笔交易用自身的账户私钥进行签名，当网络中参与共识的节点收到这笔交易时会通过交易发起方的公钥对该交易进行验证，如果验证失败，则不对该交易进行处理。由于每个用户的私钥都是由自身进行保管的，通过这种技术手段可以对网络中的资金安全产生有力的保障。签名与验证过程如图 5-18 所示。

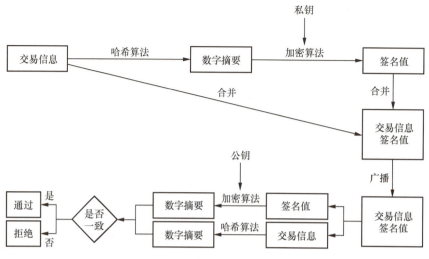

图 5-18　签名与验证过程

对于交易发送方，首先对交易信息进行哈希运算，生成数字摘要。然后交易发送方通过自身保存的私钥对数字摘要进行签名，生成签名值。最后把交易信息和签名值打包后发送给消息接收方。

对于消息接收方，首先通过交易发送方的公钥对签名值进行验证，即可判断用户身份是否正确。然后消息接收方对交易发送方发送的明文消息进行哈希运算。最后通过把签名值中的哈希值与交易信息哈希运算后的哈希值进行对比即可判断该交易是否是交易发送方所产生的原始交易数据，保证区块链中交易的安全性和真实性。

**（三）SM2 加密算法**

SM2 加密算法是由国家密码管理局在 2010 年年底发布的，它是在国际标准下的 ECC 椭圆曲线密码算法的基础上优化改进而得来的，是非对称加密算法的一种。在 SM2 加密算法没有出现之前比较常用的非对称加密算法是 RSA 加密算法，从各个方面来说，我国提出的 SM2 加密算法都要比 RSA 加密算法要好。SM2 加密算法相对 RSA 加密算法来说密钥长度更短，但其安全性更高，而且在处理速度也有所提高。

SM2 加密算法的签名过程可以分为密钥对生成、签名生成及签名验证 3 个阶段。

1. 密钥对生成

密钥对生成的流程如图 5-19 所示。

图 5-19　密钥对生成流程

$y^2 = x^3 + ax + b \bmod n$ 为椭圆曲线，$G$ 是椭圆曲线上的基点，$n$ 为基点 $G$ 的打点次数。$d_A$ 表示私钥，它的取值范围为 1 到 $n-1$。$P_A$ 表示所生成的公钥，由 $P_A$ 和 $G$ 是不能够推出私钥 $d_A$ 的。

2. 签名生成

签名值（signature）生成流程如图 5-20 所示。

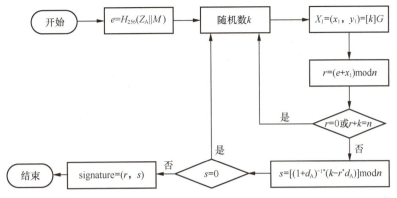

图 5-20 签名值生成流程

图 5-20 中，$M$ 表示需要进行签名的明文信息，$Z_A$ 表示杂凑值。

签名值生成的具体步骤如下。

（1）通过杂凑值 $Z_A$ 与明文信息 $M$ 进行哈希运算得到哈希摘要 $e$。

（2）生成随机数 $k$，且 $k \in [1, n-1]$ 并和基点 $G$ 进行运算得到椭圆上的点 $x_1$。

（3）根据 $x_1$ 和 $e$ 计算签名参数 $r$。如果 $r$ 不符合要求则重新选取随机数进行计算。

（4）根据私钥等值计算签名参数 $s$，如果 $s$ 不符合要求则重新选取随机数进行计算。

（5）最后输出签名值 signature= $(r, s)$，签名流程结束。

3. 签名验证

签名验证流程如图 5-21 所示。

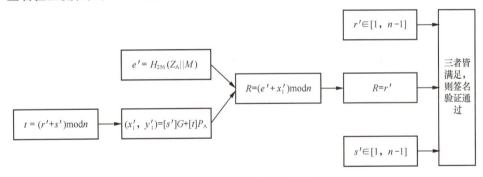

图 5-21 签名值验证流程

签名验证的具体步骤如下。

（1）将签名值 $(r, s)$ 转化为两个数 $r'$ 和 $s'$，并对其进行验证如果 $r'$ 或 $s'$ 任意一个数小于 1 或者大于 $n-1$ 则验证失败，直接返回。

（2）对明文信息 $M$ 按照签名流程的方法与杂凑值生成 $e'$。

（3）将 $r'$ 和 $s'$ 转化成整数，并生成 $t$ 如果 $t$ 为 0 则直接验证失败。

（4）计算椭圆曲线上的点 $x_1'$。

（5）通过 $e'$ 和 $x_1'$ 计算 $R$ 把它与 $r'$ 行比较，如果相等则标签该签名正确，不相等则验证失败。

## 二、非结构化数据加密

随着数字化时代的到来，非结构化数据的快速增长对数据安全性和隐私性提出了更高的要求。区块链技术以其去中心化、不可篡改的特性，为非结构化数据的安全存储和传输提供了新的解决方案。在区块链非结构化数据加密过程中，数据首先经过哈希函数处理，生成唯一的哈希值，确保数据的完整性和真实性。随后，利用对称加密或非对称加密技术，对数据进行加密处理，防止数据在传输和存储过程中被未经授权的第三方访问。加密后的数据可以存储在区块链之外，而加密摘要或元数据则记录在区块链上，实现数据的不可篡改性和可验证性。区块链非结构化数据加密不仅提高了数据的安全性，还通过智能合约等技术实现了更加灵活的访问控制。数据所有者可以根据需要设置访问权限，只有经过授权的用户才能访问和解密数据。这种加密策略在电网物资供应链管理领域具有广泛的应用前景，在该领域中，非结构化数据的安全性和隐私性至关重要，区块链非结构化数据加密为这些数据的保护提供了强有力的支持。

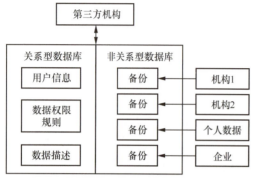

图 5-22　传统集中式存储模型

非结构化大数据的存储信息通常有两种：①诸如用户信息、数据描述以及数据访问规则等共享管理相关的系统业务数据；②大数据集。

1. 传统集中式存储模型

当前的存储模型一般为集中式存储管理形式，传统集中式存储模型如图 5-22 所示。

此类模型以第三方机构的形式，把系统业务数据转换为预定义数据表格式后，将其储存于非关系型数据库中，并在数据中心对所有数据实施集中储存与管理。虽然该模型具有较强的数据维护与管理操作性能，但因其数据储存形式与数据库维护的开放性，极易发生信任危机。

2. 区块链分布式模型

区块链分布式模型可以加强数据的扩展性与动态存储的安全性，如图 5-23 所示。

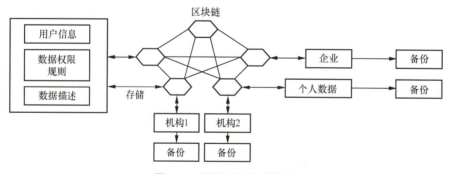

图 5-23　区块链分布式模型

该模型通过去除第三方数据管理机构，分离数据源与数据管理，将分布式存储与数据管控权交给每个企业或个人。由各个数据中心、数据库以及物联网传感设备所组建的数据源与数据库管理工具的可视化性能，令数据库更加简易适用。

模型中所有构成部分之间的交互操作，均通过区块链非对称加密技术而创建的公私钥得以实现，其中公开地址是公钥，而私钥则保存在各自对应的模块中。在广播数据的过程中，用户使用私钥将数据描述、访问形式等信息加密，通过共享的方式使数据版权（即信息的真实性）得到保证。如果交互授权的对象为双方用户，则可采用公私钥加密私密信息。比如用户 A 发送授权信息给用户 B，需要用户 A 先使用用户 B 的公钥加密授权信息，取得加密信息 {message} B，从而保证解密查看的对象仅为用户 B；其次，用户 A 再利用独有的私钥对 {message} B 进行加密，得到数字签名信息 A' 后，使信息来源的可靠性得到保证；用户 B 接收到数字签名的加密信息 A' 后，先使用用户 A 的公钥解密，获取加密信息 {message} B，评定来源的可信度；最后用户 B 利用其独有的私钥解密，得到数据授权的初始信息 {message}。在区块链内保存着透明、完整的全部数据交互与版权信息流程，因为无法篡改，且用户数据无需在第三方机构中托管，不会得到缓存，所以当出现版权纠纷时，在区块链的记录里就可以实施权限追溯，对数据进行维权。区块链全部数据的备份通过各节点得以实现，如果链中的冗余数据量过多，将使共识效率下降，并增加额外的节点存储与运算成本，因而采用分布式文件系统，对数据描述等次要信息与验证完权限的数据访问形式进行记录。

### 5.2.3　基于区块链的质检数据共享

#### 一、结构化数据共享

##### （一）数据共享机制

质检产生的业务数据在传统的数据共享模式下，各数据共享是通过系统接口对接来实现数据的交互共享，不同的系统对同一数据在语法、语义等方面都存在差异，比如，受检的物资设备信息在不同业务中存在不同的命名规则及系统编号，缺乏共享的标准化处理。因此，在基于区块链的质检数据共享的服务中，部门间通过共识机制将相同设备进行统一，经过 1-1 对应后，实现 1-$N$ 其他属性数据的互联互通，促进跨专业数据共享。基于区块链的结构化数据共享流程如图 5-24 所示。

随着业务场景对数据应用需求的不断深入，将衍生出过程数据在不同阶段的跨专业应用需求，即单类数据的多方操作。传统架构较难支撑相同数据在不同业务流程、系统中的流转校验、可追溯以及数据安全保障。通过区块链数据共享模型，利用共识机制对多方的操作进行规则约束，利用

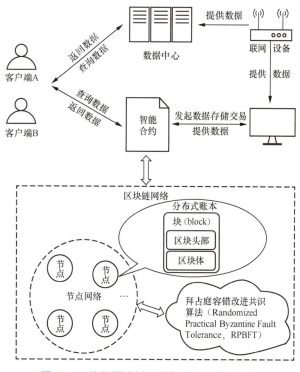

图 5-24　基于区块链的结构化数据共享流程

智能合约对工程进行监督和记录，利用安全传输协议保证数据传输的安全性，并在全过程对数据进行实时的一致性校验、审计，从而支撑跨层级、跨部门的信息共享和业务协同。根据所提模型设计的质检数据共享流程如图 5-25 所示。

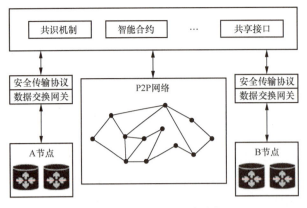

图 5-25　质检数据共享流程

可以看出，在数据共享的过程中，如 A 节点向 B 节点申请共享或交换信息，A 节点首先通过数据交换网关将数据请求在 P2P 网络广播，各节点判定条件查询和验证。B 节点满足条件，与 A 节点达成共识、生成智能合约。B 节点通过数据定位、授权管理等服务向 A 节点进行授权。A、B 双方将区块信息存储到链上。数据交换网关在校验 A、B 双方的权责并通过验证后，通过模型中的安全传输协议，对

A、B 节点的数据进行加密传输，最终实现数据共享。

## （二）数据安全管理

电力质检数据的分布面十分广泛、数据采集节点更多、数据的种类更多且数据间业务关联性更加复杂，数据的使用方式更加广泛，因此对于电力企业带来便利的同时，也对电网大数据的安全带来了更多的风险隐患。基于区块链的质检数据管理体系还需要增加质检数据安全管理系统。根据质检数据管理的基本模式，提出质检数据安全管理的保障体系，如图 5-26 所示。

利用非对称加密算法，将质检数据中发送方的公钥加密存放在数据库中，当有人

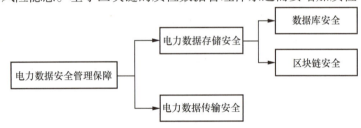

图 5-26　质检数据安全管理的保障体系

非法入侵数据库后，盗取到加密存储的密文，若没有该数据的私钥则无法对密文进行解密处理，防止质检数据的丢失。在区块链子中，每一条质检数据都有备份，并存储在各个不同的区域中管理，当非法入侵者对单一的数据库攻击或破坏不会影响整个数据库的正常使用和管理。同时基于区块链的存储结构，以及分布式的管理结构，当质检数据在共享或传输的过程中被写入到区块链中，则任何的改动都会对之后的所有质检数据产生影响，但在区块链的各个节点上都包含一份完整的区块链信息，能够快速找出被改动的数据的改动记录，因此，在对区块链中单独的区块改动时，无法对整个区块链篡改，保证质检数据的安全管理。

在质检数据传输过程中，数据的发送方通过接收方提供的公钥，首先对数据进行加密处理，只有通过接收方和发送方共有的私钥才能对加密文件解密。同时在传输过程中共享的数据文件是加密文件，并非质检数据本身，因此原始质检数据不会在公共网络环境中传播，保证在质检数据传输过程中的安全性。

质检数据安全管理保障除上述操作外，还需要额外增加对质检数据保护的解析装置，从而识别在质检数据传输过程中的异常操作行为。在基于区块链的质检数据管理架构中，必须捕获每个网格当中的全部质检数据。通常情况下，攻击者为了能够对控制器的网络视图进行修改，会利用所有数据链路层当中的 OpenFlow 网络通信协议，对质检数据的消息子集进行控制。消息子集当中主要包含的内容为特征性应答消息、非特征性应答消息、电

力流量模式消息、数据包输入消息等。为了保证配置端点位置得到有效接收，受信人的控制器装置会使用特征性应答消息指导设备完成对质检数据的转发。基于此，为了有效提高重要质检数据的安全性，利用数据包解析装置对具优势上述特征输入的质检数据包进行实时、动态监视，提高质检数据管理的安全性传输。

## 二、非结构化数据共享

### （一）数据传输机制

分布式电力质检报告数据安全存储系统中，节点间的数据共享通过区块链智能合约实现。智能合约的脚本类型包含了锁定与解锁 2 种，锁定脚本限定了共享数据的输出约束，而解锁脚本则限定了其运行标准。

随着电力网建设的推进，各类业务数据将不单只局限于各自部门内的系统进行共享，还将涉及电力物联网云层不同平台之间的数据共享。而数据湖是大数据应用中的一种数据共享方式，特别适用于跨平台间的数据共享，其本质是一种数据管理的思路，可以存储不同规模、不同结构、不同类型的数据，包括不同量级的结构化、半结构化和图片文本等非结构化数据，允许各业务方通过访问工具和框架来访问数据而不必迁移，大大节省定义数据结构和转换的时间，使得跨平台、跨领域的数据分析能够低成本、高效率实现，其跨链传输机制如图 5-27 所示。因此，采用数据湖可以打破国家电网等单位数据中心"数据孤岛"的闭塞，在各数据仓库之间建立连接，允许营配调各类业务访问数据，解决传统数据仓库的痛点。但是数据湖的数据共享缺乏安全防护，因此，

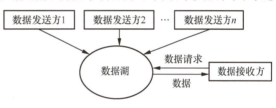

图 5-27　数据湖跨链传输机制

基于数据湖与智能合约的数据共享和访问控制模型，只在链中存储数据的哈希值，而将数据存储在数据湖中，兼顾了营配调不同平台之间的数据共享和安全性。

数据传送方和接收方两者的共享准则自主实行，并不存在统一的信任规则。利用智能合约能够让营配调用户具备数据访问与运用模式的控制权，同时采用分开的虚拟机执行相应的智能合约，用户不能随意篡改最终的结果。而数据湖能够保质保量存储所有类型的数据，并且分析处理数据的成本更低且速度快，这得益于其共享机制，从图 5-27 中可以看到，数据共享与访问模型只在区块链中存储数据的哈希值，将加密后的数据存于数据湖中，而其他质检用户通过智能合约进行数据访问。

### （二）数据共享模型

区块链按照中心化程度可以分为公有链、联盟链和私有链。公有链由所有参与成员维护，具有完全去中心化的特点；联盟链由一些机构发起，只允许该机构组织内部成员参加，具有部分中心化的特点；私有链的写入权限只受一个实体组织控制，为了追求性能已渐渐演变成中心化的模式。考虑到电网质量报告数据共享区块链参与节点是多个实体或其他机构组成的组织或联盟，且加入区块链的参与者需要经过特定监管部门的审核，故联盟链是最佳选择。

模型结构主要包括智能合约、区块链网络、数据中心和其他联网设备。智能合约保存在区块链上，链内各节点可以查看并执行智能合约指令，还可以查看节点与智能合约交互日志。通过智能合约，相关单位可以将数据存储在去中心化的区块链网络中，质量监管单位和业主单位可以对检测数据进行查询。区块链网络主要包括节点网络和共识机制，在节点网络中的

节点维护自己的分布式账本。节点网络主要包括共识节点和验证节点，共识节点负责验证数据存储或查询共享并执行共识算法，还在自身分布式账本中记录存储的数据；验证节点负责验证数据存储或查询共享。数据中心用于存储原始检测数据，对质量报告数据进行转换、处理、特征提取等操作，最后将特征值、异常值等构成的检测数据索引与摘要传输给相关监管单位。

质检报告数据共享对于提高电力企业自身管理及优化客户服务、降低单位能耗、推动政府智慧决策等方面具有重要意义。目前，电力企业积极响应国家数字化转型战略，在打破数据壁垒、建设数据中台等方面进行探索。

以推进质检数据跨单位、跨部门的共享应用为目的，搭建基于区块链的数据资源共享模型，如图 5-28 所示。该模型下的区块如图 5-29 所示。区块链模型主要有两个角色：①数据的提供方/输出方；②数据的接收方/使用方。在本区块链逻辑上，数据的提供方/输出方和数据的接收方/使用方形成 $N:N$ 的关系，组成区块链网络，链上共享着各类信息。

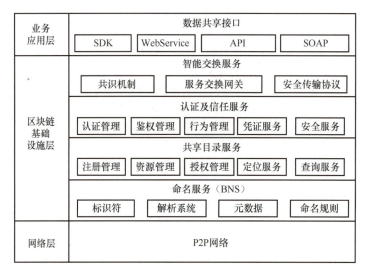

图 5-28　基于区块链的数据共享模型

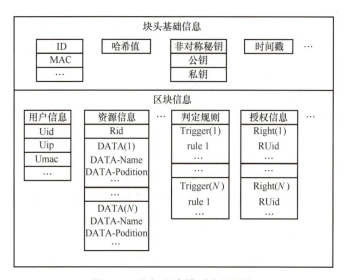

图 5-29　数据共享模型中的区块

基于区块链的质检数据资源共享模型的逻辑架构，主要划分为网络层、区块链基础设施层及业务应用层。

**1. 网络层**

P2P 网络具有去中心化的特点。网络层的核心作用是为区块链中的各个节点提供点对点（P2P）的网络服务，确保各节点的有效通信，是区块链数据共享应用的基础。该网络主要负责区块链上各节点之间的数据共享、智能合约的信息传输等功能，与每个用户或数据输出的出口进行连接。为了实现网络连接，每个节点将会在网络中广播自身的地址信息，同时将收集的其他节点的地址信息保存形成清单。地址信息主要包括 IP 地址及端口号等内容。

**2. 区块链基础设施层**

区块链基础设施层是整个模型中的核心层，为质检数据共享中互信、互认、互操作提供基础服务能力。主要包括区块命名服务（BNS）、共享目录服务、认证及信任服务及智能交换服务 4 项服务。

**3. 业务应用层**

业务应用层提供了针对质检数据共享与传输的程序或接口，用户通过部署在应用层的各种总线系统、API 接口等方式进行交互。

**（三）共享区块链的命名服务（BNS）**

目前，区块链中各个节点的账户、智能合约等基本信息，在链上体现为一个特定的逻辑顺序地址，该地址是每个节点 / 用户在本区块链网络中的唯一标识。当一个节点在建立时，通过区块链中已制定的规则自动生成，同时匹配用户生成对应的一组私钥和公钥，用于后续的数据加密传输及数据标签。生成的公钥，将通过 P2P 网络广播给其他节点，用于数据共享的加密传输，同时作为地址信息；生成的私钥，则由该节点用户自行保存，用于数据共享过程中的数字签名。

业务应用层虽然可以直接使用区块的地址信息，但是这些地址信息数据长且编码复杂，对于用户在实际的数据共享过程中较难使用。为此，参照网络模型中的域名解析服务器（DNS），在区块链的基础设施底层搭建区块命名服务系统（BNS），使业务层基于业务逻辑就能链接到对应区块，降低区块链运行维护和使用人员管理大量区块地址的难度，让所有链上的参与者通过业务逻辑便捷地识别、定位和调用数据。数据共享过程对比如图 5-30 所示。

**（四）非结构化质检数据共享目录服务**

在质检数据共享中，需要有一套台账来实现对区块链内所有用户及资源的统一管理，让系统运维单位、各数据节点实现对数据的全生命周期管理，同时快速知悉链上数据，这就是设计共享目录服务的初衷。

台账中包括各个节点、各类数据的相关属性，还包括数据的可使用范围、数据与源系统的对应关系、数据的有效期、数据在数据库中的

**图 5-30　数据共享过程对比**

位置信息等，实现对信息资源从上链到使用、从存储到资源定位等覆盖数据全生命周期的增、删、查、改功能。

通过共享目录，构建基于区块链的数据信息。每次数据交互时，均产生相关信息。其信息定义如下。

1. 注册管理

类似于云平台的租户概念，每个上链的用户或者节点，需要在平台进行自动注册，在经过身份鉴别、可共享数据资源等审查机制后，加入区块链中。注册信息包括用户或节点的基础信息、数据目录/清单、对应业务系统、数字证书等。

2. 资源管理

辅助用户、区块链运维人员管理上链的资源，主要为数据资源/要素。对于单节点用户，需要维护用户资源、业务资源、数据要素等；对于建立了多个节点的用户，还需要管理节点关系等内容。其中，业务资源包括业务逻辑、业务分类、业务关系等。数据要素则指具体的数据，也就是需要共享的明细数据或者中间结果。

3. 授权管理

对区块链中的数据资源进行授权管理。

4. 定位服务

为区块链中的各种资源提供定位，包括物理存储位置信息、逻辑位置信息等，便于数据提供者对其数据的掌握。

5. 查询服务

提供组织机构查询、用户查询、数据查询等功能。

### 5.2.4 基于区块链的质检数据溯源

区块链采用总账分散式的记账方式，以链式结构记录各个共享参与方的互动信息，并以区块方式妥善保存共享信息，很好地解决了质检数据的共享和存储问题。与此同时，为了解决质检数据共享过程中运行和维护成本高的问题，确保质检数据共享的安全性和有效性，在区块链中部署智能合约，针对质检数据共享场景构建改进智能合约质检数据共享模型，将有效地保障生成检测数据和质量报告安全性。

#### 一、质检数据溯源模式

##### （一）需求分析

智能合约质检数据共享模型的共享业务相对传统质检数据共享模型的共享业务有一定变化。传统质检数据共享模型采用中心化共享模式，其中共享决策和构建、维护共享信任由第三方管理机构实现。质检数据共享双方的共享请求通过第三方管理机构的处理决策后，由第三方管理机构将请求发送至共享平台，同时对共享双方的信任问题采用支付违约金或列入黑名单等方式进行约束。因此传统质检数据共享模型无法实现点对点交互且需要花费一定的成本管理和维护第三方管理机构。同时由于共享信息、数据等都保存在第三方管理机构中，数据的安全性无法得到充分保障。

在智能合约质检数据共享模型中，引入去中心化共享模式是一项重大创新，它摒弃了传统的第三方管理机构，转而利用分布式账本技术来存储和共享关键信息。这种模式下，共享的信息和数据不再依赖于单一的中心化服务器，而是由全网节点共同维护，大大增强了系统的鲁棒性和安全性。当数据面临攻击或篡改风险时，由于分布式账本的设计，任何对数据的更改都需要经过全网节点的共识验证。这种共识机制确保了数据更改的合法性和可信度，使得恶意攻击者难以得逞。此外，智能合约的引入使得数据共享过程更加自动化和高效。共享双方可以通过智能合约与共享平台直接达成共享请求，无需烦琐的人工干预，大大提高了数据共享的效率。区块链技术的不可篡改性和全网广播特性也为该模型带来了独特的优势。由于区块链上的数据一旦写入便无法更改，因此可以确保数据的真实性和可信度。同时，全网广播的特性使得数据能够迅速传播到所有节点，保证了数据的实时性和一致性。这些特性共同解决了共享双方之间的信任问题，使得数据共享过程更加透明和可靠。

（二）溯源流程

在电力质检环节中，由于不同角色的主体之间的交互越来越频繁，为适应多用户场景下的合约升级需求、增强访问控制的安全性，基于智能合约的个性化升级模型，模型利用智能合约实现了对用户访问控制和待升级合约信息的管理。

假设发电企业 Org1、电网企业 Org2、配售电企业 Org3 都采用基于智能合约的个性化升级模型，并且各个企业在链下拥有不完全相同的电力交易数据库。Org1-peer、Org2-peer、Org3-peer 代表企业用户，也是实际的 Fabric 网络节点，其中只有 Org1-peer 才有权限访问 Org1 的 IT 服务商，Org2-peer 和 Org3-peer 同理。当发电企业的用户 Org1-peer 发出只能让电网企业的用户 Org2-peer 验证带有 "A" 标签的待升级合约验证请求时，由设计的智能合约实现对用户的访问授权和合约信息的验证，规范性验证合约会判断当前运行合约的节点的身份，然后到安全对接的 IT 服务商查询合约信息的完整性、可靠性、真实性。基于智能合约的电力质检回溯示意如图 5-31 所示。

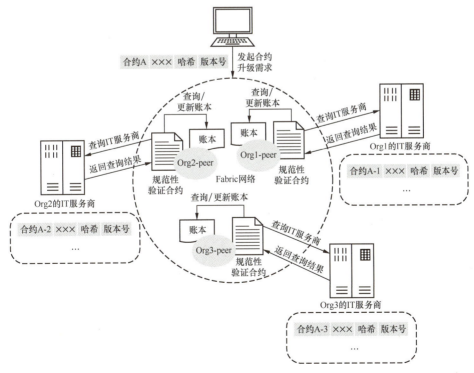

图 5-31　基于智能合约的电力质检回溯示意

## 二、面向质检数据的智能合约设计

### （一）分布式账本智能合约

Fabric 是一种分布式账本技术的实现，其共享流程包括背书阶段、排序阶段及验证阶段 3 个关键阶段。首先，客户端将交易提案提交给背书节点，背书节点模拟执行交易并签名以表示支持；接着，排序服务节点收集这些交易并按照一定规则排序成区块；最后，验证节点接收区块并进行一系列验证，确保交易的合法性和账本的一致性。一旦验证通过，状态改变将被更新到区块中，从而实现了安全、可靠且有序的分布式账本共享。Fabric 中的一笔成功共享从客户端提交共享给背书节点开始，到确认节点将状态改变更新到区块中结束。具体的共享流程如图 5-32 所示。

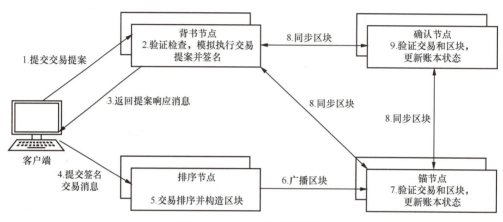

图 5-32　Fabric 的共享流程

1. 背书阶段

在背书阶段，首先由客户端发送共享提案的请求给背书节点。背书节点收到提案请求后，验证消息格式与签名合法性，以及检查签名提案消息的唯一性和是否满足通道权限策略。验证检查结束后，背书节点模拟执行共享提案，并对结果进行背书签名，之后将签名结果、模拟执行结果读写集、链码执行响应消息等封装为提案响应消息发送给客户端。收到提案的响应回复消息后，客户端将判断该消息结果是否合法。若该共享是"查询共享"，检查通过后，客户端将以提案响应消息结果作为下一步业务逻辑判断的依据。若该共享是"写共享"，下一步将进入排序阶段。

2. 排序阶段

客户端收到的提案响应消息包括链码执行响应消息和模拟执行结果读写集。在排序阶段，客户端需确保收到的所有提案响应消息都是按位相等的，否则返回错误，然后将提案消息、提案响应消息、背书信息列表等构造成签名共享消息，提交给排序节点。排序节点先对共享进行排序并构造成区块，然后以广播的方式发送给各组织的锚节点。

3. 验证阶段

在验证阶段，锚节点收到区块后，先验证共享和区块是否有效，验证通过之后将执行区块中的有效共享，并根据共享执行的结果对账本状态进行更新。之后将区块同步给组织内的其他节点，其他节点也需验证共享和区块，最后组织内所有节点的账本都会得到更新。

### （二）智能合约升级模型

在质检数据共享环境中，不同角色的主体之间的交互越来越频繁，电力供应链的上、下游主体关系如图 5-33 所示。为适应多用户场景下的合约升级需求、增强访问控制的安全性，建立了一个基于智能合约的个性化升级模型，模型利用智能合约实现了对用户访问控制和待升级合约信息的管理。

图 5-33　电力供应链的上、下游主体关系

当联盟链网络的背书策略采用满足任意成员签名的背书策略时，若没有智能合约对用户的访问控制，会导致每个 peer 节点都能执行并验证智能合约，即在同一个通道内的任意 peer 节点都能修改账本，这使得数据存在一定的泄露风险。因此，在智能合约内制定面向用户身份的访问控制策略，有利于增强隐私数据的安全性。该策略指的是在任意成员签名的背书策略情况下，同一个通道内的 peer 节点有同等修改账本的权利；在不同角色主体之间交互的情况下，智能合约能够实现不同角色主体的职能，以满足各个主体的多种需求。如果该用户具备验证待升级合约的有效性资质，且待升级合约数据的验证结果符合访问控制策略，则将合约的哈希值和版本号记入区块链；否则，则拒绝该请求。

Fabric 网络工作流程如图 5-34 所示，电力企业中的普通用户经过身份认证之后进行质检数据共享合约升级的过程。首先，普通用户在质检数据共享应用中执行质检数据共享合约升级的命令；接着，应用将这共享发送到 Fabric 网络。在 Fabric 网络内执行共享的过程中，智能合约对运行合约的节点进行身份验证，再将待升级合约的哈希值和版本号与存储在 IT 服务商中的数据进行比对，随后得到比对后的结果；然后，当这一共享在 Fabric 网络内执行完成后，Fabric 网络将共享执行结果返回给质检数据共享应用；最终，质检数据共享应用返回执行命令结果给用户。

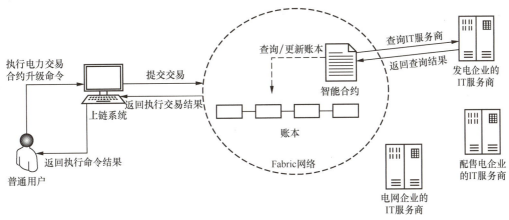

图 5-34　Fabric 网络工作流程

### 三、基于质检数据的溯源机制

### （一）质检数据共享质量评估

质检数据共享具有多样性、可变性和准确性等方面的特殊性，当下的共享模型在处理和存储之间数据时往往超出传统信息技术的能力。电力质检数据具有以下特点。

（1）多数据源。不同类型的数据以不同的方式产生。基础数据是以手工方式输入，实时数据由传感器设备连续生成。

（2）多数据类型。质检共享数据以键值对的结构化数据，以及二进制流的多媒体数据类型存在。

（3）信息独立。由于每个质检流程都部署了传感器设备，数据没有整合，无法从整体的角度进行深入分析。

（4）不同的处理时间要求。根据流程实验的需求，完成数据处理的时间从毫秒到小时不等。

（5）大规模。智能质检系统中广泛部署了大规模电力传感器，不断产生数据，这些数据规模急剧增大。

基于以上分析，对质检数据的质量进行评估是十分重要的一项工作，需要具有极高的准确性、完整性、一致性，因此，对质检共享数据进行评估，确定数据质量，以便加快质检数据溯源速度。通过对质检共享数据质量进行评估，依据评估结果，计算模型数据的可信时间戳，确定溯源数据可信度，只有数据具有较高的可信度，得到的溯源结果才是准确的。

（二）质检数据共享时间戳计算

质检共享数据的可信度，将使用时间戳记录数据采集接收时间，验证数据在传输过程中是否做过篡改。采用时间戳方式判断质检共享数据的可信度，需要分成时间戳签名生成－签名存储－时间戳验证3部分，可信度时间戳算法流程如图5-35所示。

依据图5-35所示的时间戳算法，可知三者的关系为先生成时间戳签名，然后存储时间戳签名，在存储后，对存储的信息进行验证，若未出现被篡改的情况，则表示为可信，可对数据序列进行溯源。其中时间戳签名的生成主要是通过是随机产生160位素数，时间戳签名存储主要是通过模型某次采集的数据做哈希摘要，进而通过本地时间戳服务器获取可信时间戳签名，并将其存储在数据库。时间戳验证主要是通过从数据库获取信息，进行原始的公钥和私钥的验证，如果内容被篡改则不可信，若未被篡改则为可信。

（三）质检数据共享溯源链构建

1. 对质检共享数据加密

采用区块链构建数据溯源链，需要先对质检共享数据进行加密，形成溯源链区块结构，生成溯源链，才能追溯质检共享数据源头。其加密过程如下。

（1）初始化质检共享，输入模型安全参数和模型属性值。

（2）得到模型数据公钥和私钥。

（3）采用模型私钥，生成带有属性的私钥。

（4）采用模型公钥，加密模型数据。

（5）生成模型数据密文，并依据模型采集到的电网设备数据，实时更新模型数据密文内容。

（6）根据加密的密文，使用带有属性的模型私钥解密。

（7）判断解密是否满足加密设定。

（8）当不满足时，表明模型数据解密失败。

（9）当满足时，表明模型数据解密成功。

（10）输出解密后的密文，得到密文信息。

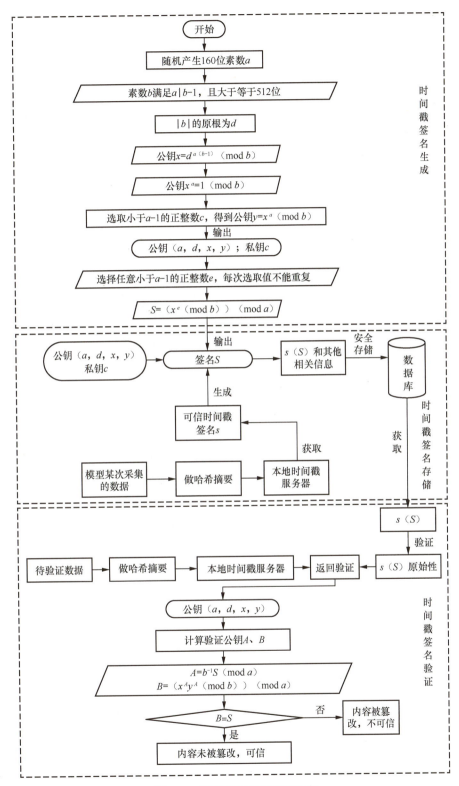

图 5-35 可信度时间戳算法流程

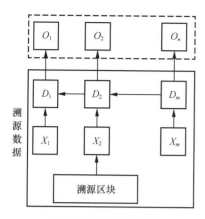

图 5-36　数据溯源链

## 2. 构建数据溯源链

基于可信度时间戳算法流程，确定的模型数据安全性，使用区块链设计模型密文区块结构，构建图 5-36 所示的数据溯源链。

## 3. 溯源质检共享数据流程

从图 5-36 中可以看出，质检共享数据与版权区块具有一一对应关系，才能形成数据溯源链。溯源数据过程需要通过数据公钥生成共享区块，数据私钥生成溯源区块，即数据溯源策略。此时，根据数据溯源链生成的数据溯源策略，溯源质检共享数据。采用此次构建的质检共享数据溯源链，溯源质检共享数，展现数据传输路径。溯源质检共享数据流程如图 5-37 所示。

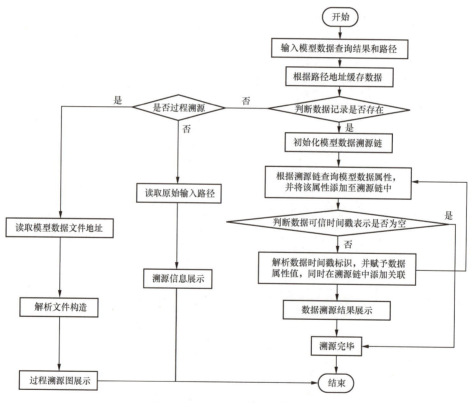

图 5-37　溯源质检共享数据流程

在溯源的模型数据上，以签名的方式录入时间戳，查询模型数据和路径，依据查询结果，判断查询路径是否存在；若模型数据传输路径存在，初始化数据溯源链，根据模型数据溯源链溯源数据；若文件路径不存在，需要寻找文件属性值，根据文件属性，读取模型数据原始输入路径，追溯模型数据来源。综合上述内容，此次研究，需要先评估质检共享数据质量，再通过数据传输和接收时间，验证模型数据的可信度，只有模型数据具有较高的质量和可信度，使用此次研究构建的溯源链溯源数据得到的结果，才具有较高的精度。

## 5.3　基于区块链的质量检测业务场景应用

基于某省电力公司企业一体化云平台，设计了基于区块链的配网物资质量管控架构，如图 5-38 所示，实现了包括抽样过程管控、送样过程管控、收样过程管控、试验过程管控、系统管理、上链数据统计管理、区块链浏览器、数据共享 API 等功能，能够提供应用构建、信息网络、基础资源、安全防护、运行维护等软硬件及信息安全等资源。利用区块链技术，实现了质控数据安全共享，提升了质控管理的可信度。

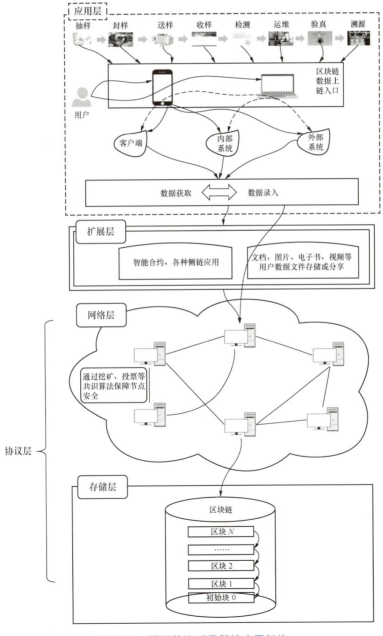

图 5-38　配网物资质量管控应用架构

### 5.3.1　抽检全过程数据上链

抽检全过程数据上链如图 5-39 所示。

图 5-39　抽检全过程数据上链

1. 委托单信息上链

搭建区块链上链中间件服务，并部署委托单信息上链后台服务，在抽样业务系统运行过程中，在委托单关键信息发生改变时，对委托单信息调用上链服务完成数据上链。

2. 委托单审核过程上链

在分管主任对委托单进行审核后，后台自动对审核过程的数据包括随机产生的抽样审核人员信息、制定的抽样人员信息以及审批结果（同意／驳回）进行区块链上链。

3. 抽样审核过程上链

在抽样过程中，抽样审核人员对每一步操作的抽样审核记录在终端进行记录提交时，后台上链功能服务服务自动开始上链操作，把审核过程的记录信息、记录文件指纹调用上链中间件服务完成区块链上链。

4. 送样过程数据上链

系统自动对整个装车过程进行拍照记录的数据、物流信息，调用上链中间件服务完成区块链上链。

5. 收样过程数据上链

样品收货人员上传的签字记录，系统点击确认签收操作记录，调用上链中间件服务完成区块链上链。

### 5.3.2　检测报告上链

1. 系统自动获取检测报告文件

通过调用现有检测一体化平台功能 API 接口，获取审核定稿的检测报告 Word 文件。

2. 系统自动对检测报告文件指纹计算

对获取的每份获取的检测报告，系统自动存放响应的文件服务器，并自动计算每个报告文件的哈希指纹。

3. 检测报告指纹数据上链

调用上链中间件服务，完成检测报告文件的哈希值区块链上链。

### 5.3.3　检测数据上链

1. 系统自动获取检测过程数据

通过调用检测工位机的 Access 数据库，并将检测过程的检测数据值，以检测委托单编号为管理对象，同步到区块链上链系统。

2. 检测数据自动上链

系统自动调用上链中间件服务，完成对每一项检测内容的区块链上链操作。

3. 上链数据索引管理

针对检测数据的上链部分，需要本地按照委托单、检测内容项等维度，统一设计检测数据在链上的索引。并在本地完成链上数据索引的数据库入库。

### 5.3.4　上链数据统计管理

1. 上链数据记录

系统在每次上链时，对上链数据归属按照委托单、检测内容项、检测报告、抽样过程等进行分类记录，并把记录写入到上链数据统计模块。

2. 上链数据统计

根据上链数据的记录，系统自动对上链的数据条数、分类等进行统计、分析。

3. 上链数据查询

用户可以根据时间、分类等查询上链数据的统计结果、报表，并导出 Excel 报表。

### 5.3.5　区块链浏览器应用

1. 区块链数据溯源应用服务接口

部署区块链数据溯源应用服务接口 API，为区块链验真和溯源提供数据接口。

2. 数据区块链验真

通过对检测数据（按照检测项）、检测报告、抽样过程数据进行区块链数据验真操作，可以通过验真功能校验本地系统数据和区块链数据是否一致，发现数据是否有被非法篡改。

3. 数据区块链溯源

系统提供区块链数据溯源功能，直接调用 API 接口，可以查询或获取检测数据（按照检测项）、检测报告、抽样过程数据在区块链上的数据，并可以直接跳转对应区块的高度位置，获取链上的数据详情。

### 5.3.6 上链数据共享 API

系统具备对外部业务需求，提供区块链数据获取 API 服务。

### 5.3.7 设备同批次数据查询接口开放

1. 设备信息查询

系统支持通过设备名称、设备编号、检测批次进行模糊查询。

2. 同批次检测数据查询

通过点击对应设备的批次信息，可以查询到同一个批次的检测全流程信息，包括抽样环节、检测数据、检测报告等。

3. 开放数据查询接口

系统提供数据查询接口开放，供其他部门和平台调用查询同批次设备检测数据和报告，真正贯彻设备全寿命周期管理。

### 5.3.8 区块链数据报表

支持按日、周、月为周期自动生成周期性报表，报表格式支持 CSV 导出。

### 5.3.9 区块链从链平台支持

检测全过程管理系统的底层区块链平台以某地电网的从链为基础平台，全面支持从该电网区块从链上链，并同时具备从电网内部上链和公网外部上链的能力。

# 机 器 人 技 术

随着新一代信息技术、生物技术、新能源技术、新材料技术等与机器人技术加快融合，机器人产业发展日新月异，新技术、新产品、新应用层出不穷，新生态加速构建，为推动全球经济发展、造福人类提供了更好的服务。

电力机器人随着应用工程、知识工程及制造工程等社会科技发展应运而生，近年来逐渐在电网的建设、运行、维护等方面发挥越来越重要的作用，尤其随着人工智能技术的高速发展，智能电网建设与机器人技术愈发深度结合并持续创新，国内外愈加重视专业化的机器人应用平台的开发，实现在多场景电网工况下代替人工操作，达到多系统协同运作的智能化、高效化、安全化。

## 6.1 机器人概述

### 一、机器人简介

机器人（Robot）是具有感知、决策与一定自主性操作的智能系统或工具，在场景中能够协助人或替代人完成规定的作业与任务。人们通常把机器人划分为三代。第一代是可编程机器人。这种机器人一般可以根据操作人员所编的程序，完成一些简单的重复性操作。这一代机器人是从20世纪60年代后半叶开始投入实际使用的，目前在工业界已得到广泛应用。第二代是"感知机器人"，又叫作自适应机器人，它是在第一代机器人的基础上发展起来的，能够具有不同程度的"感知"周围环境的能力。这类利用感知信息以改善机器人性能的研究开始于20世纪70年代初期，到1982年，美国通用汽车公司为其装配线上的机器人装配了视觉系统。宣告了感知机器人的诞生，在20世纪80年代得到了广泛应用。第三代机器人将具有识别、推理、规划和学习等智能机制，它可以把感知和行动智能化结合起来，因此能在非特定的环境下作业，称之为智能机器人。

机器人智能化、多元化应用趋势正在显现。工业机器人技术持续快速升级；服务机器人智能水平显著提升；特种机器人整机性能持续提升，在极端环境、危险作业等场景下替代人工作业的能力大幅增强，促进了太空探测、深海探索、应急救援等应用领域的快速发展；协作机器人加速与人工智能、生物技术、认知科学等技术深度融合，应用场景从简单人机协作向精密作业、制造、商业服务等领域拓展。

### 1. 工业机器人

工业机器人是专门用于工业生产和制造的机器人。它们能够执行重复性、高精度和危险的任务，显著提高生产效率和品质。尽管工业机器人通常只能按照预定的程序工作，缺乏对外界条件变化的适应性，但它们在工业领域中仍然发挥着不可或缺的作用。传统的工业机器人通常由机械手组成，如 Unimate，这是所有工厂机器人的先驱。

### 2. 服务机器人

服务机器人是一种半自主或全自主工作的机器人，其主要任务是改善人类的生活和促进其他设备的运行。这类机器人在日常生活、清洁、护理、执勤、救援、娱乐以及设备维护保养等多个领域都有广泛应用，如常见的外卖机器人。

### 3. 特种机器人

特种机器人应用于专业领域，一般是指由经过专门培训的人员操作或使用的，辅助和 / 或代替人执行任务的机器人。

### 4. 协作机器人

机器人与人可以协同作战，充分发挥机器人的效率及人类的智能。协作机器人不仅性价比高，而且安全方便，能够极大地促进制造企业的发展。

## 二、电力机器人简介

电力机器人主要应用于电力输变电设备的维护、巡检和安全检测等例行任务操作，通常以智能机器人为平台，综合应用计算机技术、视觉技术以及传感器技术来综合完成规定的作业要求，为智慧电网建设和管理提供了有力的保障和支持。

### 1. 电力巡检机器人

电力机器人从事巡检工作是在电力系统中应用较早的领域，且随着电力系统的不断扩大和发展，其应用的需求和场景是不断增大的。

国外电力巡检机器人开展较早，电力行业智能巡检机器人的研究使用最为成熟，如 2012 年新西兰电网公司与梅西大学合作研发了全地形变电站巡检机器人，该机器人由 4 个电机驱动，36V 锂电池供电，机器人车体设置机械臂，携带摄像机对目标进行拍摄巡检，该设备通过人工遥控操控工作。

相对于国外变电站巡检机器人研发的滞后，国内在此领域的发展近年来呈爆发式的发展。这主要得益于国家政策的扶持及国内机器人技术的快速发展。自 2011 年来，国家电网累计推广了 500 余套变电站巡检机器人，主要应用在 220kV 及以上规模的变电站中。自巡检机器人推广应用以来，取得了比较显著的效果，如国网山东省电力公司电力科学研究院（简称"国网山东电力电科院"）研制的巡检机器人在济南供电公司长清变电站试运行期间，仅一个多月的时间，就累计发现了 10 余处问题（包括发热、附着物、部件损伤等），巡检效果显著。

国内变电站巡检机器人的研究是由国网山东电力电科院在 21 世纪初首先开始的。并且在国家 "863 项目" 及国家电网公司科研项目的支持下，研制出了一系列的变电站巡检机器人。图 6-1 所示为国网山东电力电科院研发的变电站巡检机器人。

### 2. 电力维护机器人

电力设备的维护工作大多依靠人力工作执行，这样不仅效率低，而且一些环境气候复杂、危险系数极大的任务工作存在极大的安全隐患。机器人面对这些挑战比人类具有极大优势，可以大大降低人员劳动强度。在雨雪天气下对高压线路进行除冰，给太阳能光伏板进行清洁等高强度体力劳动场合都陆续出现机器人的身影。

3. 电力检测机器人

随着状态检修和电网智能化的技术发展，电力系统网架增强，系统稳定性要求提高，电力行业的检测越来越重，电力检测机器人的投入使用大大提高了检测效率及准确性。电力检测机器人在电网中扮演的角色也越来越重，涉及互感器、变压器、线缆等物资检测。

图 6-1　国网山东电力电科院研发的变电站巡检机器人

2018 年 ABB 推出了 ABB Ability™ TXplore，这是一台可以潜入液浸式变压器内部进行快速、安全和低成本检测的无线机器人，如图 6-2 所示。其检测状态可以几近实时进行全球远程分享。这款机器人提高了安全性，减少了人力风险，将过去按天计算的检测时间缩短为按小时计算，从而减少停机时间，并降低约 50% 的检测成本。

国内方面，检测机器人也在蓬勃发展，比如，水下检测机器人针对海缆进行检测，线缆检测机器人在高压铁塔上对瓷绝缘子串进行缺陷检测。国内也开发了与 ABB Ability TXplore 类似的浸油式变压器内检机器人，如图 6-3 所示。该机器人可通过变压器顶部的手孔进入变压器内部，机器人操控终端显示接收到的有载分接开关引线视频图像，可通过视频图像判断变压器内部是否存在故障。

图 6-2　ABB Ability™ TXplore 变压器检测机器人

图 6-3　浸油式变压器内检机器人

# 6.2　机器人关键技术

## 6.2.1　机器人感知关键技术

### 一、高精度手眼标定技术

#### （一）手眼标定坐标系

在手眼标定系统中主要涉及机器人基坐标系（base）、机器人末端法兰坐标系（flan）、相机坐标系（cam）及世界坐标系 GCS（即标定板坐标系 cal）。手眼标定系统坐标系及坐标系之间的转换关系如图 6-4 所示。

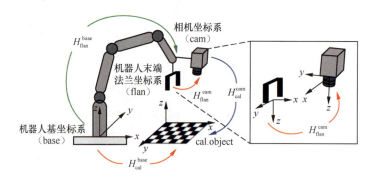

图 6-4　手眼标定系统坐标系及坐标系之间的转换关系

标定过程机器人底座与标定板位置，相机和末端法兰位置保持不变，即 $H_{\text{cal}}^{\text{base}}$、$H_{\text{cam}}^{\text{flan}}$ 为定值。$H_{\text{flan}}^{\text{base}}$ 可通过末端法兰姿态逆向求解，$H_{\text{cal}}^{\text{cam}}$ 可通过相机和标定板获取。通过两组不同姿态下拍照即可求得 $H_{\text{cam}}^{\text{flan}}$ 矩阵。有

$$H_{\text{cal}}^{\text{base}} = H_{\text{flan}}^{\text{base}} \cdot H_{\text{cam}}^{\text{flan}} \cdot H_{\text{cal}}^{\text{cam}} \tag{6-1}$$

当机械臂在两个不同的位姿 1 和位姿 2 拍摄标定板图像时，可得

$$H_{\text{cal}}^{\text{base}} = H_{\text{flan1}}^{\text{base}} \cdot H_{\text{cam1}}^{\text{flan1}} \cdot H_{\text{cal}}^{\text{cam1}} = H_{\text{flan2}}^{\text{base}} \cdot H_{\text{cam2}}^{\text{flan2}} \cdot H_{\text{cal}}^{\text{cam2}} \tag{6-2}$$

式中　　$H_{\text{flan1}}^{\text{base}}$ 和 $H_{\text{cal}}^{\text{cam1}}$——分别为机械臂在位姿 1 时，法兰坐标系（flan）到基坐标系（base）和标定板坐标系（cal）到相机坐标系（cam）的变换矩阵；

$H_{\text{flan2}}^{\text{base}}$ 和 $H_{\text{cal}}^{\text{cam2}}$——分别为机械臂在位姿 2 时对应的变换矩阵。

对式（6-2）做移项处理，可得

$$H_{\text{flan2}}^{\text{base}^{-1}} \cdot H_{\text{flan1}}^{\text{base}} \cdot H_{\text{cam1}}^{\text{flan1}} = H_{\text{cam2}}^{\text{flan2}} \cdot H_{\text{cal}}^{\text{cam2}} \cdot H_{\text{cal}}^{\text{cam1}^{-1}} \tag{6-3}$$

其中，$H_{\text{cam1}}^{\text{flan}} = H_{\text{cam1}}^{\text{flan1}} = H_{\text{cam2}}^{\text{flan2}}$，为手眼标定需要求解的手眼矩阵，代表相机坐标系（cam）到末端法兰坐标系（flan）的变换矩阵。

令 $X = H_{\text{cam}}^{\text{flan}}$，$A = H_{\text{flan2}}^{\text{base}^{-1}} \cdot H_{\text{flan1}}^{\text{base}}$，$B = H_{\text{cal}}^{\text{cam2}} \cdot H_{\text{cal}}^{\text{cam1}^{-1}}$，则由式（6-3）可得简化的手眼标定方程，为

$$A \cdot X = X \cdot B \tag{6-4}$$

通过求解式（6-4）中的 $X$ 即可获得手眼关系矩阵。

**（二）利用图像外参实现高精度标定**

世界坐标系到相机坐标系之间的转换关系被称为相机外参，相机成像模型如图 6-5 所示。

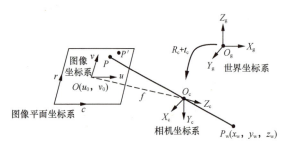

图 6-5　相机成像模型

其中，点 $P_{\text{w}}$ 在世界坐标系中，为将其投影到图像平面上，首先要将其转换到相机坐标系中。点 $P_{\text{w}}$ 在相机坐标系中坐标 $P_{\text{w}} = (x_{\text{c}}, y_{\text{c}}, z_{\text{c}})^{\text{T}}$，它们之间的关系为

$$\begin{bmatrix} x_c \\ y_c \\ z_c \\ 1 \end{bmatrix} = T_c \begin{bmatrix} x_w \\ y_w \\ z_w \\ 1 \end{bmatrix} = \begin{bmatrix} \boldsymbol{R}_c & \boldsymbol{t}_c \\ 0 & 1 \end{bmatrix} \begin{bmatrix} x_w \\ y_w \\ z_w \\ 1 \end{bmatrix} \tag{6-5}$$

式中 $\boldsymbol{R}_c$、$\boldsymbol{t}_c$——摄像机的外部参数。

投影的下一步将相机坐标系下的点 $P_c$ 投影到成像平面坐标系中，投影关系为

$$\begin{bmatrix} u \\ v \end{bmatrix} = \frac{f}{z_c} \begin{bmatrix} x_c \\ y_c \end{bmatrix} \tag{6-6}$$

式中 $u$、$v$——成像平面坐标系的坐标轴；

　　　 $f$——相机的焦距。

投影到成像平面坐标系后，镜头的畸变导致投影点 $P = (u,v)^T$ 产生偏移，形成像点 $P' = (u',v')^T$ 镜头的畸变可以近似为径向畸变，畸变表达为

$$\begin{bmatrix} u' \\ v' \end{bmatrix} = \frac{2}{1 + \sqrt{1 - 4k(u^2 + v^2)}} \begin{bmatrix} u \\ v \end{bmatrix} \tag{6-7}$$

式中 $k$——径向畸变系数。

最后，将点 $P'$ 从成像平面坐标系转换到图像平面坐标系中，即

$$\begin{bmatrix} r \\ c \end{bmatrix} = \begin{bmatrix} \dfrac{u'}{d_x} + u_0 \\ \dfrac{v'}{d_y} + v_0 \end{bmatrix} \tag{6-8}$$

式中 $r$、$c$——点 $P'$ 在图像平面坐标系中的坐标；

　　　 $d_x$, $d_y$——缩放比例因子，表示图像平面坐标系相邻两个像素在水平和垂直方向上的距离；

　　　 $(u_0, v_0)^T$——相机光心在成像平面的投影。

在式（6-6）～式（6-8）中，$f, k, d_x, d_y, u_0, v_0$ 构成摄像机的内部参数。

在相机标定过程中，通过变换标定板的不同姿态，得到多组投影点与像点。代入式（6-9）对投影点与像点的间距进行优化。使其最小，最终得到最优的相机参数为

$$\sum_{j=1}^{m} \sum_{i=1}^{n} \| P_{ij} - P'_{ij} \|^2 \to \min \tag{6-9}$$

式中 $m$——标定图像数；

　　　 $n$——标定板中标志点的个数；

　　　 $P_{ij}$、$P'_{ij}$——分别为标定板上标定点在图像平面上的投影点与成像点。

利用此相机标定方法，获取相机内外参数，通过内参调整相机图像，从而获取更加准确的相机外参，提高手眼标定精度。

### 二、位姿估计技术

机器人在智能工厂中完成分拣、搬运等与物体进行实际接触的任务时，其必须通过视

觉系统从实际场景中检测出目标物体并预测其三维位姿。

**（一）视觉位姿估计方法**

视觉位姿估计方法可分为传统测量方法和深度学习方法。

**1. 传统测量方法**

传统测量方法包含目标识别和位姿估计两方面，其中目标识别分为基于特征匹配和模板匹配方法，位姿估计分为基于点特征、线特征和边缘特征方法。传统方法需预先构建目标物体各个视角位姿模板库，在线检测时检索得到最相似模板图像对应的位姿，后者通过提取目标二维图像特征，构建表征性强的 2D—3D 关键点匹配点对，然后使用 $n$ 点透视（Perspective-$n$-Points，PnP）算法解算出物体位姿。传统视觉位姿估计方法需要依据先验知识设计特征，特定的场景下能够达到较高的检测速度和精度。传统方法由于依赖物体表面颜色纹理，在弱纹理工件物体上的效果不佳，并且易受作业场景复杂环境、光照不均、遮挡等因素影响。随着传感器技术发展，小型三维相机在机器人视觉领域得到了很好应用，通过引入场景三维几何信息，提高了目标位姿估计精度。具体处理思路有两种：①对原有二维图像方法结果通过 ICP 算法进行迭代优化；②将早期模板匹配和特征点检测方法思路扩展至三维图像空间，通过构建三维特征表征方式进行目标物体位姿估计。但传统视觉方法需要手工设计特征，在背景复杂、高自主性的空间任务应用中存在自适应性差、鲁棒性低的问题。

**2. 深度学习方法**

深度学习方法分为基于目标识别网络的测量方法和基于位姿估计网络的测量方法。前者先采用目标识别网络得到关键点位置，再采用传统位姿解算方式得到位姿估计信息。目标识别网络又可分为一阶回归网络和二阶区域候选网络。而基于位姿估计网络的测量方法以图像为输入，直接由网络输出位姿估计结果。位姿估计网络按结构可以分为整体回归和分类投票。

**（二）基于学习方式的智能算法**

基于学习方式的智能算法能够自适应地提取目标特征，有效地提高检测精度及泛化性，是目前的研究热点。基于目标识别网络的位姿估计算法先采用目标识别网络进行特征提取，得到关键点位置信息，再采用传统方式进行位姿估计。基于位姿估计网络的位姿估计算法直接由图像得到六自由度位姿估计结果。

**1. ICP 算法**

ICP 配准法主要用于解决基于自由形态曲面的匹配问题，其特点在于在进行算法匹配的过程中不需要进行环境特征的提取，并且收敛速度和匹配精度完全依赖于相匹配的两个点云数据中最邻近点对的搜索结果。目前，最邻近点对的搜索方式主要有点到点最邻近搜索、点到平面最邻近搜索算法、点到投影、收缩投影点最邻近搜索。传统的 ICP 算法是一种点集之间的配准方法。通过相机坐标系获得图像特征点的坐标值，然后利用奇异值分解或最小二乘法进行位姿的求解，最终得到旋转矩阵和平移矩阵，即

$$P_i^c = R_i^c P_i^w + t_i \tag{6-10}$$

$$R_i^c = \begin{bmatrix} r_{11} & r_{12} & r_{13} \\ r_{21} & r_{22} & r_{23} \\ r_{31} & r_{32} & r_{33} \end{bmatrix}, t_i = \begin{bmatrix} t_x \\ t_y \\ t_z \end{bmatrix} \tag{6-11}$$

式中　$P_i^c$——在相机坐标下第 $i$ 个特征点坐标；

　　　$P_i^w$——在世界坐标下第 $i$ 个特征点坐标；

　　$R_i^c$、$t_i$——相机坐标下第 $i$ 个特征点的旋转矩阵和平移矩阵，具体表示为式（6-11）。

假设匹配好的 3D 点集为 $P = \{p_1, p_2, \cdots, p_n\}$，$Q = \{Q_1, Q_2, \cdots, Q_n\}$，其中 $P$ 表示目标点集，$Q$ 表示源点集，ICP 处理的基本步骤如下。

（1）在图像中获取第 $i$ 个目标点 $p_i$，即 $p_i \in P$，同时寻找第 $i$ 个源点 $q_i$，即 $p_i \in Q$，使得 $\| q_i - p_i \| = \min$。

（2）通过计算相机坐标系下第 $i$ 个目标点的旋转矩阵 $R_{p_i}^c$ 和和平移矩阵 $t_i$，求得最小误差函数。

（3）对 $p_i$ 利用上一步求得的旋转矩阵和平移矩阵进行变换，包括旋转和平移，得到新点 $p_i'$，即为 $p_i' = \{p_i' = R_{p_i}^c + t_i,\ p_i \in P\}$。

（4）计算新点集与源点云点集的平均距离。

（5）根据式（6-12）计算 $n$ 个特征点的平均距离 $d$，当 $d$ 小于某一给定的阈值或者大于预设的最大迭代次数时，停止计算，否则返回第二步，直到满足收敛条件为止。

$$d = \frac{1}{n} \sum_1^n \| q_i - p_i^2 \| \tag{6-12}$$

**2. EPnP 算法**

$n$ 点透视（PnP）算法是在世界坐标系下给定一组由 $n$ 个 3D 点组成的点集，将点集在图像中投影出相应的 2D 图像，以此解决相机的位姿问题。通过 6 个自由度组成的相机位姿包括旋转和相机对于世界的平移，其中旋转包括滚动、俯仰以及偏航。位姿估计问题的关键在于相机校准，而且广泛应用于计算机视觉和其他领域中，如机器人等。

而 EPnP 算法的核心思想是利用 4 个非共面虚拟的控制点坐标来线性表示一个标识点，理论上 4 个虚拟控制点的世界坐标可以随意设定，分别利用 $F^c$，$F^w$ 表示相机坐标系和世界坐标系，任何一点均可用 4 个控制点 $P_i^w$ 表示世界坐标系下的坐标，即

$$P_i^w = \sum_{j=1}^4 a_{ij} c_j^w, \sum_{j=1}^4 a_{ij} = 1 \tag{6-13}$$

对于相机坐标系下的坐标点 $P_i^c$，具有相同的公式，为

$$P_i^c = \sum_{j=1}^4 a_{ij} c_j^c, \sum_{j=1}^4 a_{ij} = 1 \tag{6-14}$$

上述各式中，$a_{ij}$ 是已知的转换系数，但是 $c_j^w$，$c_j^c$ 所构成的方程组是第 $j$ 个特征点未知的世界坐标和相机坐标，所以方程一定存在解。虽然理论上控制点的选择是随机选取的，但为了算法的稳定性更高，这里所选择的控制点为参考点的中心，其余 3 个点在计算所得的主轴上。设特征点对应的图像坐标为 $(u_i, v_i)$，利用平面标定方法对相机进行标定，得到内参矩阵为 $A$，有

$$s_i \begin{bmatrix} u_i \\ v_i \\ 1 \end{bmatrix} = AK_i^w = \begin{bmatrix} f_x & 0 & u_x \\ 0 & f_y & v_y \\ 0 & 0 & 1 \end{bmatrix} \sum_{j=1}^4 a_{ij} \begin{bmatrix} x_j^c \\ y_j^c \\ z_j^c \end{bmatrix}, i=(1,2,3,4), j=(1,2,3,4) \tag{6-15}$$

式中　　　　　$s_i$——第 $i$ 个特征点的投影深度；

　　　　　　　$K_i^w$——第 $i$ 个目标点的世界坐标；

　　　　　　　$A$——相机的内参矩阵；

$f_x$，$f_y$，$u_x$，$v_y$——相机的内参；

$[x_j^c \quad y_j^c \quad z_j^c]^T$——第 $j$ 个特征点的相机坐标。

根据式（6-14）得，$s_i = \sum_{j=1}^{4} a_{ij} z_j^c$，且每个特征点与像点之间的对应关系分别是两个独立的线性方程，即

$$\begin{cases} \sum_{j=1}^{4} a_{ij} f_x x_j^c + a_{ij}(u_x - u_i) z_j^c = 0 \\ \sum_{j=1}^{4} a_{ij} f_y x_j^c + a_{ij}(v_x - v_i) z_j^c = 0 \end{cases} \tag{6-16}$$

当 4 个控制点和图像点对应时，将 $n$ 个参考点代入式（6-15），就会产生一个线性方程组，即 $Mx=0$，$x$ 是待求的 12 个未知数，$M$ 为 $2n \times 12$ 的矩阵，即

$$\begin{bmatrix} a_{11}f_x & 0 & a_{11}(u_0-u_1) & \cdots & a_{14}f_x & 0 & a_{14}(u_0-u_1) \\ 0 & a_{11}f_y & a_{11}(v_0-v_1) & & 0 & a_{14}f_y & a_{14}(v_0-v_1) \\ & & \vdots & & & \vdots & \\ a_{N1}f_x & 0 & a_{N1}(u_0-u_1) & \cdots & a_{N4}f_x & 0 & a_{N4}(u_0-u_1) \\ 0 & a_{N1}f_y & a_{N1}(v_0-v_1) & & 0 & a_{N4}f_y & a_{N4}(v_0-v_1) \end{bmatrix} \begin{bmatrix} x_1^c \\ y_1^c \\ z_1^c \\ \vdots \\ x_4^c \\ y_4^c \\ z_4^c \end{bmatrix} = 0 \tag{6-17}$$

根据欧氏变换，将已知的 4 个控制点间距转换为 4 个点在相机坐标系下的坐标，从而将图像从三维变换为二维进行求解。

### 6.2.2　机器人规划关键技术

#### 一、机器人运动轨迹规划与奇异点规避

##### （一）机器人运动学坐标系

机器人在一个空间中运动，首先需要建立一个基坐标系，然后以该基坐标系为基础，对其进行参数及姿态分析。利用坐标系间的旋转与平移，使用改进型 DH（Denavit-Hartenberg）参数描述机器人的末端位姿及关节空间与笛卡尔空间的对应关系，为后续奇异点分离与规避奠定运动学基础。

机器人驱动轴坐标系模型如图 6-6 所示，坐标系原点位于 $i$ 轴和 $i+1$ 轴的公垂线与 $i$ 轴的交点，$\hat{Z}_i$ 轴位于机器人关节驱动轴上，方向与驱动轴同向；$\hat{X}_i$ 轴与连接传动轴 $i-1$ 和传动轴 $i$ 的公垂

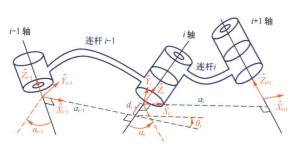

图 6-6　机器人驱动轴坐标系模型

线平行，正方向从 $\hat{Z}_{i-1}$ 指向 $\hat{Z}_i$。依据右手定则固定 $\hat{Y}_i$ 正方向。依据坐标系逐一获取改进型 DH 参数，各个参数在传动轴上的位置如图 6-6 所示。$\hat{Z}_{i-1}$ 与 $\hat{Z}_i$ 之间的夹角记为连杆扭角 $\alpha_{i-1}$，$\hat{Z}_{i-1}$ 与 $\hat{Z}_i$ 之间的距离记为连杆长度 $\alpha_{i-1}$，$\hat{X}_{i-1}$ 与 $\hat{X}_i$ 之间的夹角记为关节转角 $\theta_i$，$\hat{X}_{i-1}$ 与 $\hat{X}_i$ 之间的距离记为连杆偏距 $d_i$。

### （二）奇异点检测

机器人在笛卡尔空间中进行轨迹规划时，特殊臂形致使空间自由度减少，雅可比矩阵不满秩，机械臂关节速度与末端速度无法映射导致工具技术的失速现象被称为奇异点现象。在关节空间规划中一般不存在奇异点。奇异位形按照成因分为边界奇异位形与内部奇异位形，内部奇异位形依据奇异现象发生的坐标轴，又分为肩关节奇异点和腕关节奇异点，如图 6-7 所示。

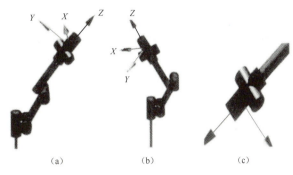

图 6-7　机器人奇异位形
（a）边界奇异位形；（b）肩关节奇异点；
（c）腕关节奇异点

逆解算法是一种用于确定机器人姿态和关节角度的方法，以使机器人的末端执行器达到所需的位置和方向。在逆解算法中，需要根据机器人的运动学模型，反向计算机器人的姿态和关节角度。逆解算法可以计算出机器人关节的角度，以避免机器人在奇异点处停滞，为了规避奇异点，可以通过逆解算法来控制机器人的姿态和关节角度，以避免机器人进入奇异点。

对于机器人运动的预设路径，根据机器人工作空间及内部奇异预测区域可判断路径是否合理，为后续奇异位形规避提供前提条件。机器人运动路径奇异流程如图 6-8 所示。

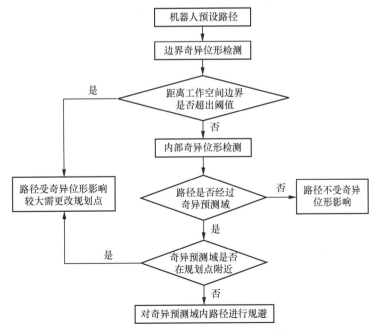

图 6-8　机器人运动路径奇异检测流程

### （三）奇异规避路径规划方法

可以通过监测 6 个关节角速度发现机器人运动中的奇异点，然后在机器人奇异点附近可以利用正逆解算法，对机器人进行插补运动（位姿运动与关节运动相互转换）的规划，从而实现机器人奇异点规避。具体实现步骤如下。

（1）根据当前 6 个关节角速度→雅可比矩阵。

（2）6 个关节角速度→机器人末端速度（关节角速度 * 雅可比矩阵）。

（3）控制器是控制关节角速度（未知）从而实现要求的机器人末端速度（已知）。

（4）机器人末端速度（已知）→雅可比矩阵的逆→6 个关节角速度（未知）。

（5）当雅可比矩阵的行列式为 0 的时候，求解不成立，关节角速度无解就会突变。

（6）机器人关节角速度出现突变→奇异点。故通过检测关节角速度便可以检测奇异点。

（7）通过检测关节速度将机器人的运动从坐标运动（MOVL）转为关节（MOVJ），其中涉及机器人运动学的正逆解问题。

### 二、多机器人协同运动规划

在大规模制造、运输的场景下，单个机器人往往无法完成工作，需要多个机器人同时承担工作任务。此时多机器人协同规划就非常关键，其决定了整个系统的运行效率和准确性。多机器人协同规划算法可分为集中式运动规划方法、分布式规划方法和集群运动规划方法。

#### （一）集中式运动规划方法

在集中式运动规划框架中，中央控制单元为所有机器人移动规划路径，实现机器人之间的"紧密和最优协调"，规划的路径往往是最优的。这种集中式运动规划主要包括搜索类方法和优化类方法两种实现方式。

1. 搜索类方法

首先单独为每个机器人规划路径，然后搜索冲突并进行调节，最终产生无冲突路径。

2. 优化类方法

首先利用现有集群机器人全局规器为每个机器人规划出初始的离散解，然后构造优化函数，在离散解的基础上获得可行轨迹。

#### （二）分布式运动规划方法

在分布式运动规划框架中，每个机器人根据自身传感器采集的信息单独规划自己的路径和运动，然后通过互相通信来交换彼此的信息，这种方法更适合动态环境。

#### （三）集群运动规划方法

针对车间环境的高动态性、复杂性和不确定性，集群运动规划方法是一种基于自适应深度强化学习的混合规则实时调度方法。其采用基于概率采样的快速搜索方法，研究可行路径的快速寻找的路径规划和动态重规划，实现集群机器人可行路径的快速寻找，在作业时间允许的范围内不断优化和寻找更优的路径，确保规划路径的可达性和作业效率。

## 6.2.3 机器人控制关键技术

### 一、机器人阻抗控制技术

阻抗由电路中的电阻、电感和电容等元件决定，阻抗控制是通过调节电力系统中的阻抗来实现对电流、电压的控制方法。阻抗控制能够确保机器人在受约束环境中进行操作，同时保持适当的交互力，因此在接线过程中采用阻抗控制对机器人力控制。由于机器人的动力学方程为二阶微分方程，因此阻抗系统一般选用一个质量—弹簧—阻尼二阶系统模型表示，二阶系统模型如图 6-9 所示。

其微分方程为

$$m\ddot{x} + b\dot{x} + kx = f \tag{6-18}$$

式中　$m$——质量；

　　　$b$——阻尼；

　　　$k$——刚度；

　　　$x$——位置；

　　　$f$——外力。

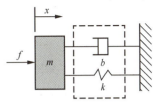

图 6-9　二阶系统模型

对式（6-18）进行拉普拉斯变换，可以得到

$$(ms^2 + bs + s)X(s) = F(s) \tag{6-19}$$

阻抗定义为

$$Z(s) = \frac{F(s)}{X(s)} \tag{6-20}$$

导纳 $Y(s)$ 为阻抗的倒数，因此

$$Y(s) = \frac{1}{Z(s)} = \frac{X(s)}{F(s)} \tag{6-21}$$

系统的输入为机器人位置，输出为关节力，即系统位置的变化引起接触力的变化。机器人阻抗控制模型和二阶系统的动态模型一致，可以表示为

$$M\ddot{X} + B\dot{X} + KX = F_{\text{ext}} \tag{6-22}$$

式中　$M$——惯性矩阵；

　　　$X$——机器人末端的实际位置；

　　　$B$——阻尼矩阵；

　　　$K$——刚度矩阵。

机器人和外界接触时，机器人末端会产生接触力 $F_{\text{ext}}$，因而使得机器人各关节受到外力矩作用，通过测量各关节力矩传感器的扭矩，不需要末端加装六维力矩传感器，就可以间接计算机器人末端与环境间的交互力。

根据式（6-23），可以计算期望的末端加速度，即

$$\ddot{x}_d = M^{-1}(F_{\text{ext}} - B\dot{x} - Kx) \tag{6-23}$$

式中　$x$、$\dot{x}$——系统当前状态。

根据雅可比矩阵 $J(\theta)$ 以及 $\dot{x} = J(\theta)\dot{\theta}$，可以求解出期望的关节角速度，为

$$\ddot{\theta} = J^{-1}(\ddot{x}_d - J(\theta)\dot{\theta}) \tag{6-24}$$

根据拉格朗日方法得到动力学方程为

$$\frac{\mathrm{d}}{\mathrm{d}t}\left(\frac{\partial L}{\partial \dot{q}}\right) - \frac{\partial L}{\partial q} = J^T F_e + \tau \tag{6-25}$$

式中　$F_e$——外力 / 力矩；

$\tau$——驱动力矩。

将式（6-25）整理为操作空间的规范形式，得

$$\hat{M}(q)\ddot{x}+\hat{C}(q,\dot{q})\dot{x}+\hat{N}(q)=F_e+J^{-T}\tau \qquad (6\text{-}26)$$

根据式（6-26），可以求出 $F_e$ 为

$$F_e=\hat{M}(q)\ddot{x}+\hat{C}(q,q)\dot{x}+\hat{N}(q)-J^{-T}\tau \qquad (6\text{-}27)$$

根据式（6-27），关节力矩可以根据雅可比矩阵和动力学相关函数转换成为操作空间的末端力，基于末端操作力可以研究笛卡尔空间的阻抗控制。由机器人动力学参数和运动参数计算 $F_e$ 时，在不影响结果的前提下，对于惯性项和科氏力与离心力的耦合项可以进行适当简化和忽略。

定义误差变量为

$$\bar{x}=x-x^d \qquad (6\text{-}28)$$

式中　$x$——实际值；

$x^d$——期望值。

建立目标闭环动力学，有

$$H\ddot{\bar{x}}+D\dot{\bar{x}}+k\bar{x}=F_e \qquad (6\text{-}29)$$

对于力位解耦操作，在 $Z$ 方向控制力，在 $X$ 和 $Y$ 方向控制位置，则目标闭环动力学可以表示为

$$H\ddot{\bar{x}}+D\dot{\bar{x}}+k\bar{x}=[0 \quad 0 \quad f_z \quad 0 \quad 0 \quad 0]^T \qquad (6\text{-}30)$$

位置控制可以表示为

$$x^d=[x^d \quad y^d \quad 0 \quad 0 \quad 0 \quad 0]^T \qquad (6\text{-}31)$$

力位解耦约束任务的控制方案可以基于运动学和静力学得到，将式（6-30）和式（6-31）代入式（6-26），整理可得系统动力学模型，即

$$\tau=J^T(\hat{M}\ddot{x}^d+\hat{C}\dot{\bar{x}}^d+\hat{N}-(\hat{M}-H)\ddot{\bar{x}}+(\hat{C}-D)\dot{\bar{x}}-K\bar{x}) \qquad (6\text{-}32)$$

根据阻抗控制原理，阻抗控制器框图如图 6-10 所示，$F_d$ 为期望力，$F_z$ 为实际接触力，$F_{error}$ 为力的误差，将经过 PID 的力误差作为输入传给阻抗控制器。

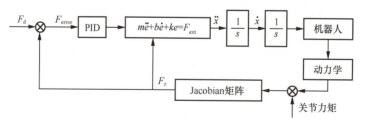

图 6-10　阻抗控制器框图

## 二、机器人力位混合控制技术

力 / 位混合控制是将力和位置控制模式转化到相互正交平面上，相互正交的平面上分别控制两个要素。将机器人末端位置在笛卡尔坐标系下分解正交平面，在不受外界环境约束平面上采取位置控制策略，在受外界环境约束平面采取力控制策略。按照力反馈的信息

对末端位置做出调整，达到力和位置的平衡条件。

**（一）直接力/位混合控制**

直接力/位混合控制系统是将其控制模式分为在正交平面上，分别实现位置控制及力控制。完成末端接触力及期望位置的追踪，达到末端接触力和位置的预期状态。

位置控制平面通过关节编码器测量得到的关节角位移，计算出机器人笛卡尔空间末端位姿。采集位姿信息与理想期望位姿做差值，建立 PD 控制实现位置闭环控制。在位置控制平面上希望其反馈增益大，可以很快地保证位置追踪效果。力控制平面一般选取多维力传感器实时采集机器人末端与环境间接触力，跟期望接触力对比分析其跟踪效果。根据其接触力跟踪误差建立 PI 控制实现力闭环控制，在力控制平面上希望其反馈增益小。不会在短时间内产生过大的力浮动，在机器人末端与外界环境接触时呈现出柔顺特性。力/位混合控制直接在正交平面去控制末端位置及末端接触力，位置控制和接触力控制相互独立且响应速度快。直接力/位混合控制框图如图 6-11 所示。

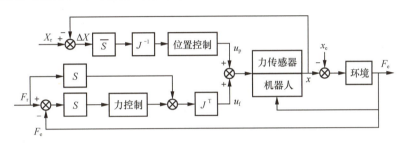

图 6-11　直接力/位混合控制框图

**（二）间接力/位混合控制**

传统工业机器人普遍采取位置控制的策略，许多机器人厂家都没有给予用户力控制平面开放权限。且力控制平面上极易引进外界误差及噪声影响，因此在力控制空间很难保证各关节驱动力矩。力驱动平面上很难达到稳定的追踪效果，影响末端执行器的运动轨迹，追踪过程中可能会产生震颤行为。为了规避力控制平面带来的误差影响，因此提出采取间接力/位置混合控制结构实现力平面和位置平面控制。间接力/位混合控制框图如图6-12所示。

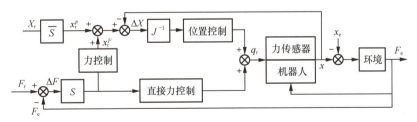

图 6-12　间接力/位混合控制框图

在间接力/位置混合控制中，机器人借助六维力传感器感知末端与外界接触交互力 $F_e$ 并与期望接触力 $F_r$ 做差值得 $\Delta F$。根据其差值在力控制模块得到修正轨迹补偿到预设轨迹中，修正预设轨迹实现位置控制。间接力/位混合控制策略中控制末端接触力其实质上是在直接力/位混合控制中添加了位置和接触力的控制逻辑，根据受力状态修正预设轨迹间接实现力平面控制。间接力/位置混合控制具有较强的稳定性，同时具备直接力/位混合控制策略响应速度快的特点。由于该控制策略添加了末端位置和接触力之间的控制逻辑，机器人与外界环境接触产生交互行为时，力控制平面的精度将会受到位置控制平面的影响，多因素的影响很难直接保证力控制平面精度。

# 6.3 基于机器人技术的智能检测典型应用场景

## 6.3.1 机器人自动封样

配网物资检测是保障设备质量的关键防线，在检测过程中为保障检测的公正性需对试品铭牌进行封样，杜绝人为干涉检测结果。以变压器为例，在变压器抽检过程中，成百上千种变压器需要调度、转运，即便目前输送自动化应用已经十分成熟，但是在铭牌位置识别与粘贴标签方面还是难以实现自动化，特别变压器的生产厂家较多，变压器体积大，找铭牌、铭牌处理、贴标签需要耗费大量的人力资源，因此进行物资铭牌的自动封样是有必要的。项目采用视觉定位系统对变压器进行铭牌模板匹配，通过比对铭牌姿态来确定铭牌最佳角度。进行机器人手眼标定，将铭牌信息从世界坐标系转化到机器人坐标系，最后对铭牌厂家信息智能处理，以此实现机器人封样制作。

### 一、系统组成

智能封样装置主要由协作机器人、视觉定位系统、贴标夹具、标签打印机等组成，见表 6-1。

表 6-1 智能封样装置系统组成

| 序号 | 名称 | 功能 | 数量 |
|---|---|---|---|
| 1 | 协作机器人 | 6 轴协作机器人，视觉定位系统和贴标夹具的运动载体 | 1 套 |
| 2 | 视觉定位系统 | 采用机器视觉生成空间三维坐标，进行贴标位置确定 | 1 套 |
| 3 | 贴标夹具 | 依附视觉系统的定位，机器人末端安装贴标装置，实现精准贴标，贴标位置精度 ±5mm | 1 套 |
| 4 | 标签打印机 | 高速打印标签 | 1 套 |

### 二、技术路线

（1）通过配电变压器结构形式及尺寸参数构建三维模型，基于机器视觉技术结合配电变压器模型参数开展配变铭牌的智能定位与识别。

（2）机器人系统通过内部运动规划算法，得到机器人封样作业的工作路径，机器人根据规划路径携带贴标夹具自动运动到标签前方，吸取标签；运动到视觉定位点位置进行贴标，完成封样。

### 三、工作流程

封样工位示意如图 6-13 所示。

（1）工作过程中，输送线将配电变压器试品输送至盲样工位，光电开关捕捉信号，挡停动作，对托盘定位。

（2）协作机器人带动视觉相机依次扫描变压器试品顶部，确定变压器相对位置偏差，通过计算规划四周铭牌位置扫描路径。

（3）路径规划完成，机器人携带视觉系统，识别定位铭牌位置并拍摄铭牌信息，将位置信息告知机器人。

（4）信息管理软件将过滤后的信息传输给标签打印机，之后打印试品主要参数信息，协作机器人带动工装夹具吸取打印完毕的标签纸，并按照视觉定位坐标规划路径将标签贴在试品铭牌处。

（5）盲样完成后，试品经输送线运转至各检测工位，开展检测。

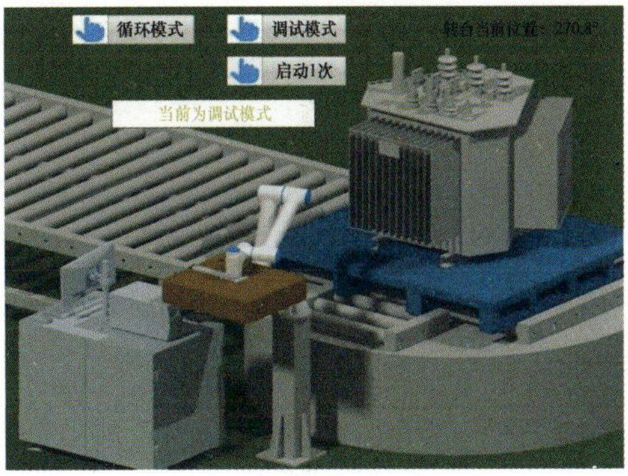

图 6-13　封样工位示意

## 四、基于机器视觉的铭牌智能识别技术

配电变压器铭牌平面特征提取基于二维图像处理，将其识别分为两个筛选阶段，第一次筛选得到配电变压器铭牌大致范围的外侧轮廓，第二次识别厂家信息所在的精确位置。

### （一）图像灰度化处理

首先对图像进行灰度化处理，彩色图像默认载入通道一般为 3 通道 24 位图像，以 RGB 色彩模式载入，通过对（R）红（G）绿（B）蓝 3 个通道载入，每个通道不同的分量共同构成了不同的色彩。在此颜色空间中，如果把通道进行拆分，分别得到 R、G、B 3 个通道的不同的值，此时图像呈现出的色彩就是单通道 8 位灰度图像，每一个像素的值代表此点像素由暗（值为 0）到亮（值为 255）的程度。图像中的每个像素点分别用 $R(i, j)$、$G(i, j)$、$B(i, j)$，来表示图像的色彩，对彩色图像进行灰度化处理是很有必要的，在灰度图像中，图像信息变少，图像特征更加突出，便于特征提取和特征分析，这里使用加权平均法对图像进行灰度化处理。加权平均法是以原始图像中的每个通道的值做加权平均，得到的计算结果作为灰度图像的值，灰度化值计算公式为

$$gray = 0.299 \times red + 0.587 \times green + 0.114 \times blue \tag{6-33}$$

### （二）选取 ROI 区域

然后进行分割模型感兴趣区域（Region of Interest，ROI），加快模型识别分析速度、降低识别误差。再进行二值化，通过适当的阈值选取将 256 个亮度等级的灰度图像转化成可以明显反映图像整体和局部特征的二值化图像。图像的二值化，设定一个阈值 $Q$，用 $Q$ 将整个图像的像素分成两个部分，其中一个部分的像素高于阈值为 1，另一个部分的像素低于阈值为 0，所以整个图像呈现出了黑、白两种色彩，对于原始图像过滤了大部分不利于特征分析的因素，突出了待分析区域的所有特征，二值化区域与原始图像区域的交集就是待分析区域提取的重要手段。要从配电变压器铭牌中寻找铭牌的二维码和销钉端子，就需要使用图像的二值化处理。通常，图像二值化的方法有全局二值化、局部二值化及局部自适应二值化等。

1. 全局二值化

设定一个全局阈值 $Q$，在图像中灰度值只要大于 $Q$ 就设定为黑，小于 $Q$ 就设定成白。使用这种方法得到的二值化区域，会丢失大量的图像信息，一些必要的图像细节未被保留，所以这种方法在图像处理的过程中使用不多。为了保留更多的图像信息，使用局部二值化能得到较好的结果。

2. 局部二值化

将整个图像规划成 $n$ 个区域，然后在每个区域内按照不同的 $Q$ 值对图像进行二值化。

但是这种方法也存在一定的缺陷，就是阈值 $Q$ 的选取缺乏算法的支持，只能通过手动对图像进行处理。这个缺陷的存在，可以用自适应局部二值化来处理解决。

3.局部自适应二值化

在之前所介绍的局部二值化的过程中，使每个区域的选择更加合理，使二值化的阈值选择更加能够有利于后续的图像分析。在此种方法中，阈值的选择一般结合到了像素的平均值、平方差，像素区域具有的特征，包括矩形度、圆度、凹凸性等特征。通过这种方式进行二值化的图像，能够保留待分析的大部分细节，同时使图像特征更加明显，更有利于分析。

在实际应用中，局部自适应二值化使用频率是最高的，在使用自适应局部二值化的过程中，相关的区域分割算法需要自行添加，配电变压器铭牌的局部特征分析，使用的就是局部自适应二值化方法。

### 五、关键模块

#### （一）协作机器人

协作机器人作为执行单元的核心部件，是实现盲样贴标柔性化的关键。由其与视觉系统搭配，可实现变压器试件位置识别，贴标路径规划，取标贴标等一系列复杂的执行动作。

根据目前物资库输送线及物料托盘尺寸（1600mm×2000mm）考虑，为实现此尺寸范围内试件的盲样任务，选取作业范围较大的协作机器人配合转台，实现既定范围内被试件工作表面覆盖。

协作机器人采用轻量化设计，造型优美，拥有完美的负载和自重比，如图 6-14 所示。与此同时该机关键零部件皆采用进口产品加持，具有噪声低、运行平稳、故障率低、高稳定性等优点，为其提供应对复杂工业应用的能力。同时，该机还拥丰富的通信接口，能实现和各物料供料系统、视觉识别系统、控制系统等设备的通信交互。

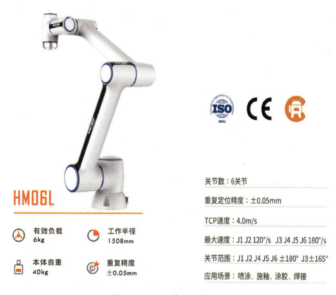

图 6-14　协作机器人

#### （二）视觉定位系统

视觉识别定位系统主要包含相机及视觉处理软件，由相机对试件特征进行特征提取，然后由视觉处理软件根据相关算法处理获取试件相关特征信息。并将相关特征信息处理后与相关执行设备及电控系统进行通信，完成路径规划，铭牌信息处理等相应工作内容。

硬件选用基于结构光的 3D 视觉相机，内部搭配高性能工业相机，通过结构光与 2D 视觉结合快速提取被测物的三维信息。结构上，相机安装于机械臂上，一方面，通过机械臂的运动可扩大摄像机的视野；另一方面，可与机械臂构成手眼系统，利用立体视觉技术，完成对铭牌的定位。铭牌识别效果示意如图 6-15 所示。

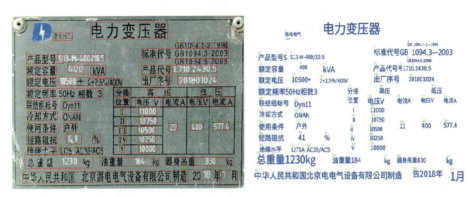

图 6-15　铭牌识别效果示意

### （三）标签打印机

视觉系统对铭牌信息进行录入，进行必要处理后由标签打印机将被检物资的型号、参数等信息打印出来，由 6 轴机械臂自动粘贴于物资表面。由于目前被测物资标签尺寸多为 160mm×120mm，为完全覆盖铭牌，此处须采用较大打印宽度标签打印机。标签打印机由全金属框架和双开门构成，如图 6-16 所示，坚固耐用，易于开合。具有快捷可靠的功能，带有 4.3 英寸的全彩触摸显屏，不仅可以让打印机状态一目了然，还可以快速更改设置。打印宽度为 6 英寸，每秒最多可打印 12 英寸。同时提供丰富的工业接口，便于自动化集成。

图 6-16　标签打印机

## 6.3.2　机器人自动接线

配电变压器作为电网使用范围最广的配网物资之一，使用数量庞大、检测需求迫切，由于目前配网设备的标准化程度还不高等因素，仍主要采用人工接线的方式。本项目采用了基于视觉识别的配电变压器智能接拆线，基于点云模板匹配、位姿估计等实现对变压器端子定位，机器人根据定位位姿，完成统一接拆线标准动作，配合配电变压器集成检测装置完成了多项目检测过程自动化作业。

### 一、系统组成

变压器自动接拆线系统主要由工业机器人、3D 视觉定位系统以及执行单元含末端拧紧机构和气动夹具、预处理工装和气动单元等组成。自动接线装置如图 6-17 所示，其组成见表 6-2。

图 6-17　自动接线装置

表 6-2　自动接线装置组成

| 序号 | 名称 | 技术参数 | 数量 |
|---|---|---|---|
| 1 | 工业机器人 | 6 轴工业机器人，完成接线及相机拍摄动作 | 1 套 |
| 2 | 3D 视觉定位系统 | 采用机器视觉生成空间三维坐标，进行接拆位置确定 | 1 套 |
| 3 | 执行单元 | 机器人末端安装快换盘装置，实现 4 种工装更换 | 4 套 |

### 二、技术路线

以工业机器人为载体，以 3D 视觉技术为配电变压器接线柱的识别与定位手段，配合配电变压器集成检测装置实现多项目检测过程自动化作业。技术路线为：①通过配电变压器结构形式及尺寸参数构建三维模型，基于机器视觉技术结合配电变压器模型参数开展配电变压器接线端子智能识别与定位；②针对配电变压器试验中高电压及大电流要求，设计配套接线方式以及材料加工工艺，针对不同类型及尺寸的接线端子，工业机器人实现配电变压器柔性接线。配电变压器接线端子识别定位过程如图 6-18 所示。

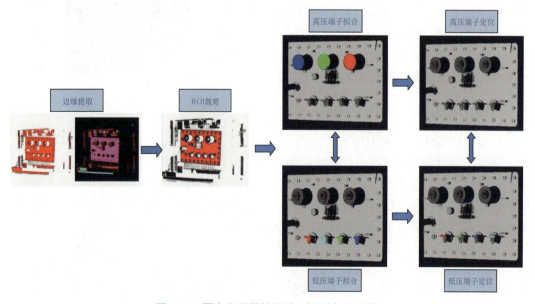

图 6-18　配电变压器接线端子识别定位过程

开始检测前，由机器人携带的视觉系统运动到系统预定的位置进行点云数据采集，然后通过软件系统的图像分割、形态学处理、特征提取、图像仿射变换、手眼标定等数据处理技术获得相关数据（螺柱大小、位置、数量、高度等）；将采集到的变压器数据与预置程序里面的变压器数据进行比对，判定变压器类型及判定变压器接线柱尺寸。通过软件算法获得同原始位置的 $X$、$Y$、$Z$ 3 轴的相对位移数据，并将数据告知机器人系统，由机器人携带执行机构进行位置和姿态调整。

### 1. 相机扫描及预处理

扫描到变压器之后，根据扫描结果判断变压器各接线柱。扫描到的变压器点云图如图 6-19 所示。

可以看出点云存在许多的噪声和离群点，因此通过直通滤波，距离阈值等方法进行点云的去噪。去噪后的变压器点云和变压器接线柱点云分别如图 6-20 和图 6-21 所示。

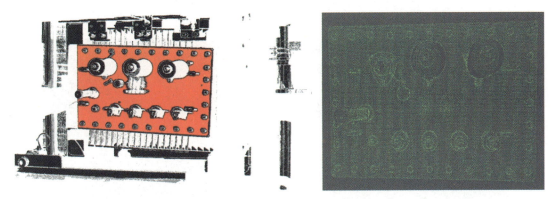

图 6-19　扫描到的变压器点云图　　　　　　图 6-20　去噪后的变压器点云

图 6-21　去噪后的变压器接线柱点云

### 2. 点云配准

根据图 6-22 所示的变压器接线柱点云，制作合理的接线柱模板，用来对应机器人接线点位。

经过初始匹配和 ICP 精配准算法，通过设定阈值步骤不停迭代进行，直到满足一些迭代终止条件，$R$、$T$ 的变化量小于了设定的阈值，并且目标函数的变化小于设定值，邻近点对不再变，准确匹配到了 3 个变压器接线柱点云。匹配结果如图 6-23 所示。

### 3. 机器人运动学求解

根据设置的点云模板分别识别出接线柱与分切开关，然后把经过算法处理过的各个接线柱与分切开关的数量、类型、位置等信息发送给工业机器人。低压、高压侧接线柱模板分别如图 6-24 和图 6-25 所示。

图 6-22　变压器接线柱点云

图 6-23　配准结果

图 6-24　低压侧接线柱模板

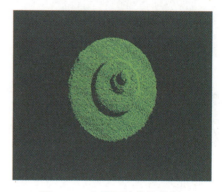

图 6-25　高压侧接线柱模板

　　机器人控制系统在获取到物体三维信息之后，将三维空间中的坐标通过手眼标定得到的转换矩阵，转化成机器人的运动轨迹。这就将坐标问题转化为机器人的逆运动学问题，根据空间中的坐标信息，反求出一系列到达目标点位置的空间点，进而计算出各个关节的运动转角。

　　通过机器人的运动学的求解，就可以实现工业机器人末端执行器运动到达指定目标的位置，实现工业机器人的接线任务。

　　4. 3D 相机标定

　　以工业机器人为柔性自动化载体，将相机中拍到的信息准确地传送给机器人。进行变压器接线端子形貌识别和定位后，还要获得基于机器人基坐标系（base）下的姿态与空间坐标位置。视觉与机器人的关联方式主要包括固定视点的眼到手（Eye-to-Hand）配置模型和非固定视点的眼在手（Eye-in-Hand）配置模型。由于变压器接线主要针对摄像机固定安装在机械臂的 Eye-in-Hand 模型进行研究，Eye-in-Hand 模型因其摄像机固定机械臂上，在工业机器人定位抓取和装配等领域有着广泛的应用。让机器人实现准确进行接线端接线，3D 相机标定主要解决两个问题：①相机坐标系中的物体与真实世界坐标系中的物体进行对应；②如何矫正镜头的各种畸变，手眼标定的精度将直接影响后续工作的精度。

### 三、工作流程

自动接线工位如图 6-26 所示。

图 6-26　自动接线工位

**1. 准备工作**

确定工业机器人的起始位置和终止位置，检查机器人系统是否正常工作。电气控制系统检测所有工件在位信号，以及故障报警清除。

**2. 进行夹具装配**

机器人自动更换适合的夹具，将夹具安装在机器人的末端，夹具与变压器线缆匹配适用。

**3. 视觉识别**

3D 视觉进行扫描定位，匹配识别接线端子位置。

**4. 完成接线工作**

机器人将夹具移动到变压器线缆的位置，将线缆放入夹具中，机器人移动到指定位置，将线缆精确地放置在变压器的接线端子中，并发出安装完成信号。

**5. 检测工作**

自动检测系统进行变压器各项数据的检测工作。

**6. 完成拆线工作**

机器人将夹具移动到变压器接线盒的位置，将线缆放入夹具中，机器人移动到线缆放置的指定位置，完成线缆拆除工作。

### 四、结合视觉的机器人高精度目标定位

#### （一）相机标定

**1. 相机标定过程**

针对相机固定安装在机械臂的 Eye-in-Hand 模型进行研究。手眼标定的前提是要进行相机标定，求解空间中的世界坐标系与图像像素坐标系的关系，即为相机标定过程。

（1）建立相机成像几何模型。计算机视觉的首要任务就是要通过拍摄到的图像信息获取到物体在真实三维世界里相对应的信息，于是需要通过相机的内参和外参建立物体从三维世界映射到相机成像平面这一过程中的几何模型。相机成像模型分为针孔线性成像模型和非线性成像模型两种。针孔线性成像模型的原理是小孔成像，非线性成像模型用来描述实际情况下由于某些因素造成的成像畸变而不能用针孔模型来准确描述的情况。

（2）矫正透镜畸变。由于透镜的制造工艺，会使成像产生多种形式的畸变，即光学透镜因偏离小孔成像原理而造成图像失真，可能将不真实不准确的图像呈现出来，从而传递错误信息。于是为了去除畸变（使成像后的图像与真实世界的景象保持一致），需要计算并利用畸变系数来矫正这种像差。

**2. 坐标系的转换**

为了建立几何模型，首先需要通过借助标准的棋盘格来分析这 4 个坐标系的关系，最终得到转换关系方程，其中的具体参数就是所需的相机参数。这其中涉及世界坐标系、相机坐标系、图像坐标系以及像素坐标系 4 个坐标系。其中世界坐标系、相机坐标系及图像坐标系统称三大坐标系，如图 6-27 所示。

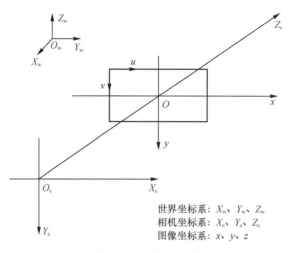

世界坐标系：$X_w$、$Y_w$、$Z_w$
相机坐标系：$X_c$、$Y_c$、$Z_c$
图像坐标系：$x$、$y$、$z$

图 6-27　三大坐标系

世界坐标系 ($O_w$-$X_wY_wZ_w$) 作为客观三维空间的绝对坐标系，可以确定相机在三维空间中的位置以及三维空间中目标物体的位置；相机坐标系 ($O_c$-$X_cY_cZ_c$) 以相机的光心为坐标系的原点，$Z$ 轴与光轴重合，且垂直于图像坐标系平面并通过图像坐标系的原点，$X$ 轴和 $Y$ 轴分别平行于图像坐标系对应的 $X$ 轴和 $Y$ 轴，相机坐标系与图像坐标系之间的距离为焦距 $f$（也即图像坐标系原点与焦点重合）；图像坐标系 ($x$-$y$) 以相机成像平面的中心为坐标原点，$X$ 轴和 $Y$ 轴分别平行于图像平面的两条垂直边缘；像素坐标系平面 $u$-$v$ 和图像坐标系平面 $x$-$y$ 重合，但像素坐标系原点位于图中左上角，$(u, v)$ 表示像素点的坐标，相机采取的图像存储形式是 $M \times N$ 的数组，其中的值代表对应点的灰度值，每个点元素称为像素。

世界坐标系与相机坐标系的转换为

$$\begin{bmatrix} x_c \\ y_c \\ z_c \end{bmatrix} = R \begin{bmatrix} x_w \\ y_w \\ z_w \end{bmatrix} + T = \begin{bmatrix} r_{11} & r_{12} & r_{13} \\ r_{21} & r_{22} & r_{23} \\ r_{31} & r_{32} & r_{33} \end{bmatrix} \begin{bmatrix} x_w \\ y_w \\ z_w \end{bmatrix} + \begin{bmatrix} t_x \\ t_y \\ t_z \end{bmatrix} \tag{6-34}$$

相机坐标系与图像坐标系的转换为

$$\begin{cases} u - u_0 = x / d_x = s_x x \\ v - v_0 = y / d_y = s_y y \end{cases} \tag{6-35}$$

世界坐标系与图像坐标系的转换为

$$\begin{cases} \dfrac{X}{f} = \dfrac{u - u_0}{f_x} = \dfrac{r_{11}x_w + r_{12}y_w + r_{13}z_w + t_x}{r_{31}x_w + r_{32}y_w + r_{33}z_w + t_z} \\ \dfrac{X}{f} = \dfrac{v - v_0}{f_y} = \dfrac{r_{21}x_w + r_{22}y_w + r_{23}z_w + t_x}{r_{31}x_w + r_{32}y_w + r_{33}z_w + t_z} \end{cases} \tag{6-36}$$

可得齐次坐标为

$$z_c \begin{bmatrix} u \\ v \\ 1 \end{bmatrix} = \begin{bmatrix} f_x & 0 & u_0 & 0 \\ 0 & f_y & v_0 & 0 \\ 0 & 0 & 1 & 0 \end{bmatrix} \begin{bmatrix} R & T \\ 0^T & 1 \end{bmatrix} \begin{bmatrix} x_w \\ y_w \\ z_w \\ 1 \end{bmatrix} = M_1 M_2 X = MX \tag{6-37}$$

式中　　$f_x$、$f_y$——分别表示图像水平和垂直的尺度因子；

$M_1$——内部参数矩阵，包含焦距、主点坐标等由相机的内部结构决定的参数；

$f_x$、$f_y$、$u_0$、$v_0$——相机内部参数；

$M_2$——外部参数矩阵，其包含的旋转矩阵 $R$ 和平移向量 $T$ 是由相机的坐标系相对于世界坐标系的位置决定的。

3. 畸变的矫正

理想的相机成像模型如式（6-37）所示，但在实际应用中，理想的针孔成像模型不能精确地描述相机的成像几何关系，使得其所求三维空间点的坐标产生误差，因为相机的光学系统存在加工和装配误差，导致相机成像过程中存在着畸变，使得成像点位置关系改变。所以必须计算并利用畸变系数来矫正畸变。一般的畸变类型有径向畸变、偏心畸变及薄棱镜畸变等。

（1）径向畸变。径向畸变是指给定图像点从理想位置箱内或向外移动，从而影响到成像平面上光轴的直线长度使其变长或变短，主要是因相机镜头同轴透镜系统的缺陷导致的。径向畸变可分为成像画面向中间聚拢呈枕头状的枕形畸变和成像画面向四周膨胀呈水桶形的桶形畸变，径向畸变在坐标系中 $X$ 轴和 $Y$ 轴方向的分量分别为

$$\begin{cases} \delta_{xr} = k_1 x(x^2 + y^2) + O[(x,y)^5] \\ \delta_{yr} = k_1 y(x^2 + y^2) + O[(x,y)^5] \end{cases} \quad （6\text{-}38）$$

式中　　$k_1$——径向畸变系数；

$O[(x,y)^5]$——关于 $x$ 和 $y$ 的高阶分量。

（2）偏心畸变。偏心畸变主要是由于相机的光学中心和成像中心不一致导致的，即透镜系统中各透镜中心关系不一致，包含径向畸变和切向畸变。其数学模型为

$$\begin{cases} \delta_{x_d} = p_1(3x^2 + y^2) + 2p_2 xy + O[(x,y)^4] \\ \delta_{y_d} = 2p_1 xy + p(x^2 + 3y^2) + O[(x,y)^4] \end{cases} \quad （6\text{-}39）$$

式中　　$x_d$、$y_d$——图像中点的坐标；

$O[(x,y)^4]$——关于 $x$ 和 $y$ 的高阶分量；

$p_1$、$p_2$——偏心畸变系数，由光学中心位置决定。

（3）薄透镜畸变。薄透镜畸变是由相机成像平面不完整决定的，包含径向畸变和切向畸变，其数学模型为

$$\begin{cases} \delta_{xp} = s_1(x^2 + y^2) + O[(x,y)^4] \\ \delta_{yp} = s_1(x^2 + y^2) + O[(x,y)^4] \end{cases} \quad （6\text{-}40）$$

（4）总畸变。径向畸变、偏心畸变和薄透镜畸变叠加后的总畸变的数学模型为

$$\begin{cases} \delta_{x(x,y)} = k_1 x(x^2 + y^2) + [p_1(3x^2 + y^2) + 2p_2 xy] + s_1(x^2 + y^2) \\ \delta_{y(x,y)} = k_1 y(x^2 + y^2) + [2p_1 xy + p(x^2 + 3y^2)] + s_2(x^2 + y^2) \end{cases} \quad （6\text{-}41）$$

式中　　$k_1$、$p_1$、$p_2$、$s_1$、$s_2$——非线性畸变参数。

高阶分量可能会导致解的不稳定，故不考虑高阶分量。一般情况下，偏心畸变和薄棱镜畸变的影响较小，且进行标定时引入了过多的非线性参数，用非线性优化算法进行参

数求解时会因过多的非线性参数导致解不稳定。故常常认为图像畸变的主要原因是径向畸变，忽略偏心畸变和薄棱镜畸变的影响。

设线性模型和非线性模型下的点坐标为$(x_u, y_u)$和$(x_d, y_d)$，其关系为

$$\begin{cases} x_u = x_d + \delta_x(x, y) \\ y_u = y_d + \delta_y(x, y) \end{cases} \tag{6-42}$$

只考虑径向畸变的数学模型为

$$\begin{cases} \delta_{x(x,y)} = k_1 x(x^2 + y^2) \\ \delta_{y(x,y)} = k_1 y(x^2 + y^2) \end{cases} \tag{6-43}$$

可见，畸变的相对值与径向半径的平方成正比，在图像中，点越靠近中心，畸变越小，越远离中心，畸变越大。

### （二）机器人目标定位

1. 三维坐标计算

眼在手（Eye-in-Hand）模型如图 6-28 所示。

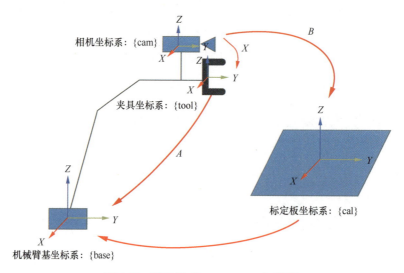

图 6-28　眼在手（Eye-in-Hand）模型

由于标定板和机器人底座固定，则有

$$H_{cal}^{base} = H_{tool}^{base} \cdot H_{cam}^{tool} \cdot H_{cal}^{cam} \tag{6-44}$$

其中，$H_{tool}^{base}$为机器人末端与机器人基坐标系的转换矩阵，是已知的，$H_{cam}^{tool}$为相机与机器人末端坐标系的转换矩阵，是手眼标定中要求的矩阵，$H_{cal}^{cam}$是相机坐标系和标定板坐标系的转换矩阵，是在相机标定中得到的相机外参，移动两次可得

$$H_{tool1}^{base} \cdot H_{cam1}^{tool1} \cdot H_{cal}^{cam1} = H_{tool2}^{base} \cdot H_{cam2}^{tool2} \cdot H_{cal}^{cam2} \tag{6-45}$$

左右移项变换一下，可得

$$H_{tool2}^{base^{-1}} \cdot H_{tool1}^{base} \cdot H_{cam1}^{tool1} = H_{cam2}^{tool2} \cdot H_{cal}^{cam2} H_{cal}^{cam1^{-1}} \tag{6-46}$$

即为$AX = XB$的形式，其中$A$，$B$均已知，即可以求出$X$矩阵，$X$矩阵即为手眼标定

的目标矩阵。

相机内参及手眼标定矩阵转换成机器人末端坐标系的三维坐标，相机内参由张正友棋盘标定法求得。

手眼标定矩阵采用则由 Tsai 两步法求得，坐标转换过程如下。

（1）通过相机标定可以得到相机内参，即像素坐标系到相机坐标系的转换矩阵，为

$$Z_c \begin{bmatrix} u \\ v \\ 1 \end{bmatrix} = \begin{bmatrix} f_x & 0 & u_0 & 0 \\ 0 & f_y & v_0 & 0 \\ 0 & 0 & 1 & 0 \end{bmatrix} \begin{bmatrix} X_c \\ Y_c \\ Z_c \\ 1 \end{bmatrix} \qquad (6\text{-}47)$$

式中　　$u$、$v$——像素的行、列坐标；

$f_x$、$f_y$、$u_0$、$v_0$——相机内部参数；

$X_c$、$Y_c$、$Z_c$——相机坐标系下的三维坐标，其中，$Z_c$ 为棋盘平面相对相机的高度，为定值。

目标工件的高度 $Z_c'$ 需要利用点云坐标映射关系得到。

（2）通过手眼标定 Tsai 两步法可以得到相机坐标系为机器人基坐标系的转换矩阵，为

$$\begin{bmatrix} X_b \\ Y_b \\ Z_b \\ 1 \end{bmatrix} = \begin{bmatrix} R & T \\ 0 & 1 \end{bmatrix} \begin{bmatrix} X_c \\ Y_c \\ Z_c' \\ 1 \end{bmatrix} \qquad (6\text{-}48)$$

式中　　$X_b$、$Y_b$、$Z_b$——机器人末端坐标系下的三维坐标；

$R$——3×3 的旋转矩阵；

$T$——3×1 的平移矩阵。

2. 实际测试

在实际测试中，我们采集 15 张机器人处于不同姿态下拍摄的标定板图片，如图 6-29 所示。

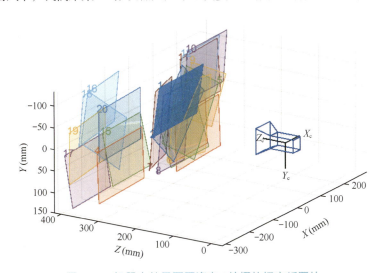

图 6-29　机器人处于不同姿态 / 拍摄的标定板图片

得到 15 张不同姿态下的图片后运用标定算法进行标定得到的相机标定和手眼标定测

试结果分别如图 6-30 和图 6-31 所示。

```
相机内参：
[603.7528277255276, 0, 634.1845521228801;
 0, 605.6801830878446, 368.0087358301469;
 0, 0, 1]
畸变系数：
[0.0592923449106026;
 -0.01654691368546606;
 0.003534448399291525;
 -0.003561133903822337;
 -0.03856244179348691]
```

图 6-30　相机标定测试结果

```
Calibration Finished:

toolHcam
   -0.990499     0.137522 -0.000522723     -57.4563
   -0.137124    -0.987905   -0.0723896      118.173
  -0.0104716   -0.0716301     0.997376      86.2121
           0            0            0            1
axis: 0.00276349  0.0362004  -0.999341
angle: 172.102
```

图 6-31　手眼标定测试结果

基于视觉的机器人高精度目标定位方法，通过对 2D 平面坐标和点云的结合，可以得到目标点在相机坐标系下的三维空间坐标。再利用手眼标定矩阵将相机坐标系下的空间坐标仿射变换到机器人末端坐标系下，最终得到目标点精确的空间坐标信息。

## 五、关键模块

### （一）工业机器人系统

工业机器人采用了 KUKA KR50-2500，如图 6-32 所示。该机器人由机械臂、控制器和控制软件组成，可实现高精度、高效率的自动化任务。其特点如下。

技术数据

| | |
|---|---|
| 最大运动范围 | 2501 mm |
| 最大负载能力 | 61 kg |
| 额定负荷 | 50 kg |
| 旋转机构/大臂/小臂的额定附加负载 | 0 kg/0 kg/20 kg |
| 位姿重复精度(ISO 9283) | ±0.05 mm |
| 轴数 | 6 |
| 安装位置 | 地面;<br>屋顶;<br>墙壁;<br>任意角度 |
| 占地面积 | 603 mm×480 mm |
| 重量 | 约559 kg |

轴数据

| | |
|---|---|
| 运动范围 | |
| A1 | ±185° |
| A2 | -175° /60° |
| A3 | -120 ° /170° |
| A4 | ±180° |
| A5 | ±125° |
| A6 | ±350° |
| 额定负载时的速度 | |
| A1 | 175° /s |
| A2 | 158 ° /5 |
| A3 | 175° /5 |
| A4 | 250° /s |
| A5 | 250° /s |
| A6 | 360° /s |

工作空间图

负载能力图　　单位：mm

KR 50 R2500设计用于额定负载能力50kg，以便最佳利用机器人的性能和动态性能。通过减小负载间距，也可以使用高达最大负载能力的更高负载。特殊的负载情况必须用 KUKA, Load进行检查。

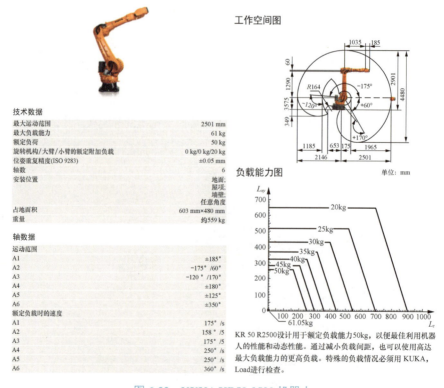

图 6-32　KUKA KR50-2500 机器人

1. 灵活性

KR50-2500 具有多轴、多关节的机械臂，能够灵活运动并完成各种复杂任务。

2. 高精度

KR50-2500 搭载精密传感器和定位系统，具备高度精准的定位和操作能力。

3. 安全性

KR50-2500 配置有安全传感器和防护装置，能够识别周围环境并保护操作人员的安全。

4. 可编程性

KR50-2500 支持灵活的编程方式，可以根据不同任务的需求进行编程和调整。

（二）3D 视觉定位系统

采用中小视野双目面扫光栅 3D 相机，产品具备中小视野及景深，灵巧的尺寸适合安装于机器人末轴使用，可在紧凑工位内近距离扫描目标工件，实现高精度定位引导。3D 视觉系统如图 6-33 所示。

图 6-33　3D 视觉系统

（三）执行单元

针对高压侧佛手式接线端子、低压侧佛手式接线端子、螺柱式端子的不同夹具的快换需求，设计开发通用快换结构，确保机器人可根据不同装夹需求快速更换装夹夹具。执行单元如图 6-34 所示。

图 6-34　执行单元

### 6.3.3 机器人自动制样

电缆保护管智能制样检测工位满足 MPP、PVC 及 HDPE 类电缆保护管的自动制样、自动流转及部分试验项目自动检测要求，主要功能如下。

（1）自动制样。电缆保护管截断、维卡制样，实现所有试样自动制取。

（2）自动检测。视觉识别、环刚度试验、纵向回缩率试验、落锤冲击试验等试验项目自动检测。

（3）自动流转。机器人＋导轨，实现试样在制样专机、检测专机间自动流转。

#### 一、系统组成

电缆保护管智能制样检测工位如图 6-35 所示。

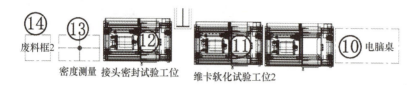

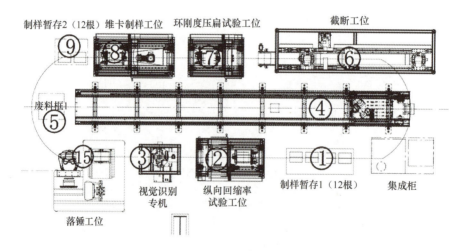

图 6-35  电缆保护管智能制样检测工位

**（一）截断专机**

截断专机如图 6-36 所示。该设备用于自动将单根电缆保护管（长度 ≤ 2m）截断成指定长度规格的样品，为后续落锤冲击试验、环刚度、压扁试验、纵向回缩率，及维卡软化制样做准备。

**（二）移动式试样搬运专机**

移动式试样搬运专机如图 6-37 所示。该设备通过移动机器人将定长电缆保护管试样搬运至落锤冲击试验机、电子万能试验机、接头密封试验机、老化试验箱及维卡制样专机；将制好的试样放至对应的接驳位，自动完成精确定位、试样抓取、移载、

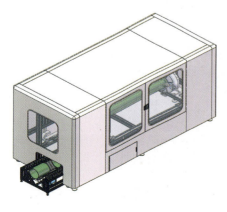

图 6-36  截断专机

与专机交互等处理。

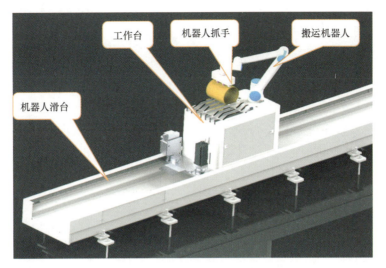

图 6-37　移动式试样搬运专机

**（三）视觉识别专机**

通过视觉识别专机自动判断落锤冲击试验及纵向回缩率试验结果。在落锤冲击试验后，由试样搬运机器人将试验后的电缆保护管放至视觉识别专机专用载货平台中，由视觉相机自动识别试品表面有无裂纹或破裂并上传结论。相机检测组件如图 6-38 所示。纵向回缩率试验后，试样搬运机器人将试品从空气老化箱中取出放入视觉识别专机载货平台，视觉相机自动测量试验后电缆保护管划线长度并上传试验数据至管控系统。

**（四）自动落锤冲击试验专机**

自动落锤冲击试验专机如图 6-39 所示。该设备主要用于对塑料管材进行落锤冲击试验。移动式试样搬运专机将管段试样自动送入试验专机，试验专机自动完成落锤冲击试验。

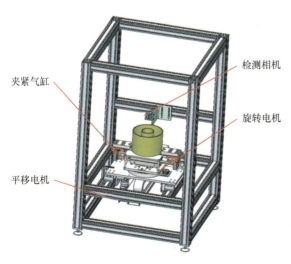

图 6-38　相机检测组件

图 6-39　自动管材落锤冲击专机

**1. 锤体部分**

设计为多个重量锤体放置工位，配套一个自动移进移出机构实现不同重量锤体的更换，锤头部分为标准 D90 无需更换。

**2. 自动定高功能**

放有管材的 V 型铁试样座移进设备底座后，自动控制 V 型铁试样座上升，当管材的上缘被光电传感器检测到后停止上升，此时管材处于冲击的零点位置。

**（五）纵向回缩率试验专机**

纵向回缩率试验专机如图 6-40 所示。该设备主要用于对塑料管材进行纵向回缩率试验。移动式试样搬运专机将管段试样自动送入试验专机，试验专机自动完成纵向回缩率试验。

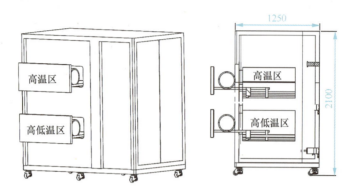

图 6-40　纵向回缩率试验专机

纵向回缩率试验专机采用上、下两层温度设计方式，上层满足各种电缆保护管热收缩试验温度要求，下层采用高低温一体式设计，可以完成落锤冲击试验需要的 0℃、-5℃需求，也可满足环刚度 +80℃、热收缩 +150℃试验要求。

纵向回缩率试验专机的两层抽屉均可自动伸缩，供机械手自由抓取，也可手动人工按钮试验。抽屉尺寸设计满足三段试验（试验规格为 $\phi$250、长 200±20mm），水平放置。

**（六）维卡制样专机**

维卡制样专机如图 6-41 所示。该设备主要用于对塑料管材进行维卡制样，为后续维卡软化试验做预处理工作。移动式试样搬运专机将管段试样自动送入维卡制样专机，制样专机自动完成对管件的铣削作业，切割成设定厚度。

维卡制样专机是通过伺服电机丝杠副组成三轴机械联动机构，每种样品制取时都需要选取相对应的走刀程序，通过电主轴带动单刃铣刀对电缆保护管进行铣削，三轴联动机构完成铣削走位。

**（七）环刚度压扁专机**

环刚度压扁专机如图 6-42 所示。该设备主要用于对塑料管材进行环刚度及压扁试验。移动式试样搬运专机将（300±10）mm 管段试样自动送入试验专机，试验专机自动完成环刚度或压扁试验。

环刚度压扁机专机是通过伺服电动缸配合尺寸测量

图 6-41　维卡制样专机

装置组成的。设备下方有与协作机器人联动机构来收取样品，输送到压接位置，压接位置配备伺服电动缸对电缆保护管进行压接，同时测量装置通过伺服电机，深入电缆保护管内壁，在压接过程中同步检测并实时上传压接数据。

（八）维卡软化试验专机

维卡软化试验专机如图 6-43 所示。该设备主要用于对塑料管材进行针头刺入试验。人工将管段试样手动送入试验专机，试验专机自动完成维卡软化试验。

通过纵向回缩率试验专机对维卡软化试验样品进行温度控制，在一定条件下（试样升温速率、压针横截面积、施加于压针的静负荷、试样尺寸等），系统控制压针头以 50N±1N 的力刺入试样 1mm，并自动测定及上传此时的试验温度，作为维卡软化点温度，以℃表示。

图 6-42　环刚度压扁专机

（九）接头密封试验专机

接头密封试验专机如图 6-44 所示。该设备主要用于对塑料管材进行接头密封试验。人工将管段试样手动送入试验专机，试验专机自动完成接头密封试验。

图 6-43　维卡软化试验专机

图 6-44　接头密封试验专机

1. 气动密封机构

将待检测的管件放置气动密封装置上、下两端，压紧机构将气动密封装置压入管件后对环形气充气加压，使得环形气自动填充管件内壁间的缝隙，确保密封不泄漏。

2. 压紧机构

压紧机构通过电机加导杆的形式来对待检测密封性的管件进行加压。压紧机构压头下端对已安装气动密封装置的管件上端施压一定压力。

3. 注液系统

注液系统对气动密封装置下端进行注水加压并保压一定时间，以此判断管件接头处密封性是否良好。

二、技术路线

以协作机器人为载体，以 3D 视觉技术为辅助，配合多台试验设备，多任务调度，实现电缆保护管多项目自动化检测。

通过机器人高精度空间定位技术，多传感技术实现实验过程中试样搬运准确，保证试样在狭小空间搬运时避免碰撞、掉落风险。

### 三、工作流程

保护管原材通过截断专机被截断成指定长度后，通过移动式试样搬运机器人将试样依次搬运至相应工位完成一系列试验后，控制系统自动提取各个工位的试验数据生成试样检测报告。

### 四、关键模块

#### （一）移动式试样搬运机器人

机器人将定长电缆保护管试样搬运至落锤冲击试验机、电子万能试验机、接头密封试验机、老化试验箱及维卡制样专机；将制好的试样放至对应的接驳位，自动完成精确定位，试样抓取、移载、与专机交互等处理。机器人搬运实景如图 6-45 所示。

图 6-45　机器人搬运实景

#### （二）专机与机器人交互协助模块

专机与机器人交互协助模块是本项目自动化无人化技术中的一个关键部分，它主要负责实现专机与机器人之间的有效交互和协作。

专机与机器人交互协助模块是指一系列技术、硬件和软件组件的集合，它们共同工作以实现专机与机器人之间的信息交流、任务分配和协作执行。

1. 主要功能

（1）信息交换。设备和机器人之间能够相互传递信息，如数据、指令和状态更新。

（2）任务分配。根据设备和机器人的能力、状态和任务需求，合理分配任务。

（3）协作执行。设备和机器人能够协同工作，共同完成复杂的任务。

2. 技术组成

（1）硬件接口。用于连接设备和机器人的物理接口，如 USB、串口、网络等。

（2）通信协议。确保设备和机器人之间能够正确、高效地进行信息交换的通信规则和标准。

（3）交互界面。提供用户与设备和机器人进行交互的界面，如触摸屏、语音识别、手势识别等。

（4）数据处理。对从设备和机器人收集到的数据进行处理和分析，以支持任务分配和决策制定。

# 7 第7章

# 新 型 检 测 装 备

在当今日新月异的科技时代，新型检测装备正以其独特的优势，引领着测量与质量控制领域的深刻变革。这些装备不仅具有高度的自动化和智能化特性，更在精准度、效率和稳定性方面实现了显著的提升，为各行各业的发展提供了强有力的支持。

新型检测装备在多个方面展现了其优越性。首先，在精准度方面，这些装备采用了先进的传感技术和算法，能够实现对目标对象的精确测量和分析，从而避免了人为因素导致的误差，提高了测量的准确性；其次，在效率方面，新型检测装备通过自动化和智能化的操作方式，大幅减少了人力投入和时间成本，实现了对大规模数据的高效处理和分析；最后，在稳定性方面，这些装备经过严格的质量控制和优化设计，能够在各种恶劣环境下稳定运行，保证了测量结果的可靠性和一致性。

随着科技的不断进步和市场的不断需求，新型检测装备将继续向更高精度、更高效率、更高稳定性的方向发展。未来，这些装备将更加注重智能化和集成化，实现与其他设备的无缝对接和协同工作，为各行各业的发展提供更加全面、高效的支持。

总之，新型检测装备以其独特的优势和广泛的应用领域，正在成为推动科技进步和社会发展的重要力量。本章主要介绍在电力物资检测领域的新型检测装备。

## 7.1 成盘电缆快速检测装置

### 7.1.1 检测原理

#### 一、简介

成盘电缆快速检测装置是一种专门用于检测电缆性能的设备，它能够对成盘电缆进行快速、准确、全面的检测，从而确保电缆的质量和安全性。该设备具备自动测量电缆长度、直阻、电缆内芯截面积的功能，提高了检测效率。装置通常配备有直观的用户界面和智能化的操作系统，使得操作更加简单方便。成盘电缆快速检测装置是一种高效、可靠的电缆检测工具，对于确保电缆质量和安全性具有重要意义。随着技术的不断进步，该设备的性能将不断提升，为电缆检测提供更加全面、准确的解决方案。

## 二、工作原理

成盘电缆快速检测装置主要是通过检测电缆的长度、直阻和电缆内芯横截面积快速判断电缆的质量。其中电缆长度测量主要原理是通过脉冲反射法进行长度测量，通过测量发射脉冲与电缆中回传脉冲的时间差，进而测量出电缆长度。电缆直阻主要是通过给定一个恒流源测量电缆两端电压，进而通过欧姆定律计算电缆直阻。

当电磁波在无限长均匀传输线上以一定的速度沿线传播时，如果传输线足够长，这种传播会无止境地持续下去，而不会有电磁波的反射现象。然而，实际通信线路总是有一定的长度的，这时就会发生反射现象。将传输线看作是一个均匀的分布参数元件，行波在沿导线传播时，所遇到的波阻抗是不变的，但是当行波传播到线路终点或任意阻抗不匹配点时，电路参数会发生突变，波阻抗也随之发生突变，电压、电流行波在线路上建立起来的传播关系被破坏，即处在失配状态下。

传统上时域反射测量都假设行波波速为一固定常数，实际上，行波波速受多种因素影响，如电缆绝缘材料、电导材料及环境温度（-20～70℃）、湿度、卷曲状态、非均匀状态（中间接入 OCB 等配电设备）、不同线径（3.3～16mm）、不同信号频率（2～9MHz）等。故本项目首先对影响 TDR 波速各因素的影响程度进行定量分析，找到影响波速的关键因素，然后根据关键因素的影响程度进行定量补偿。比如，对电缆波速度进行温度补偿，由于温度补偿系数因电缆绝缘材料类别不同而不同，故需要分别对各种绝缘材料的电缆进行实验，得到其波速温度补偿系数后，再采用查表或线性插值的方法进行温度补偿。行波波速受多种因素的影响，本研究对影响波速的各种因素进行理论分析和实验验证。

## 三、电缆现场一体化快检装置

电缆现场一体化快检装置主要采用 TDR 检测技术等完成对电缆长度、电阻及横截面积的测量，其设计原理框图如图 7-1 所示。

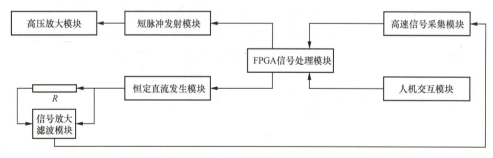

图 7-1　电缆现场一体化快检装置设计原理框图

### 1. 短脉冲发射模块

短脉冲发射模块用于对电缆发射一个脉宽极短的单脉冲信号，其脉冲宽度在 20ns 以内，发射的脉冲信号经过高压放大模块放大到 800～1000V 高压，该信号进入电缆进行传送，其信号的反射信号经过高速信号采集模块进行采样，通过 FPGA 信号处理模块对反射信号和发射信号的时间差进行计算，即可以计算出电缆长度。

### 2. 恒定直流发生模块

恒定直流发生模块的主要功能和目标是生成 100mA～10A 稳定且恒定的直流电。为了实现这一目标，它通常包含一系列电路和组件，这些电路和组件协同工作，以确保输出的直流电具有稳定的电压和电流。恒定直流发生模块首先接收交流电作为输入。通过整流电路，该模块将交流电转换为直流电。整流电路的作用是确保电流的方向始终一致，这是生成直流电的关键步骤。接下来，直流电会经过滤波电路。这一步的目的是去除电流中的纹波成分，使得输出的直流电更加平滑和稳定。纹波是直流电中不希望存在的交流成分，它们可能导致电子设备性能下降或损坏。根据需要，直流电会进一步通过变换电路进行电压或电流的调节。这可以确保输出的直流电满足特定应用的需求，例如，某些设备可能需要特定范围内的电压或电流才能正常工作。最后，通过稳定化电路，对直流电进行进一步处理，以确保输出的电压和电流稳定在设定的范围内。稳定化电路可以响应输入电源的变化，通过自动调节输出，以维持稳定的输出电压和电流。

### 3. 信号放大滤波模块

信号放大滤波模块主要是对测量电缆两端的电压信号，通过对电压信号进行放大及滤波最后信号进入采集模块进行采用计算，进而算出电缆的直流电阻。电缆直流电阻及长度测量完毕后即可以对其电缆横截面积进行计算。

## 7.1.2　装置介绍

成盘电缆快速检测装置主要集 3 种测试功能于一体，分别为直流电阻测试、电缆长度测试及电缆横截面积测试。主要包括三大模块，分别是电源输入模块、主控模块及继电器模块，每个模块都设计到一块 4U 的板卡上，其中继电器板卡可以进行扩充，以便进行提高测试点数，而且每个成盘电缆快速检测装置可以作为子机与另外的成盘电缆快速检测装置级联，这样可以很好地进行测试容量的扩充。主控板卡进行详细阐述，其他板卡进行简要说明。

### 一、电源输入模块

电源输入模块能够为成盘电缆快速检测装置提供 +12V 和 +5V 的直流工作电压，同时也可以为直租测试提供所需的交 / 直流高压。其中电源输出以指示灯的形式引出，用以显示电压已经输出，成盘电缆快速检测装置在前面板引出的电压显示用两路 +12V 直流电压输出指示灯显示、两路 +5V 直流电压输出指示灯显示、直流高压电压输出指示灯显示、交流高压电压输出指示灯显示。

对于本节设计的成盘电缆快速检测装置，其中直租测试所用的高压交流输出电压的控制主要采用的方法是控制高精度程控直流的设计方法。电源板输出特性如下：+12V 直流输出 2 路，输出电流 10A；+5V 直流输出 2 路，输出电流 10A；0 ～ 1000V 高压直流输出 1 路，输出电流不大于 5mA；0 ～ 1000V 高压交流输出 1 路，输出电流不大于 5mA。对于高压部分和低压部分（主控部分）采取不同的供电电压进行高低压隔离。电力线缆关键参数现场一体化检测装置系统结构如图 7-2 所示。

装置主要由电源管理单元、中央处理单元、电缆长度测量单元、电缆直流电阻测量单元、电缆绝缘结构尺寸测量单元、液晶显示及键盘单元、环境参数检测单元以及无线通信单元等构成。电缆直流电阻测量单元采用四端子测量法连接被测电缆。中央处理单元通过检测被测电缆导体电压降，自动调节输出电流挡位，待电流稳定后，控制继电器分别测试被测电缆电压降 $U_x$ 和标准电阻电压降 $U_0$，通过 AC/DC 模数转换处理，中央处理单元得到被测电缆直流电阻 $R_x$。通过温度检测单元测到环境温度，将被测电阻换算到标准温度下的电阻值。中央处理单元控制脉冲发射电路经过信号输出接口单元向被测电缆注入脉冲，经过电缆终端反射后回送到信号输出接口单元，经过信号处理电路，传输到高速采集模块，形成完整的行波脉冲传输波形，通过行波拐点计算时间间隔，根据被测电缆波速度自动计算电缆长度 $L$。中央处理单元由 $R_x$ 和 $L$ 以及选择的电缆材料铜或铝，自动计算被测电缆导体截面积 $S$；进一步由 $R_x$、$L$、或已知电缆导体截面积 $S$，自动计算被测电缆导体材料单位长度电阻。根据上述检测过程，可以检验被测电缆的长度、电缆导体截面积是否符合要求。绝缘结构尺寸检测通过测量信息采集接口获取电缆界面图像，通过中央处理单元分析得到电缆尺寸信息。

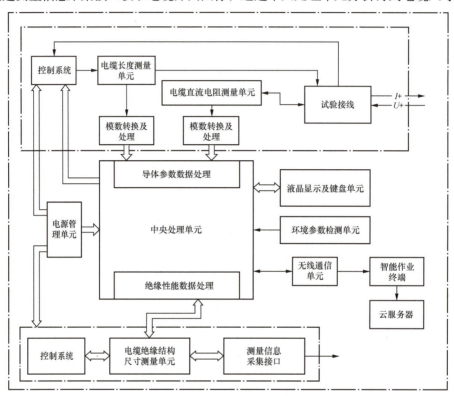

图 7-2　电力线缆关键参数现场一体化检测装置系统结构

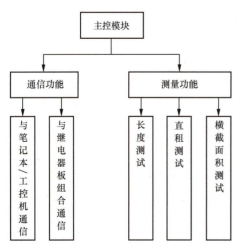

图 7-3　成盘电缆快速检测装置主控模块功能框图

## 二、主控模块

主控模块主要负责实现成盘电缆快速检测装置的测量控制功能，是成盘电缆快速检测装置测试功能的核心，包括两大功能，分别是通信功能和测量功能，通信功能包括两级 CAN 通信，本节设计的成盘电缆快速检测装置利用了主控芯片 LPC2378 自带的 CAN 通信功能进行通信，其功能框图如图 7-3 所示。其中第一级为工控机到主控板卡，第二级为主控板卡到继电器板卡模块。

### （一）通信功能

1. 与笔记本 / 工控机通信

主控制板通过 CAN1 接口与笔记本 / 工

控机进行通信，按照笔记本／工控机发出的控制指令执行相应动作。

2. 与继电器板组合通信

主控制板的 CAN2 接口与继电器组合进行通信，CAN2 接口的控制命令间接来自笔记本／工控机，通过 CAN1 转发至 CAN2 接口，也就是说，主控制板具有 CAN1 与 CAN2 通信的"传话者"的角色。

（二）测试功能

1. 长度测量

利用高压单脉冲测试法对电缆的长度进行测试。

2. 直流电阻测量

主控制板具有导通电阻测量功能，实现原理为电压比例法。

3. 电缆横截面积测量

通过对被测线缆电阻与长度进行横截面积计算。

### 三、装置测试界面

（一）样品管理

正式开始测量之前，需要建立样品的测试编号，输入电缆的参数信息，便于后期历史数据查询。电缆样品管理界面如图 7-4 所示。样品建立后，点击选择测试，即可选中某个被试编号。

（二）直流电阻测量

直流电阻测量采用 4 端子法进行电缆电阻测试，电流挡位可选择自动测量或人为选择，人为选择电流挡位时需要从最小挡开始选择。测量挡位见表 7-1。

表 7-1　　　　　　　　　　　　　　测量挡位

| 测试电流 | <20mA | 40mA | 200mA | 1A | 3A | 10A |
|---|---|---|---|---|---|---|
| 测量范围 | 100Ω～50kΩ | 1Ω～200Ω | 100mΩ～50Ω | 10mΩ～10Ω | 5mΩ～3Ω | 0.5mΩ～0.2Ω |

测量根据环境温度和电缆的材质，可以换算成 20℃ 的电阻值。电缆直流电阻测量界面如图 7-5 所示。

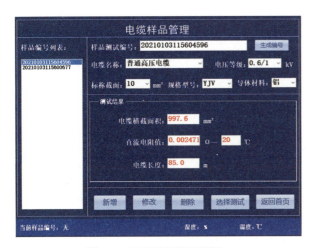

图 7-4　电缆样品管理界面

图 7-5　电缆直流电阻测量界面

在同一环境中，采用测量仪内置的温度传感器与水银温度计同时测量，每间隔 5min 同步记录读数，试验持续时间 30min。温度比对试验测量数据见表 7-2。可以看出，对于温度的测量的相对误差小于等于 0.5℃，数据结果较为准确。

表 7-2            温度比对试验测量数据

| 序号 | 温度实际值 /℃ | 温度测量值 /℃ | 相对误差 /℃ | 相对误差≤ 0.5℃ |
|---|---|---|---|---|
| 1 | 28.3 | 28.1 | -0.2 | 是 |
| 2 | 28.3 | 28.1 | -0.2 | 是 |
| 3 | 28.3 | 28.0 | -0.3 | 是 |
| 4 | 28.3 | 28.0 | -0.3 | 是 |
| 5 | 28.3 | 28.1 | -0.2 | 是 |
| 6 | 28.3 | 28.1 | -0.2 | 是 |

采用测量仪对 RRX24-50W-R6F 和 RX24-50W-R22J 两种电阻器进行测量，每个待测电阻器测量 5 次。直流电阻测量数据见表 7-3，从表中可看出，对于两种型号的电阻器，测得的数据相对误差≤ 1%，数据结果较为准确。

表 7-3            直流电阻测量数据

| 电阻器型号 | 电阻实际值 /mΩ | 电阻测量 /mΩ | 相对误差 /% | 相对误差≤ 1% |
|---|---|---|---|---|
| RX24-50W-R6F | 598.3 | 593.9 | -0.74 | 是 |
| | 598.1 | 594.0 | -0.69 | 是 |
| | 597.8 | 593.5 | -0.72 | 是 |
| | 597.9 | 593.4 | -0.75 | 是 |
| | 598.2 | 594.8 | -0.57 | 是 |
| RX24-50W-R22J | 220.1 | 219.7 | -0.18 | 是 |
| | 220.0 | 219.7 | -0.14 | 是 |
| | 220.2 | 219.6 | -0.27 | 是 |
| | 220.1 | 219.6 | -0.23 | 是 |
| | 220.1 | 219.7 | -0.18 | 是 |
| RX24-50W-R01F | 9.985 | 10.0 | 0.15 | 是 |
| | 9.985 | 10.0 | 0.15 | 是 |
| | 9.987 | 10.0 | 0.13 | 是 |
| | 9.984 | 10.0 | 0.16 | 是 |
| | 9.985 | 10.0 | 0.15 | 是 |

### （三）电缆长度测量

在进行电缆长度测量时，如果不知道电缆的传输速率，需要事先截取一定长度同规格的电缆，计算该电缆的电脉冲传输速率。

通过专门的接线装置接好线后，选择相应规格的电缆（已完成传输速率计算），点击"发射脉冲"，即可看到波形图，通过手动调节标尺移动范围，即可计算出被试电缆的长度。电缆长度测量界面如图 7-6 所示。

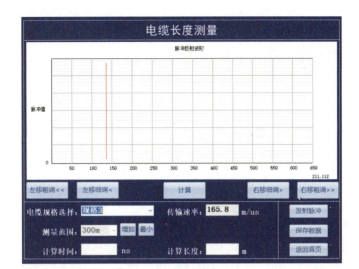

图 7-6　电缆长度测量界面

　　采用测量仪对米标 522m、801m 长的样品电缆进行测量，电缆波速设置为 203m/μs，每种长度的电缆下分别测量 5 次。长度测量数据见表 7-4，从表中可以看出，对于两种长度的样品测得长度数据相对误差小于等于 3%，数据结果较为准确。

表 7-4　　　　　　　　　　　　　　　长度测量数据

| 序号 | 长度实际值 /m | 长度测量值 /m | 相对误差 /% | 相对误差≤3% |
|---|---|---|---|---|
| 1 | 522 | 518.1 | −0.75 | 是 |
| | 522 | 518.1 | −0.75 | 是 |
| | 522 | 518.1 | −0.75 | 是 |
| | 522 | 518.1 | −0.75 | 是 |
| | 522 | 518.1 | −0.75 | 是 |
| 2 | 801 | 796.8 | −0.52 | 是 |
| | 801 | 796.8 | −0.52 | 是 |
| | 801 | 796.8 | −0.52 | 是 |
| | 801 | 796.8 | −0.52 | 是 |
| | 801 | 796.8 | −0.52 | 是 |

### 7.1.3　应用介绍

　　在总部物资部的总体部署下，各省公司全面组织清查在库电力电缆、低压电力电缆和架空绝缘导线数量，开展成盘线缆逐盘"预筛检"，测试项目为 20℃导体直流电阻。

　　**一、成盘电缆快速检测装置优点**

　　成盘电缆快速检测装置集成了电缆长度、电阻、截面积等多项测试功能于一体，并且具备高效性、准确性及便携性等特点。

1. 高效性

在效率方面，快速检测装置能够极大地减少检测时间，提高检测效率。传统的电缆检测可能需要花费大量的人力和时间，而成盘电缆快速检测装置采用先进的技术和自动化流程，可以在短时间内完成检测任务，显著提高工作效率。

2. 准确性

在准确性方面，快速检测装置通常具备高精度的测量能力，能够准确测量电缆的各项参数，包括长度、电阻、截面积等。这有助于避免因为人为因素或传统检测方法的不准确性而导致的误判或漏检，提高检测的可靠性。

3. 便携性

成盘电缆快速检测装置还具备操作简便、使用安全等优点。操作界面通常直观易懂，操作人员可以快速上手。同时，装置采用安全的电路设计，保证了操作人员的安全。

## 二、成盘电缆快速检测装置应用效果

成盘电缆快速检测装置的应用效果非常显著。截至 2021 年 2 月底，排查在库线缆共 31462 盘（356 家供应商），其中电力电缆 4324 盘（174 家供应商），预筛检合格 4157 盘，不合格 107 盘，未检测 60 盘（由于工程急用或现场不具备检测条件等原因），预筛检合格率 97.49%（未检测的不计入合格率统计），经实验室检测确认不合格 99 盘，最终合格率 97.86%；低压电力电缆在库 7279 盘（220 家供应商），预筛检合格 7031 盘，不合格 125 盘，未检测 123 盘，预筛检合格率 98.25%，经实验室检测确认不合格 112 盘，最终合格率 98.43%；架空绝缘导线在库 19859 盘（257 家供应商），预筛检合格 19139 盘，不合格 384 盘，未检测 336 盘，预筛检合格率 98.03%，经实验室检测确认不合格 377 盘，最终合格率 98.07%。总体统计数据见表 7-5。

表 7-5 总体统计数据

| 物资类别 | 在库总数 | 预筛检合格 | 预筛检不合格 | 预筛检合格率 | 未检测 | 实验室检测不合格 | 最终合格率 |
|---|---|---|---|---|---|---|---|
| 电力电缆 | 4324 | 4157 | 107 | 97.49% | 60 | 99 | 97.86% |
| 低压电力电缆 | 7279 | 7031 | 125 | 98.25% | 123 | 112 | 98.43% |
| 架空绝缘导线 | 19859 | 19139 | 384 | 98.03% | 336 | 377 | 98.07% |

# 7.2 变压器小型化检测装置

## 7.2.1 检测原理

配网变压器检测装置是基于高度集成模块化设计原理，根据不同试验功能区分，包含绕组电阻测量、绝缘电阻测量、空载试验、负载试验及感应耐压测量功能模块；各试验可自动切换，通过研制分接开关，实现各接线状态之间的切换。

在配电变压器快速检测装置的研究上，国内主要厂家还是集中在仪器仪表设备的功能性集成上，以能够完成既定的测试项目，保障测试过程和测试结果的规范性和符合相关标准，同时针对具体客户的试验场景和试验要求进行定制化开发和制造。对于日益增长的自动化、小型化、移动化、节能环保、特殊环境试验等进一步的配电变压器检测需求的相关研究和实践，则尚属空白。

1. 研究目标

研究最核心的目标之一在于配电变压器 C 类快速检测装置的小型化。小型化的目标在于减小设备体积，使其能够适应更多的空间有限的应用场景，提高设备的使用效率；还必须降低设备重量，提高设备的便携性，使其能够适应大量的室外或现场检测场景。

研究的主要目标还包括试验控制自动化和通信数据标准化的改进和实现。原有配电变压器检测类装置，受限于一体化设计的现实，无法对绝缘性能要求高的绝缘电阻试验及外施耐压试验进行自动化集成控制。

在保留原有的配电变压器 C 类快速检测类装置试验功能的基础上，采用内部单元模块化和试验组件小型化的思路来对装置尺寸和重量进行明显缩减。内部单元模块化后，可根据试验场景的要求，以搭积木的方式去除不必要的模块组件，选择必要组件进行堆叠，堆叠件间采用标准化接插件进行连接，形成实际的试验装置。试验组件小型化则是对各个组件模块进行小型化改造，选择集成度高的电气元件代替集成度低的分离元件，去除不必要的结构件，采用机械运动式开关切换装置，代替固定式开关切换装置等措施来达成装置体积的缩减。

结合以上内部单元模块化的设计思路，研究拟将高绝缘性能的试验模块和低绝缘性能的试验模块进行物理分离，从而解决这个问题。通信数据标准化的实现，则更多的是通过各内部单元模块之间的标准接插件设计及上位机 DCS 控制软件的数据格式和组件接口的标准化设计来达到。

2. 装置功能

变压器小型化检测装置作为现有检测装置的补充和延伸，实现设备到货后快速预检，提高质量检测覆盖面和针对性。此外为贯彻落实节能减排规划，国家电网公司根据《公司需求侧管理办法》等具体考核指标开展降损节能，大力推进节能减排，而能效计量检测是节能的前提条件和技术基础，并为节能增效提供评估手段，变压器小型化检测装置具备开展配电变压器 C 类试验检测能力，一次接线，自动完成所有试验项目，可快速开展配电变压器能效计量检测工作。

3. 系统构成

变压器小型化检测装置采用分体式模块化处理，依托于电力电子技术的快速发展，在积极吸收各种先进技术的基础上，独立研制、开发的全新一代的检测系统，该系统结构精简，使用便利、检测高效。

试验系统的控制操作基于 PLC 可编程逻辑控制器及计算机软件交互界面完成，通过对软件的优化设计，试验项目能够自动完成，并引入数据管理系统，可实现各个试验项目的试验结果自动保存以及试验报告自动生成，免除了试验人员的记录、输入等烦琐操作，提高了检测效率。

本系统全电脑操作，可通过键盘鼠标操作完成试验，试验后数据自动上传到本地数据库，原始数据查询时只需输入数据编号，即可自动调出数据。输入被试品编号，调取被试品基本参数，可查看历史结果。全自动升降试验电源并进行自动调速，到额定电流或电压自动停止。自动判断能效等级，锁定试验数据。试验数据自动上传到本地数据库，试验报告自动生成，报告模板动态可配。

　　系统保护采用软件及硬件以及系统互锁等多重保护，全自动进行异常电流、电压保护，并发出警报指示。设备采用便携式设计，控制部分采用一次线路和二次控制线路分开设计，大大提高了对试验人员、被试产品的安全性。

4.支持项目

　　变压器小型化检测装置试验能力满足 10kV 及以下电压等级，630kVA 及以下容量油浸式及干式配电变压器全电流，1250kVA50% 电流试验。

　　变压器小型化检测装置支持的试验项目见表 7-6。

表 7-6　　　　　　　　　变压器小型化检测装置支持的试验项目

| 序号 | 项目名称 | 检测能力级别 | | |
|---|---|---|---|---|
| | | A 级 | B 级 | C 级 |
| 1 | 绕组电阻测量 | ★ | ★ | ★ |
| 2 | 电压比测量和联结组标号检定 | ★ | ★ | ★ |
| 3 | 绕组对地及绕组间直流绝缘电阻测量 | ★ | ★ | ★ |
| 4 | 吸收比测量 | ★ | ★ | ★ |
| 5 | 空载损耗和空载电流测量 | ★ | ★ | ★ |
| 6 | 短路阻抗和负载损耗测量 | ★ | ★ | ★ |
| 7 | 感应试验测量 | ★ | ★ | |
| 8 | 在 90% 和 110% 额定电压下的空载损耗和空载电流测量 | ★ | ★ | ★ |
| 9 | 变压器最大、最小分接负载损耗和短路阻抗测量 | ★ | ★ | ★ |
| 10 | 外施耐压试验 | ★ | ★ | ★ |
| 11 | 空载谐波测量 | ★ | ★ | ★ |

　　变压器小型化检测装置的试验项目包括绕组直流电阻测试、变比及连接组标号测试、空载损耗和空载电流测量、短路阻抗和负载损耗测量、感应耐压测试、绝缘电阻测试、外施耐压测试。其中绕组直流电阻测试、变比及连接组标号测试、空载损耗和空载电流测量及短路阻抗和负载损耗测量这 4 项测试功能集成为一个测控模块；绝缘电阻测试和外施耐压测试集成为一个高压切换模块；低压控制系统集成为一个低压切换模块；再加上电池模块和程控源模块，以这五大模块构成完整的配电变压器 C 类快检试验装置。图 7-7 所示为配电变压器 C 类快检试验装置结构轮廓。

图 7-7　配电变压器 C 类快检试验装置结构轮廓

## 7.2.2　装置介绍

### 一、电源模块

　　依据《油浸式电力变压技术参数和要求》( GB/T 6451—2023 )，额定容量为 1000kVA 和额定电压为 10/0.4kV 的油浸式配电变压器的短路阻抗为 4.5%，空载损耗 0.83kW，负载损耗 10.3kW。负载试验要求电源至少提供 450V 电压输出，以及输出 10.3 kW 有功功率。依据《干式电力变压器技术参数和要求》（GB/T 10228—2023），额定容量为 1000kVA 和额定电压为 10/0.4kV 的干式配电变压器的短路阻抗为 6%，空载损耗为 1.41kW，负载损耗（绝缘等级 H）为 8.76kW。温升试验要求电源至少输出 600V 电压，以及输出最大 8.76kW 有功功率。基于以上分析，考虑到感应耐压试验需提供 800V 试验电压，试验电源选择一台三相程控源，容量 15kW/0.8kV；搭配 90kvar/0.69kV 分相补偿电容，既满足试验要求，也将电源体积最小化。

### 二、测控模块

为减少整个系统的体积，直流电阻测试模块、变比测量模块以及绝缘电阻测量模块均采用紧凑封装的结构形式。由于不考虑温升试验，直流电阻测试仪采用单电源单通道形式，进一步减少了体积。

额定容量为 1000kVA 10/0.4kV 的配电变压器，负载试验时最大电流 57.7A，可将功率分析仪和测量电流互感器集成到一台变压器特性测试仪中。在标准允许范围内，可扩展进行 2000kVA，10/0.4kV 50% 电流下的配电变压器检测。

通过采用无线通信的技术方案，可将 Windows 笔记本电脑或平板电脑作为系统操作人机界面，使结构进一步紧凑化。同时也提供了移动应用的便利性。

### 三、高压切换模块

图 7-8　高压切换箱绝缘电阻单元

高压箱内部组件包括绝缘电阻测量组件、外施耐压测试组件及高压切换组件。高压切换箱绝缘电阻单元如图 7-8 所示。高压切换组件负责将测控箱内的直阻测量组件端子、变比测试组件端子，以及高压箱内的高压空载端子、高压接地端子、高压绝缘电阻测试端子与被试品的一次侧端子进行连接，以完成试验项目。连接的过程主要通过高压顶升装置来实现。

#### （一）技术要求

顶升装置的实现，主要从电器绝缘强度、绝缘电阻值要求、载流量要求、各项试验电气接线要求及便于控制和安装等方面来考量。具体技术需求见表 7-7。

表 7-7　顶升装置技术需求

| 需求项 | 需求描述 |
| --- | --- |
| 电气绝缘强度 | 50kV 工频耐压，空气绝缘及爬电绝缘耐压距离 |
| 绝缘电阻值要求 | 直流电压 5kV 测试绝缘电阻，电阻值 ≥ 500GΩ |
| 各项试验载流 | 测试电气连接导线 ≤ 2A/mm²，接触电阻 ≤ 20μΩ |
| 控制要求和安装 | 电气性能稳定可靠，安装结构合理、保证电气距离要求 |

#### （二）实现方法

1. 绝缘材料载体

采用高绝缘材料作为安装载体，用于安装电气连接端子和顶升执行推杆。

2. 电气连接端口

根据试验项目接线需要，采用对应的接线方式来满足不同试验项目的电气对接。

3. 执行推杆

执行顶升运动的动力，通过执行推杆的上升和下降来实现电气的接通与断开，达到电气功能的切换目的。

4. 执行推杆安装底座

固定执行推杆并限制推杆运动方向的稳定，保证运动准确性和可靠性。

5. 探针

实现电气连接，确保电气连接的可靠性和电气导电载流量要求。

（三）方案介绍

（1）方案可满足试验项目工频耐压试验的投入和分断，隔离与其他试验的关联。

（2）方案可满足试验项目绝缘电阻测试的投入和分断，隔离与其他试验的关联。

（3）方案可满足试验接地的投入和分断，隔离与其他试验的关联。

（4）方案可满足变压器试验项目的变比组别测试、线圈直流电阻测试、空载损耗测试、负载损耗测试、感应耐压试验的电压和电流的投切，满足相关试验的导电载流密度和电压隔离。

图7-9　低压切换箱内部结构及外观

## 四、低压切换模块

低压箱切换内部组件包括绝缘电阻测量组件、外施耐压测试组件、低压切换组件。低压切换箱内部结构及外观如图7-9所示。

低压切换组件负责将测控箱内的直阻测量组件端子、变比测试组件端子，以及低压箱内的低压负载端子、低压接地端子、低压绝缘电阻测试端子、低压感应耐压端子与被试品的二次侧端子进行连接，以完成试验项目。连接的过程主要通过低压顶升装置及低压负载短接装置来实现。低压顶升装置的设计与高压顶升装置类似，下面主要描述低压负载短接装置的实现。

（一）技术要求

短接装置的实现，主要从绝缘强度、绝缘电阻值要求、载流量要求、各项试验电气接线要求及便于控制和安装等方面来考量。短接装置技术需求见表7-8。

表7-8　短接装置技术需求

| 需求项 | 需求描述 |
| --- | --- |
| 短接装置的电气载流量 | 满足额定工况的温升试验要求 |
| 短接装置的电气接触电阻 | 满足电气回路中接触电阻的试验要求，接触电阻值≤20μΩ |
| 短接装置的绝缘耐压 | 满足交流耐压50kV（50/60Hz），耐压时间60s |
| 短接装置的绝缘电阻要求 | 整个装置绝缘电阻≥50GΩ，断口之间主绝缘件绝缘电阻值≥400GΩ |
| 短接装置断口机械动作次数 | 10000～15000 |
| 短接装置端口重复动作接触电阻偏差率 | ≤10% |

**（二）实现方法**

**1. 绝缘材料**

选用优质绝缘材料作为装置载体，保证装置整体绝缘耐压达标，整体绝缘电阻值≥100GΩ，温度 -10 ～ 40℃，相对湿度 30%RH ～ 65%RH。

**2. 电气主体**

电气导电连接材料采用电工红（紫）铜，选择合适的导电电流密度来满足载流量的要求和温升载流要求。

**3. 动、静触头**

动触头采用电工红（紫）铜作为载体，镀银工艺处理，静触头采用电工红（紫）铜作为载体，安装卡紧弹簧作为动、静触头接触压紧动力，达到减小接触电阻的目的，以减少自身接触电阻损耗功率，实现温升试验达标。

**4. 动作执行**

选用执行推杆作为动作机构。实现装置分断与接通动作。

**5. 端口绝缘要求**

利用动、静触头之间的距离，空气作为绝缘介质，断口之间绝缘耐压 AC10kV（50/60Hz），绝缘电阻值≥ 400GΩ。

**6. 动作执行电气电路**

交流 220V 或直流 24V 作为工作电源，通过 RS-485 通信远程控制。

**（三）方案介绍**

**1. 触指**

触指安装在短接铜排上，通过执行推杆推入、拉出弹簧触头实现分断与导通。

**2. 弹簧触头**

弹簧触头用来夹紧触指与触臂，是连接触指和触臂的电气桥梁，起接触式动触头作用。

**3. 触臂**

触臂安装在出线铜排上，主要是支撑弹簧触头，连接输出电极。

**4. 执行推杆**

执行推杆分断和接通的转动动力机构。

**5. 触指安装铜排**

触指安装铜排用于安装触指，连接执行推杆法兰和触指，在电气中起到短接作用。

**6. 运动导向**

导向导轨和导向轴承起到运动方向的导向和限位作用。

**7. 电气控制**

电源、继电器、I/O 模块、电源航插组成电气控制回路，控制执行推杆运动，通过 I/O 模块通信实现控制和信号反馈。

**8. 绝缘材料**

箱体采用玻纤板，导电体安装载体采用玻纤板，提高绝缘性能。

### 7.2.3　应用介绍

变压器小型化检测装置样机如图 7-10 所示。该装置在国网威海供电公司物资检测中心先后对不同规格的 20 多台 10kV 配电变压器进行随机比对测试，绕组电阻、空载损耗及空载电流、短路阻抗及负载损耗等试验数据准确无误，满足配电变压器快速检测要求。

图 7-10　变压器小型化检测装置样机

# 7.3　高压开关触头夹紧力检测装置

## 7.3.1　检测原理

高压开关触头夹紧力检测装置对高压开关的梅花触头夹紧力进行测量，主要原理是通过薄膜式压力传感器对来自环型 8 个方向的力进行测量，进而计算出开关梅花触头夹紧力。

### 一、测试传感装置结构

该装置的测试传感装置结构包括测试枪、弹性扩充探测工装圆环和测试探头，测试探头固定连接在测试枪的枪头部，弹性扩充探测圆环活动套接在测试探头外，弹性扩充探测圆环由多个扇形扩充单元环形紧密拼接而成，扇形扩充单元内侧为内弧面，内弧面与扇形扩充单元外圆弧面的轴线的距离为逆时针方向逐渐变小，扇形扩充单元上内弧面顺时针方向的末端开有凹槽，凹槽的底面与相邻的扇形扩充单元的内弧面相切；测试探头外表面环形阵列设置有与扇形扩充单元数量相同的凸牙，凸牙与凹槽是相适配的；扇形扩充单元的外侧壁开有弹簧槽，弹性扩充探测圆环外套接有一圈弹簧捆箍，弹簧捆箍设置在弹簧槽内。

### 二、高压开关触头夹紧力检测装置结构设计

高压开关触头夹紧力检测装置采用三角定心的传感结构设计，通过可扩充工装 3 个弧形面上的阵列压力传感器精确测量梅花触头压力信号，根据力的合成平行四边形法则及力的平衡原理，通过 CAE（力学分析软件）构建出不同规格尺寸的压力测算数据模型。通过 Ansy 分析软件模拟仿真高压开关梅花触头在不同电流情况下，电动斥力对开关梅花触头夹紧力的作用，及不同电流开关梅花触头夹紧力与导体温升的关系构建不同规格尺寸的触指临界压力分析模型。通过压力测算数据模型和触指临界压力分析模型实现了高压开关梅花触头夹紧力是否均衡和触指夹紧力是否合格智能诊断。实现了对梅花触头夹紧力的量化评估。提升了梅花触头智能检测手段，突破了高压开关梅花触头无测试工具

检测的技术瓶颈。

梅花触头的触指夹紧力来源于箍紧弹簧，根据箍紧弹簧对梅花触头各触指压力均匀分布的原理及力的平行四平行法则，推导出单片触指压力 $F$ 的计算公式为

$$F=2nk(\pi D-L)\sin(\pi/n_1)/n_2 \tag{7-1}$$

式中　$k$——弹簧倔强系数；

　　　$L$——弹簧自由状态长度；

　　　$n_2$——每片触指触点数；

　　　$n_1$——触指数量；

　　　$n$——弹簧数量；

　　　$D$——工作状态弹簧中心线直径。

其中，$(\pi D-L)$ 为弹簧工作状态时的弹簧的拉升长度，则 $k(\pi D-L)$ 为弹簧工作状态时的弹簧拉力 $F_1$。

根据箍紧弹簧对各触指压力均匀分布的原理则各个触指对静触头的径向压力也均匀分布，采用 3 点定位的方法模拟静触头尺寸，设计由 3 个弧度相同（均为 120°）的弧面组成测试工装。设计原理如图 7-11 所示。这样既可保证 3 个弧面所接触的触指片数相同，同时也可以保证 3 个弧面中

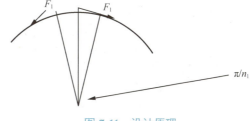

图 7-11　设计原理

心点一致，避免因触指与测试弧面接触不均匀不对称造成的测试误差，保证测试的准确性。

图 7-12　高压开关梅花触头

高压开关梅花触头如图 7-12 所示。测试工装分为 3 个测试面，每个面弧度相同，通过对每个弧面测得的压力大小比较可以得出箍紧弹簧是否存在局部老化导致 3 个面的压力数据不一致，或者因触头变形导致 3 个面压力分布不均匀。通过对 3 个弧面测得压力数据根据各触指对测试弧面的力的分布关系及力的平衡原理推导出各触指的压力 $F_t$，测试压力值的准确性可以通过第三方的标准压

力表进行比对校验，通过测算出的弹簧拉力值与实际弹簧值（通过标准的拉力表测得）进行比较。由此确定测试数据的准确性及可行性。

### 三、触指弹簧压力的阀值界定

梅花触头工作时触指和导体流经的交变电流和交变磁场相互作用，将在梅花触头之间及梅花触头与导体之间产生电磁力作用，触指和导体之间电磁力的方向主要表现与弹簧抱紧力方向相反的电动斥力。其计算公式为

$$F_H = \frac{\mu_0 i^2}{4\pi}\ln\left(R\sqrt{\frac{\pi\varepsilon H}{F_j}}\right) \tag{7-2}$$

式中 $F_H$——额定电流下接触点的电动斥力；

$\mu_0$——真空状态下导电率；

$i$——额定开断电流；

$R$——接触半径；

$\varepsilon$——触头材质弹性系数；

$H$——触头材质布氏硬度；

$F_j$——触指接触压力；

通过利用导电桥等效接触点建立梅花触头的三维电磁场有限元模型，计算梅花触头短路电动力的瞬变过程并将计算结构与现有的计算方法进行比较，建立基于短路电流峰值，触指接触压力和触指片数数学分析模型。

### 7.3.2 装置介绍

#### 一、结构原理

图 7-13 梅花触头夹紧力测试装置

梅花触头夹紧力测试仪是一款根据力的合成平行四边形法则及力的平衡原理采用三角定心的设计结构设计，专门用于测量高压开关柜中梅花触头箍紧弹簧对静触头的夹紧力检测仪器，外形如图 7-13 所示。检测装置分为测试主机和传感装置两部分组成，如图 7-14 所示。

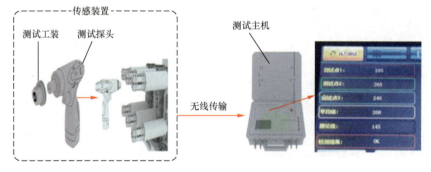

图 7-14 高压开关触头夹紧力检测装置组成

1. 测试主机

采用 8.4 寸彩色屏幕触屏操作，人机友好界面，参数可自由设置。用于无线连接梅花触头夹紧力测试装置进行数据显示、打印存储功能。可按照变电站站点、开关型号、设备编号、开关相序、额定电流等参数进行数据设置及存储。配置热敏打印机直接进行数据打印。可进行调用数据库中的开关种类及参数。

2. 传感装置

传感装置由测试手柄、弹性可扩充的测试工装两部分组成。测试工装用于模拟待测梅花触头静触头尺寸规格，基于三点定心采用圆的三等分圆弧设计，可以有效测量梅花触头箍紧弹簧作用于静触头的整体作用力，基于圆的三等分圆弧设计也可以用于测量各弧面的局部合力，通过各弧面的局部合力对比，可判断梅花触头箍紧弹簧是否存在局部老化；是否存在触指磨损及是否存在触头变形。同时基于梅花触头触指的均匀分布特性结合测试工装的圆的三等分圆弧结构设计依据力的平行四边形法则可以精准测算作用于梅花触头的紧箍弹簧拉力。弹性可扩充的测试工装采用凸轮旋转扩充原理，通过旋转测试手柄实现扩径，避免因硬插拔造成触指磨损。

装置无须更换辅助传感装置、无须通过卡尺等测量工具测量触头直径，测试主机与传感检测装置信号传输采用无线通信连接，能对触指压力是否合格和触头是否变形进行自动判定。

## 二、使用操作方法

### 1. 系统初始化

按下测试仪主机的开关机按钮，当系统进入初始化界面后松开按钮。

### 2. 设备参数设置

点击"参数设置"按钮进入参数设置界面，依次轻触【开关站点】→【开关型号】→【设备编号】→【额定电流】→【开断电流】→【触指直径】→【触指数】文本框输入相应的参数信息，在开断电流参数相通过手指滑动后面的默认电流值选取。当确定开断电流后系统会默认显示出后面参数相的参数。点击【确定】→【返回】返回监测主界面。设备参数设置界面如图 7-15 所示。

图 7-15　设备参数设置界面

### 3. 设备测试装置

参数设置完成后按确定返回测试界面。通过点击"测试"按钮系统主机与测试手柄进行通信连接，连接成功后系统对界面所有数据进行清零处理。系统显示测试数据默认从 A 相到 B 相再到 C 相的顺序进行测试每相测试 3 次。通过点击"确定"按钮系统进行下一点测试。通过点击"返回"按钮系统对上一次测试进行重测。也可点击界面上的黄、蓝、红色显示区域选择需要测试的相。测试完所有 A/B/C 相后按"停止"结束系统主机与测试手柄的通信。设备测试设置如图 7-16 所示。

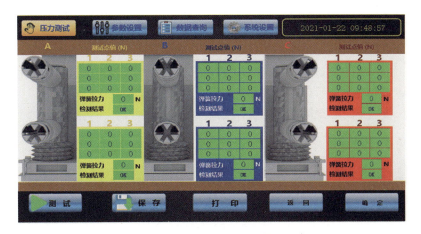

图 7-16　设备测试设置界面

**4. 回到主界面**

点击"保存"按钮弹出"正在存储"对话框，如图7-17所示。保存完成后自动回到主界面。

**5. 打印**

点击"打印"按钮弹出"是否打印标签页"对话框，点击"是"会打印开关站点 / 时间等相关信息，点击"否"则只打印测试数据，如图7-18所示。

图 7-17 "正在存储"对话框

图 7-18 打印界面

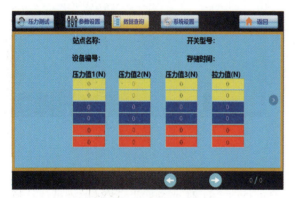

图 7-19 数据查询界面

**6. 数据查询**

按一下显示屏界面的【数据查询】键，出现将站点名称、开关型号、设备编号、存储时间、压力值1、压力值2、压力值3、拉力值等信息，可通过按按钮进行翻页。数据查询界面如图7-19所示。

**三、测试方法**

第一步：将测试探头插入可扩充工装通过手拧螺丝将平垫、扩充探测圆环、测试探头拧紧固定在一起。

第二步：将扩充探测圆环轻插入固定在触臂上的梅花触头此时扩充圆环的直径与梅花触头内直径一致。

第三步：按顺时针旋转测试探头到扩充测试工装的止动位使扩充测试工装扩张。

第四步：点击主机面板上开始测试，测试探头检测的测试数据通过无线传输到测试主机完成一次测量。

第五步：点击主机面板上停止测试，逆时针旋转测试探头，使可扩充工装返回到无扩张状态。

第六步：通过轻拔测试探头手柄将可扩充工装充从梅花触头中拔出，然后将扩充工装按顺时针旋转120度调整扩充工装与梅花触头的接触位置。

第七步：重复第二步至第六步的操作测试2次。

### 7.3.3 现场应用

某公司进行高压开关触头夹紧力测试，对其中的3组触头进行测试，测试数据见表7-9。

对某公司的新开关进行触头夹紧力测试，测试同样规格参数两组触头，测试数据见表7-10。

某供电公司220kV变电站站内开关柜其额定电压为10kV，额定电流为1250A，触指直径为35mm，触指片数24，其测试数据见表7-11。

表 7-9　　　　　　　　　　　　　某公司开关柜实测数据　　　　　　　　　　　　　（N）

| 测试相 | 测试点 1 | 测试点 2 | 测试点 3 | 平均值 | 理论阀值 | 结论 |
|---|---|---|---|---|---|---|
| A 上 | 366 | 403 | 348 | 372 |  | 不合格 |
| A 下 | 370 | 384 | 367 | 373 | 390 | 不合格 |
| C 上 | 487 | 522 | 486 | 498 |  | 合格 |

表 7-10　　　　　　　　　　　　某公司新开关实测数据　　　　　　　　　　　　（N）

| 测试相 | 测试点 1 | 测试点 2 | 测试点 3 | 平均值 | 理论阀值 | 结论 |
|---|---|---|---|---|---|---|
| A 上 | 491 | 474 | 466 | 477 | 398 | 合格 |
| A 下 | 488 | 472 | 476 | 484 | 395 | 合格 |

表 7-11　　　　　　　　　　　　某供电公司实测数据　　　　　　　　　　　　　（N）

| 测试相 | 测试点 1 | 测试点 2 | 测试点 3 | 平均值 | 理论阀值 | 结论 |
|---|---|---|---|---|---|---|
| A 上 | 131 | 162 | 146 | 145 |  | 不合格 |
| A 下 | 148 | 166 | 135 | 149 | 57 | 不合格 |
| B 上 | 135 | 157 | 126 | 139 |  | 不合格 |
| B 下 | 134 | 160 | 140 | 144 |  | 不合格 |

湖南电网某供电局进行高压开关触头夹紧力测试，现场测试照片如图 7-20 所示。

图 7-20　高压开关触头夹紧力现场测试照片

西部管道现场进行高压开关触头夹紧力测试，发现触头弹簧变形，如图 7-21 所示。

图 7-21　触头弹簧变形

# 7.4 批量避雷器智能检测装置

## 7.4.1 检测原理

批量避雷器检测装置可同时开展 6 支额定电压 51kV 及以下避雷器的检测工作，满足避雷器批量化检测要求。批量避雷器检测装置检测项目见表 7-12。

表 7-12　　　　　　　　　批量避雷器检测装置检测项目

| 检测对象 | 规格参数 | 检测项目 |
|---|---|---|
| 避雷器 | 额定电压：51kV 及以下 | 复合外套外观检查（复合外套避雷器适用） |
|  |  | 爬电比距检查 |
|  |  | 工频参考电压试验 |
|  |  | 局部放电试验 |
|  |  | 直流参考电压试验 |
|  |  | 0.75 倍直流参考电压下泄漏电流试验 |
|  |  | 持续电流试验 |

批量避雷器检测装置如图 7-22 所示。该装置采用屏蔽试验仓结构，仓内背景噪声满足局放试验要求。试验装置内部集成无局放工频试验模块、直流高压模块、自动输送模块、自动接线模块、自动视觉识别模块，实现单工位满足同时开展 6 支避雷器例行试验要求。

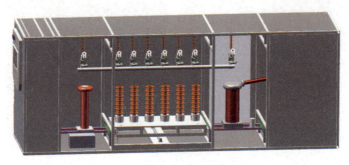

图 7-22　批量避雷器检测装置

### 一、测试柜体内区域划分

1. 移动式测试平台

测试平台为电动型，通过滑轨与柜体相连，可实现自动或手动拉出与推进。外部面板设置按钮，试验人员安装好避雷器后，一键启动，推进后外置屏蔽门自动与柜体合为一体，实现整体屏蔽功能。移动式测试平台支持 10kV、35kV 氧化锌避雷器快速安装功能，试品底部设置有直流电路、工频电流、高频脉冲电流互感器。整个试品平台安装完毕后通过轨道划入柜内，系统开展自动测量。

2. 直流测试工位

位于柜体内部左侧，主要设备为 120kV/10mA 直流高压发生器，底部设置为直流高压发生器控制箱。用于测试 35kV 及以下氧化锌避雷器直流参考电压和 0.75 倍参考电压下泄漏电流。

3. 交流测试工位

内置 100kV/100mA 交流试验电源装置，100kV 交流试验电源集成了局放测试设备（低通滤波器、无局放变压器、限流保护电阻、耦合电容，电动调压器等），用于工频 1mA 参考电压、持续电流试验、避雷器局部放电量测试等项目。可单独设置进行复合外套工频耐受试验。

## 二、实际测试过程

（1）6 支试品固定于测试平台，通过定位开关定位控制，试验平台到位后系统启动自动测量操作。6 支避雷器试品通过"受电选择机构"分别接触高压直流输出端和交流高压输出端。

（2）开展 6 支避雷器的直流参考电压及 0.75 倍下泄漏电流试验。通过直流侧自动刀闸接受直流高压，试验完毕直流侧刀闸自动断开。交流侧自动刀闸闭合，开展 6 支避雷器的工频参考电压、持续电流、局放试验。

（3）系统根据测试结果判别 6 支中合格与不合格试品。系统计算直流参考电压测试过程数据，输出 1mA 直流参考电压和 0.75 倍直流参考电压下的泄漏电流、工频参考电压、持续电流、局放电量等测试数据。

（4）测试完成，试品安装平台脱离电源，移动式测试平台可手动或自动移除柜体外部，由人工进行试品拆卸和下一批次试品安装操作。

## 7.4.2 装置介绍

### 一、视觉测量模块

视觉测量模块对绝缘子的形貌特性与光学特性进行分析，采用立体视觉原理实现爬距测量方法，系统通过双轴步进电机驱动视觉系统在水平面运动，在垂直方向扫描解决掠入射和遮挡的问题，在水平方向扫描解决多绝缘子快速测量问题。该系统在绝缘子和一些异形工件的测量领域具有较高实用价值。

视觉测量模块由双目相机、光源、水平步进系统、显示器和测试柜组成，测试柜用于安装和更换被测避雷器，双目相机和光源采用刚性连接构成立体视觉系统，布置在步进系统上，实现在水平方向的自动扫描。系统的测试结果由安装在测试柜的服务器完成，并在终端界面进行测量结果的记录和显示。测试系统整体结构如图 7-23 所示。

立体视觉由双目系统和结构光光源组成，在垂直方向由步进电机带动，从上到下进行扫描，通过融合避雷器上半部分表面的爬距数据以及下半部分表面的爬距数

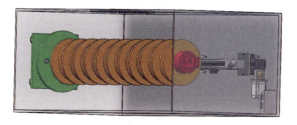

图 7-23 测试系统整体结构

据，构建在同一坐标系下的绝缘子三维信息，进一步地获取绝缘子外套全貌二维图像的轮廓长度，基于轮廓长度，计算出绝缘子的最小公称爬电比距。融合后的表面爬距测量数据如图 7-24 所示。实现整体爬距的测量，从根本上解决掠入射和遮挡的问题，提升测量精度。

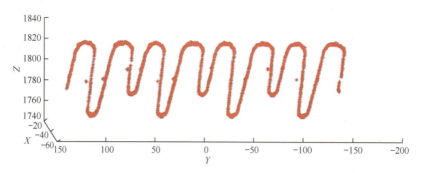

图 7-24 融合后的表面爬距测量数据

### 二、试验控制模块

试验控制模块主要包含工控机、PLC、稳压电源、直流高压发生器控制箱、交流试验电源控制箱、6 通道避雷器测试仪、6 通道直流高压测试模块等，完成整个系统的逻辑时序控制、电压调节控制、相关电参数采集控制及界面操作显示等，6 通道避雷器测试仪能同时对 6 只避雷器的交流参数进行测试，6 通道直流高压测试模块能同时对 6 只避雷器的直流参数进行测试。测控系统能够一键完成多只（最多 6 只）避雷器的整个测试项目，无需人工干预。

### 三、移动式测试平台

移动测试平台通过滑轨与柜体相连，可实现自动或手动拉出与推进，测试开始一键启动，推进后外置屏蔽门自动与柜体合为一体，实现整体屏蔽功能。移动式测试平台支持 10kV、35kV 氧化锌避雷器快速安装功能，可根据不同试品进行选择，每个专用工装安装台可固定 6 支试品，测试平台包括试品有无检测装置和自动接地导通装置，配合上位机可自动检测试品有无及安装到位情况。

### 四、交直流智能送电装置

交直流智能送电装置如图 7-25 所示。该装置电极特殊设计，既能满足高压绝缘要求又能满足局部放电要求，并且交流送电电极和直流送电电极动作互锁，每个送电电极根据逻辑自动柔性对接，自动检测对接到位信号，无需人工进行接线操作，仅在上位机界面就可知晓屏蔽柜内试品及试品电源连接相关状态。

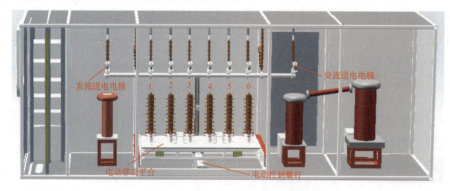

图 7-25 交直流智能送电装置

### 五、直流供电装置

直流供电装置容量 120kV/10mA，主要包含直流高压发生器倍压装置及控制箱等。用于测试 35kV 及以下氧化锌避雷器直流参考电压和 0.75 倍参考电压下泄漏电流。

### 六、交流供电装置

交流供电装置容量 100kV/100mA，包含有电动调压器、无局放变压器、低通滤波器、限流保护电阻、耦合电容及控制箱等。调压采用步进电机控制，可对电压进行粗调和精准细调，输出不同要求的电压，满足测试精度要求。用于工频 1mA 参考电压、持续电流试验、避雷器局部放电量测试等项目。

### 7.4.3　现场应用

批量避雷器智能检测装置如图 7-26 所示。目前已在天津、武汉、柳州等地检测中心应用，客户反响良好，其中避雷器的爬电比距检查试验项目 6 支试品的检测时间由 3h 减少到 1min，检测效率大幅提升。

图 7-26　批量避雷器检测装置

## 7.5　电缆保护管质量快速检测仪

### 7.5.1　检测原理

电缆保护管广泛应用于城市电网建设和改造。从往年的抽检情况看，电缆保护管抽检不合格率偏高。抽检不合格项目主要有：①外观尺寸检查；②维卡软化温度；③密度和压扁试验。不同厂家原材料、生产工艺和设备差别较大，产品质量良莠不齐。一些厂家生产工艺控制不稳定，还有一些厂家为降低成本不惜在原材料中大量掺杂，因此需要加强对电缆保护管的预筛检工作。目前电缆保护管预筛检工作主要存在的问题有：①电缆保护管数量多，从取样，运输，到实验室检测，抽检过程复杂，检测周期长，时间和经济成本高；②电缆保护管一般从端头取样，对于中间段的质量问题难以检出。

为保障入网电缆保护管产品整体质量和物资快速供应，亟须对电缆保护管质量进行现场快速检测。通过测量电缆保护管的声速来判断材料的性质。声速是介质中微弱压强扰动的传播速度，计算公式为

$$c = \sqrt{\frac{K}{\rho}} \tag{7-3}$$

式中　$\rho$——介质的密度；

　　　$K$——体积弹性模量，$K=dP/(dV/V)$。

对弹性体施加一个整体的压强 $P$，这个压强称为体积应力，弹性体的体积减小量（dV）除以原来的体积 $V$ 称为体积应变，体积应力除以体积应变就等于体积模量。

对于电缆保护管来说，常用的 PVC 或者 MPP 这些材料的弹性模量较低。加入碳酸钙或其他杂质的保护管，密度虽然增加，但弹性模量增加得更为明显，所以会导致声速的增加，通过测量这类保护管的声速即可实现材质的初步判断。

### 7.5.2　装置介绍

超声波测厚模块工作原理如图 7-27 所示。仪器的主要硬件包括 CPU 处理器、FPGA、

发 / 收切换电路、FPGA 及电源管理电路等。

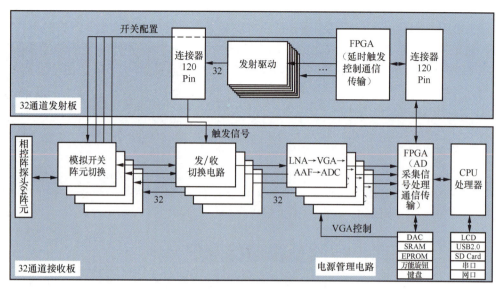

图 7-27    超声波测厚模块工作原理

仪器设定扫查模式，通过 CPU 计算一整套延时法则，分别发送给发射端和接收端的 FPGA，发射端的 FPGA 按照延时法则，通过驱动电路发射方波高压脉冲，激励相控阵探头晶片发出超声波，FPGA 通过对各个阵元的延时发射，使超声波声束聚焦或者偏转，返回的超声波经过相控阵探头晶片转化为电信号，经过滤波，放大，AD 采集，再经过延时叠加，成为一束波形信号，通过多次发射，形成了一幅平面图。CPU 接收波形数据，对数据进行处理，并显示波形在液晶显示器上，完成一个周期，并启动下一个处理周期。

数据处理电路包括时序的产生，数据的延时、合成，数据的压缩处理、闸门的产生和报警等。数据处理流程如图 7-28 所示。

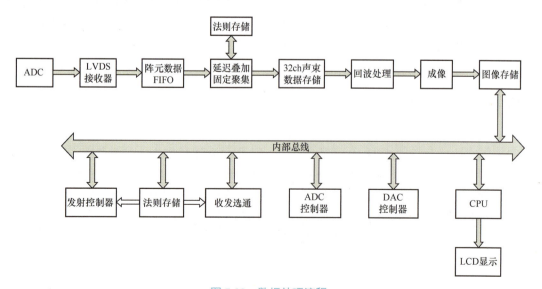

图 7-28    数据处理流程

### 7.5.3　现场应用

电缆保护管质量快速检测仪自 2022 年设备投入市场开始，设备广泛应用于国家电网公司的各个省市公司。图 7-29 所示为在湖北武汉检测中心投入使用的现场照片。在湖北武汉检测中心以保护管类型全覆盖、型号规格全覆盖、生产供应商全覆盖的原则，随机抽取并检测电缆保护管样品 39 根，随后送往实验室进行复测，37 根实验室检测结果与现场检测结果相同（另外 2 根密度处于临界值，性能不稳定），实验室检测结果与现场检测结果的一致性为 94.9%，保护管合格率为 59.0%。本次现场检测发现中间段壁厚不合格的样品 6 根，依托快速检测仪有效发现了电缆保护管中间段的质量问题。

图 7-29　在湖北武汉检测中心投入使用的现场照片

## 7.6　配电网电气设备多功能瞬态试验装置

### 7.6.1　检测原理

配电网电气设备多功能瞬态试验装置主要用于 10kV 配电变压器、12kV 高压开关设备、0.4kV 低压开关设备等配电网电气设备的动热稳定试验。

#### 一、主要功能

（1）采用高效能储能、逆变电力电子技术，可控短时输出大容量试验电压 / 电流，满足多品类配电网电气设备短时瞬态试验要求。可通过充电 / 储能等隔离单元实现与供电电源的隔离，避免瞬时试验冲击对供电侧电源的影响。

（2）采用进口自愈式长寿命高能储能电容器、成熟的数字处理控制和电源逆变单元，具有极高的系统耐用性。同时，灵活的 SPWM 调制方式方便在较大范围内调整试验参数。

（3）采用电力电子变换技术，输出电压的幅值和相位均可快速调节，并且可以实现恒压供电，能够很方便实现变压器及开关设备的动热稳定性试验。电源自身可以调节短路时刻，无需同步开关，便于用户使用。

（4）采用模块化结构设计方式，可通过并联扩展方式拓展试验能力范围。

#### 二、检测原理

供电电源经过接触器后给充电变压器供电，充电变压器为多绕组升压变压器，升压后的电压经过整流对储能单元充电，储存在储能单元上的电能，经单相（或者三相）逆变器变换后输出 SPWM 波形，施加到试品。检测原理如图 7-30 所示。

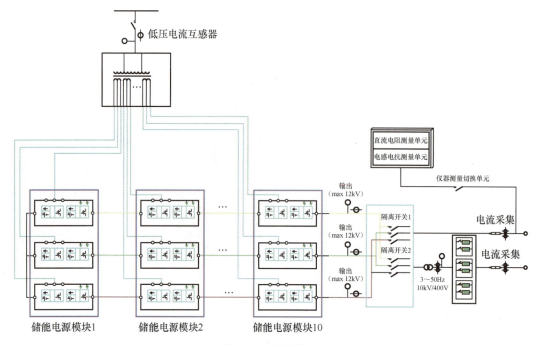

图 7-30　检测原理

## 7.6.2　装置介绍

### 一、充电单元

**1. 系统电源柜**

系统电源柜用于系统低压进线电源的测量、显示、控制、保护等，内置智能型断路器、电流互感器、三相电流表、过流保护模块、三相电压表及相对应的指示灯等，额定电压 AC 380V，电压测量精度 1.0%，电压测量精度 1.0%。

**2. 移相变压器**

移相变压器用于储能单元充电，多脉冲整流充电变压器谐波小，对周边试验工位影响小，额定输入电压 AC 380V，额定输出电压 AC 813V，额定容量 200kVA。

**3. 整流单元**

整流单元额定输出电压为 DC 1150V。

### 二、储能单元

**（一）工作过程**

储能单元的工作过程分为充电阶段和放电阶段。

**1. 充电阶段**

由充电模块为超级电容充电，充电电压、充电电流均由系统控制，整个充电过程自动完成，充电电压电流等参数可以设置。具备过压，过流，过温等保护功能。

**2. 放电阶段**

超级电容储能系统以直流电源的形式为主回路提供能量。整个试验过程，直流母线电压振荡下降。

## （二）单元构成

储能单元由超级电容模块、电流电压温度监测模块、主控制板、显示屏、均压电路、多路数据采集模块、放电电阻等组件构成。

### 1. 单体电容器

单体电容器技术指标见表 7-13。

表 7-13　　　　　　　　　　　　单体电容器技术指标

| 序号 | 技术参数名称 | 单位 | 参数值 |
|---|---|---|---|
| 1 | 电容量（常温下） | F | ≥ 2650 |
| 2 | 最高工作电压 | V | 3 |
| 3 | 直流内阻（常温下） | mΩ | ≤ 0.12 |
| 4 | 可频繁重复充或放电电流 15/40℃ | A | 129/211 |
| 5 | 最大峰值电流 | A | 4000 |
| 6 | 工作温度范围 | ℃ | −40 ～ 65 |
| 7 | 储存温度范围 | ℃ | −40 ～ 70 |
| 8 | 使用寿命（25℃，额定电压下浅充放） | | 10 年或 100 万次 |
| 9 | 挤压、冲击、针刺、燃烧安全性检测 | | 通过 |

### 2. 超级电容器模组

超级电容器模组由 48 单体电容器组成，每个模组上集成了均衡电路板，可以监测每个串联节的电压，同时每个模组布置了两个温度传感器，实时采集模组的温度信息，最终通过 CAN 总线将这些信息上报至主控系统，由主控系统统一进行数据处理并下发相应的动作指令。同时该均衡电路板具有单体电压均衡功能，可以有效减小单体间压差，通过均衡电路，系统内单体压差可以控制在 50mV（可调节设置）以内，能有效提高单体容量利用率，延长产品使用寿命。

超级电容器模组技术指标见表 7-14。

表 7-14　　　　　　　　　　　　超级电容器模组技术指标

| 序号 | 技术参数名称 | 单位 | 参数值 |
|---|---|---|---|
| 1 | 额定工作电压 | V/DC | 144 |
| 2 | 初期有效存储的能量 | MJ | ≥ 0.57 |
| 3 | 初期系统容量 | F | ≥ 55 |
| 4 | 寿命（25℃，额定电压下） | | 10 年或 100 万次 |
| 5 | 工作环境温度 | ℃ | −20 ～ 55 |

### 3. 电容器管理系统

电容器管理系统（CMS）的作用是保证超级电容器储能单元安全、可靠地运行，并延长储能单元寿命。主要通过以下技术途径实现其作用。

（1）检测并均衡每个超级电容器、储能单元的电压，使其在正常工作电压范围内均衡地工作。

（2）检测储能单元各部位温度并控制通风风扇工作，使电容器在合适的温度范围内工作。

（3）提供电压、温度的多级预警和过电压、过热保护输出。

（4）提供总线通信功能，便于与应用储能单元的协调工作。

### 三、逆变单元

逆变单元采用英飞凌（Infineon）公司产品，可大大提高逆变柜的性能以及可靠性和稳定性。通过优化设计参数，优化器件及线路安排布局，采用复合母排等多种手段相结合，尽量控制母线的杂散电感。通过严选管子批次，控制驱动模块一致性，优化结构工艺，提高模块并联的均流效果。通过双脉冲测试法，IGBT 模块认证测试等手段，提高逆变器的整体可靠性。逆变单元主要参数如下：

（1）额定输入电压。DC 1152V。

（2）额定输出电压。AC 720V。

（3）频率。（50±0.1）Hz。

（4）输出波形。正弦波。

（5）波形畸变率。≤ 5%。

（6）效率。95% 以上。

（7）通信。CAN 通信，光电隔离。

（8）保护功能。过流，过热，欠压 / 过压。

（9）冷却方式。强迫风冷。

（10）工作时间。短期工作。

### 四、测量采集单元

测量采集单元采用专业的进口数据采集模块为核心，前端带有专用衰减器，将从分压器或分流器传来的测量信号，无畸变衰减为可测量的低压信号输入数据采集模块，数据通过网口传送给计算机进行分析计算。本单元具有多个独立的测量通道，每个测量通道均能同时触发并进行测量、便于移相触发角的观察；采用的数据采集和测量分析系统具有自动记录、自动分析、波形恢复、报告输出等功能，多个测量通道测到的波形能在同一窗口中显示或恢复，并正确显示其相位的相关性。

1. 测量采集单元的特点

（1）用于试品的电流和电压瞬时值。

（2）集成 3 台进口罗氏线圈电流传感器（Rogowski 线圈）。

（3）集成 3 台霍尔电压传感器。

（4）集成多通道高速采集卡，分辨率 16bit，通道采样率不低于 1MHz。

（5）测量项目有三相电流和三相电压。

（6）可记录电压和电流波形。

（7）可分析单相电流电压的瞬时值、有效值、峰峰值、相位等参数。

（8）可进行相与相之间参数的对比。

（9）通过测量分析，可修正大电流的控制量，以达到更精度的控制效果。

（10）测量传感器具备隔离功能，确保在工作时不会将强电信号引入低压部分，隔离电压 >2kV。

2. 录波功能

测量采集单元具有强大的录波分析功能，录波功能具有如下特点。

（1）根据变比、测试电压和极性自动设置示波器。

（2）可根据实际情况精细调节示波器的采样特性。

（3）自动将示波器采集到的波形传递到计算机。

（4）计算机自动测试分析波形参数。

（5）将波形数据文件自动存盘。

（6）可将波形整理成标准报告打印输出。

（7）可在屏幕上放大、还原波形。

（8）可进行多波形比较。

### 五、调节控制设备

调节控制设备主要包括隔离开关柜、短路变压器、调节电抗器等。

1. 隔离开关柜

隔离开关柜集成了隔离开关，用于前后级隔离，增加系统安全性。

2. 短路变压器

短路变压器用于环网柜、高压开关柜、断路器、柱上开关设备、10kV 电缆分支箱等试品短时耐受电流和峰值耐受电流试验。

3. 调节电抗

调节电抗用于配电变压器综合配电柜（JP 柜）、0.4kV 电缆分支箱、低压开关柜短时耐受电流试验。用于调节电流范围，控制电流波形。

### 六、控制保护单元

1. 控制保护单元组成

控制保护单元包括操作台架、工业计算机（含键盘、鼠标）、工业液晶显示器、面板显示仪表和各类指示灯、控制开关与按钮；试验台内集成计算机接口、数据采集卡、PLC、时间测量模块、相关保护模块等。

2. 测量方式

关键信号采用微机测量，辅助信号采用仪表测量。

测量回路配置电流、电压传感器，中间环节采用信号调理接口模块，由计算机完成信号采集和测量任务。

3. 控制方式

控制保护单元由 PLC+ 汽车级 MCU 直接控制。

采用英飞凌（Infineon）公司汽车级 MCU 和西门子品牌 PLC 进行联锁和自动控制，控制程序可根据用户的要求定制、修改，控制系统性能稳定、系统可扩展性好。

4. 操作方式

为避免微机故障时影响试验工作，采用手动控制（面板按钮操作）和自动控制（计算机键盘/鼠标操作）并存的方式，两种操作模式互为备份，互不干扰。不便采用自动控制或微机出现故障时，可以采用手动操作进行试验。

5. 试验数据处理

控制保护单元的试验结果保存在工控机内。

6. 控制保护单元功能特点

（1）系统通过对预期波输出值的分析，建立输入量和输出电流的数据模型，推算出目标电流对应的输入量。此方法可有效提高试验效率，减少人工模拟负载的时间。

（2）全数字式校准方式，摒弃了陈旧的电位器调整，现场使用极为方便，精度易于控制。

（3）带紧急停止按钮，在任何紧急情况下，按下急停开关，系统切断电源停止工作，主回路处于安全状态。

（4）输出端电流告警。输出端电流即为试验电流，当试验电流超出或小于预设阀值，则试验装置自动告警。

（5）温度保护。温度指示能在人机界面中实时监视，当被监测点的温度超过预设报警值时，设备能发出声光报警；当温度超过停机温度时，系统自动切断电源。

（6）系统集成过零点判断电路，配合软件功能，可准确控制合闸角度。

（7）测量数据由计算机自动同步记录，保证测试数据的同时性，消除了人工读表的不同步所引起的误差，也大大提高试验的工作效率。

（8）系统预留电流、电压检测接口，可外接示波器采集试验数据或进行整机校准。

（9）自动诊断功能，可辅助系统维护人员分析和判断系统故障，减轻劳动强度。

（10）采用硬件、软件抗干扰技术相结合，可有效抗击大电流带来的各种电磁干扰，性能稳定，抗干扰能力强，试验中不会出现死机、黑屏、花屏等异常现象。

（11）过流等故障时，保护即时、准确、可靠。

## 七、安全保护单元

安全保护单元由机械连锁保护系统、电气连锁保护系统、软件连锁保护系统3重保护系统构成。

系统操作安全包括现场试验人员安全，试品安全，设备安全。全面保护是我们倡导的保护理念，其贯穿试验系统设计的始终。各类保护措施的设计恰如其分，应有尽有，全面而又灵活。部分保护值，其保护的灵敏度可以设置，某些保护功能在部分试验中可以屏蔽，真正做到在全面保护的同时而不干扰正常试验。

当系统处于启动状态，区域安全防护启动后，试验区突然有人闯入时，系统自动报警甚至切断电源，防止突发事故。

安全防护开关可靠关闭前，系统不能启动；当安全防护开关触发开时，系统自动报警甚至切断电源，防止突发事故。

### 1. 机械连锁保护

试验系统配置开关机械连锁，包括试验区门机械连锁、安全围栏门机械连锁、柜门机械连锁、状态限位机械连锁等。机械联锁是安全防护的基本节点，一方面用于本地防护控制，另一方面将信号输出至上级系统。

### 2. 电气连锁保护

试验系统配置电气互锁，门禁接近传感器、安全光栅、红外防护等连锁保护。

### 3. 软件连锁保护

（1）系统控制软件内部进行开关连锁，逻辑程序连锁。

（2）系统出错报警系统（即使是没有经过培训的操作人员在控制台上不按要求操作，系统也不会出现错误启动，它必须在安全的模式下才会送电到试验区，可有效防止误操作事故的发生）。

（3）电源输入端过载保护。

（4）调压器输入、输出过电压保护。

（5）调压器输入、输出过流保护。

（6）电压互感器（TV）过压保护。

（7）电流互感器（TA）过流保护。

（8）中间变压器输入、输出过电压保护。

（9）中间变压器输入、输出过流保护。

（10）被试品过压、过流保护。

（11）调压器零位保护，上位限保护。

## 八、软件系统

软件系统可快速与用户现有信息系统进行无缝对接，接收平台下发检测任务，并上传试验数据至平台。软件平台采用组件化、层次化设计。各个软件单元独立运行和管理，并通过已制定的数据接口相互协作可靠而高效地完成检定任务。接口交互服务单元接收计量一体化生产调度平台下达的检定任务，由自动化监控单元制定作业方案，向电控系统下达作业指令，同时实时监控作业流程。检定管理单元实现自动检定系统的历史数据查询分析和检定方案管理等功能。

1. 软件设计原则

（1）软件设计方法保证系统的稳定性、可修改性和可重用性、应用软件系统具有较长的生命周期。

（2）选用结构化设计和面向对象设计的方法。

（3）各类代码要求与现有国家标准一致。

（4）包含用户界面层、业务层和数据存储层，用以实现检定系统各功能模块的自动可靠运行。

（5）试验能够有独立的控制和管理平台，接受管理系统检定任务，管理系统协同运行，完成试验任务处理。

2. 界面设计

（1）采用图形化操作界面，界面要简洁、友好，提供的信息语言通俗易懂、连贯一致。

（2）整个操作平台要有层次感，功能分类要清晰。

（3）为用户提供每项操作的实时信息报告以及进一步的链接。

（4）系统的运行，参数的维护与管理均通过操作界面完成，运行中的故障或异常将及时通过界面显示且报警。

（5）试验软件界面具有独占性，试验员无法进入其他应用软件界面。

（6）中文界面，界面友好，操作简单方便、步骤清晰简洁。

（7）具有相关提示区域（操作指引、错误提示等）。

（8）具有相关曲线显示区域。

（9）具有当前操作员名称、时间、被试品型号及编号等实时信息显示区域。

3. 软件功能

（1）具备登录权限控制功能。

（2）具备试品参数、参照数据与试验参数录入功能（须具备相应权限）。

（3）具备系统设置、硬件比例设置功能（须具备相应权限）。

（4）具备试验过程记录功能（记录已做项目）。

（5）具备操作提示功能（自动试验时能实时显示正在进行的操作，手动试验时能提示下一步要进行的操作指引；误操作时有错误提示）。

（6）具备实时显示各测试量大小以及部分曲线自动生成的功能。

（7）具备试验过程自动控制功能。

（8）具备试验结果自动折算功能。

（9）具备试验数据自动记录功能。

（10）具备自动判断试验结果是否合格的功能。

（11）具备历史试验记录查询功能。

（12）具备数据库接口功能，可连接服务器数据库。

（13）数据采集时间间隔或数据自动记录时间可设定。

4. 系统容错设计

（1）系统具有出错提示能力。

（2）系统出错有记录，并建立系统运行日志和设备运行日志。

（3）系统具有纠错能力。

5. 数据库设计原则

数据库采用生产调度平台配置的共用数据库，数据库的设计与信息模型完全相符。并对试品条形码的扫描信息、检定操作和检定结果信息、作业环节、各种设备运行状况的监控数据可靠保存，支持与其他系统的数据交换和共享，实现对检定过程数据、检定结果、检定证书的自动上传。

（1）数据库设计充分考虑信息的扩展，采用关系型数据库，尽量满足数据库设计第三范式的要求。

（2）设计统一规定的报表以及与相关的系统交流信息时，采用相应规定的统一数据格式。

（3）实现数据库的物理独立性。

（4）对数据库的各类操作具有统一的管理和控制功能。

6. 波形分析部分软件界面

波形分析部分软件界面如图 7-31 所示。

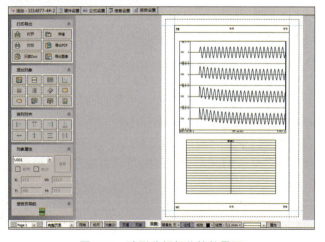

图 7-31　波形分析部分软件界面

### 7.6.3　现场应用

某检测中心配电网电气设备多功能瞬态试验系统位于中心西北角，检储配供应链中心系统布置如图 7-32 所示，试验区占地面积 220m²，分为设备室、试品室和控制室等。其中设备区约为 16m×8.2m，试品区尺寸约为 8.5m×6.2m，控制区尺寸约为 6.2m×4.5m。多功能瞬态试验区场地布置如图 7-33 所示。

图 7-32　某检储配供应链中心系统布置

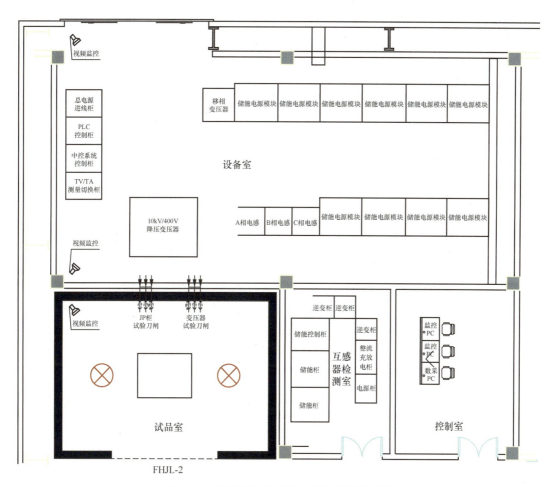

图 7-33　某项目多功能瞬态试验区场地布置

试品室采用防爆设计，内部设计了储油沟，连接外部储油池。设置 1 台 5T 悬挂吊车，预留 2 个接地点，同步设计了电缆沟、消防设备及相关试品监控。试品室地面为细石混凝土面层，地坪表面刷漆处理，颜色为国网绿。控制室采用防静电地板。

## 7.7　移动式水泥杆检测装置

### 7.7.1　检测原理

水泥杆主要由钢筋和混凝土构成，其主要在电力、通信、铁路、石油等行业中用作架线支柱，它们是配网建设中最基础的、不可或缺的物资之一，水泥杆的任何质量缺陷，都会对电网的安全运行造成严重威胁。但是，这类物资的生产技术门槛较低，生产商众多，供货渠道复杂，而且供货方式通常是由供货商直接送至施工现场。

在实际作业流程中，传统的"抽样送检方式"碰到一个"卡脖子"的严重问题：水泥杆自重大，尺寸长，不便于二次搬运，再加上自身材质特点，导致检测样品的运输费时、费力、费事，这就造成了"抽样送检方式"流程效率低，周期长，进而影响配网工程进度。同时，样品运输过程中的不确定因素很难以把控和规避，进而会影响检测结果的准确性。这种成本高，效率低的流程，还导致了抽检率难以提高，让有瑕疵的物资有机可乘，进而可能影响配网工程的安全。

电网物资质量检测技术在电力物资到货抽检、运维检修等输配电项目中应用广泛，近几年移动检测技术在针对主网大型设备、安全工器具预防性试验等领域有较多以应用，但针对基建类如水泥杆的项目检测、技术监督类检测基本停留在检测中心内检测。为了全面提升水泥杆等大宗物资质量管控水平，需要加移动式现场快速无损检测技术的推广应用。

与传统水泥杆检测模式相比，采用移动式水泥杆智能检测技术，可全过程记录检测信息资料，具有移动检测这一关键性能，完全满足施工现场的水泥杆检测任务，有利于更好地服务用户单位。具有快速高效、缩短检测周期、降低检测成本等优势，应用潜力巨大。

针对现行检测方法的弊端，水泥杆的质量检测需要有效的解决方法，本项目打破固有思维，颠覆传统的抽样"送"检方式，通过对移动式水泥杆智能检测技术的研究与应用，从检测流程、检测结构、检测能力、检测方法等方面做出改进，创新性地提出了水泥杆类物资"现场抽检"新模式。平台可赴水泥杆安装现场，根据水泥杆规格型号自动生成最优检测方案，通过模块化部署，10min完成试验场地现场布置，1h内完成试验并自动生成检测报告，并通过物联网手段实现了现场检测监控视频、检测数据以及检测结果全流程记录和可溯源。

主要做法如下。

（1）通过移动式水泥杆智能检测技术的开发，运用先进的传感器信息采集模块，实现了水泥杆项目现场快速、高效检测，提高了检测的准确度和有效性，更好的服务项目单位，严把水泥杆入网关口。

（2）采用改造制作运输车辆结合可移动平台的模式，在原来传统的模式上更轻量化、模块化，将原来需要运输水泥杆到检测中心，改成直接到现场检测，减少水泥杆的二次搬运。

（3）通过现场检测方式，采用机动灵活的方式可以大大增加检测的时效性，缩短检测周期，提升物资供应时效。

（4）通过开发先进的智能软件，将试验与大数据结合，可有效提高检测的智能化程度，为后续水泥杆数据质量分析提供有效数据池。

### 7.7.2　检测装置介绍

检测设备轻量化、模块化设计开发。为使检测设备符合便携、移动、智能、高效等特征，针对检测设备开发采用了车载式移动检测平台模式，主要构成由货车、随车吊机、伸缩臂、传感器、加载装置、试验控制平台等各模块组成。

1. 移动检测车辆改装的设计研发

采用一台长度约 8.3m 的货车改装，增加 12t 随车吊，吊机采用双联泵系统，最大举升高度 16m，最大作业半径 14.1m；货车底板采用 4mm 钢板，可方便安装水泥杆各类固定工装。

2. 检测项目的速率与精度的设计研发

新设计一套电杆挠度无线测试系统，采用无线采集试验过程中的位移、挠度、载荷等参数，并自动计算保存；采集精度优于 1%，分辨率达 0.001（mm/kN），采集频率达 10Hz，加载速率为 0 ～ 200mm/min。

3. 检测现场安全性保障的设计研发

检测现场做试验期间采用红外对射围栏装置进行隔离，人员进入区域内可自动报警，并在现场布置了无线监控，可 24h 监控检测过程，极大程度地保障了安全性。

4. 各类传感器信息采集模块的设计研发

采集节点采用拉线式挠度传感器、顶杆式位移传感器、桥式称重传感器对挠度试验中的关键参数进行测量，将校准信息绑定在传感器上，提高传感器的互换性。使用 Wi-Fi 作为物理层和数据链路层，使用 MODBUS /TCP 协议作为软件层协议。将称重传感器节点作为 AP 节点，挠度、位移传感器节点作为 STA 节点，显示终端作为 STA 连接至传感器网络，通过 MODBUS/TCP 协议获取实时测试数据。

5. 检测系统软件的设计研发

通过信息化系统建设，可实现项目工程任务统筹管理、试验数据自动采集、报告现场自动生成，大幅度减少人工成本，提高试验效率。系统划分为委托合同、财务管理、试验检测、试验报告、中心管理、数据管理六大模块。

### 7.7.3　现场应用

移动式水泥杆智能检测技术将加载系统与测量系统高度整合，可以实现试验过程的一键启动控制，结果数据的自动计算。移动式水泥杆检测装置具有很强的推广前景和应用价值。某省全面推广应用后，可满足全年检测定额任务量需要，预计全年可节省运输装卸费用 450 万元，并实现水泥杆产品质量精准把控。

第8章 8

# 应 用 案 例

前面几章主要介绍了电力物资数智检测新技术及装备。本章给出数智检测作业平台和智慧检储仓链系统这两个数智检测新技术应用的典型案例，为数智化物资检测中心建设及能力提升提供经验和借鉴，供读者参考。

## 8.1 物资质量数智检测作业平台

### 8.1.1 概况

随着绿色现代数智供应链建设不断推进，物资检测业务向着提效率、增效益、促效能纵深发展，对抽检作业的透明性、检测结果的权威性提出了更高的要求。为落实"绿链"行动方案任务要求，整合物资质量检测资源，建设"透明实验室"，提升检测设备数字化水平，应用物联网、云计算等技术与检测设备直联，济南检储配基地内检测仪器设备全部接入物资检测管控系统，实现检测数据全互联，检测数据实时汇聚传输，提升检测全程跟踪追溯能力，实现"数据不落地、全程可追溯"。

国家电网公司发布《绿色现代数智供应链发展行动方案》，指出要用充足的检测资源、先进的检测技术、权威的检测数据，建立"数字哨兵"阵线。因此，为把好设备入网质量关，提升电工装备行业质量竞争力，需要进一步加强电网物资检测透明管控。

2023年9月，国家电网公司物资部发布《物资质量检测管控平台建设工作方案》，要求对检测设备进行数字化升级，推动检测设备由单设备运行向综合一体柔性工位转变，通过通信协议自动采集改造或图像识别等技术手段，实现设备的数据自动采集。

2024年3月国家电网公司物资部印发2024年物资质量监督重点工作的通知，要求开展全网检测设备数字化升级改造，实现检测数据不落地，打造全流程线上管控的"透明检测"实验室。

### 8.1.2 物资质量数智检测作业平台组成

**一、统一管控的作业模块**

**（一）业务模板统一管理**

1.数据模板标准化

省检测中心牵头，根据物资品类，梳理某省电力公司各物资品类样品信息、试验参数、

216

试验仪器。根据检测规范，制定报告编制规则，形成规范描述，生成标准化报告模板。

全省物资检测统一管控平台配置 30 类物资的报告模板，72 类 ECP 物资品类检测数据上传模板，实现全省检测中心共用共享一套数据模板。

可根据检测规范的调整，重新生成报告模板，系统提供报告下载以及报告模板添加、删除、编辑等功能。

2. 报告格式

报告可导出为 PDF、Word 等电子文档格式，以方便查看和存档。通过权限控制，实现省公司查看全省报告，地市公司检测中心只能查看本中心报告。

（二）检测标准统一配置

统一管控平台可根据各类标准版本变更情况和实际需求，录入相关标准的现行有效版本，动态生成标准库，能覆盖国家标准、行业标准、企业标准，从中提取出比较严格的判定依据。全省检测标准统一配置，使报告出具更高效。

（三）业务流程标准化

当前，电力物资质量检测流程复杂，涉及人员众多。业务操作流程精简为 6 个环节，能够对质量检测全流程进行信息化管控，提高样品流转效率、加强数据安全保障、强化现场安全防控。各流程环节及具体服务需求如下。

1. 检测任务自动同步

从省抽检系统及 ECP 自动同步检测任务至统一管控平台。收样样品与检测任务一一对应。标明是否是 ECP 需上传的样品。

系统具备全省各级检测中心编码可视化配置功能，各级检测中心通过检测任务自动同步模块同步各自 ECP 检测任务，相互独立。

2. 收样

收样人员根据样品铭牌信息进行收样，对于样品参数的填写，系统提供下拉框选项，如图 8-1 所示，规范样品信息的录入，实现样品信息标准化管理。省公司能够查看全省收样信息，各地市中心只能查看本中心收样信息。

图 8-1　样品参数的填写

3. 任务调度一键触发

试验项目能够智能匹配下发到指定工位及指定人员。具体步骤如下。

（1）在调度人员的我的任务中查看需要调度的任务，点击"办理"，如图 8-2 所示。

图 8-2　查看需要调度的任务

（2）智能匹配需要下发的工位和负责试验的试验人员，如图 8-3 所示；点击"下一步"，再点击"下发"按钮完成下发，如图 8-4 所示。

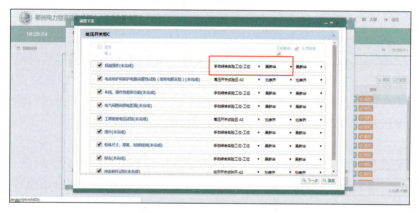

图 8-3　智能匹配工位及试验员

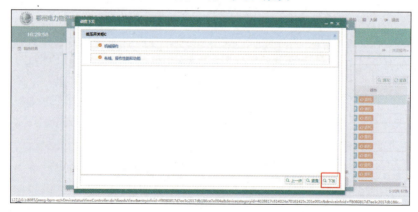

图 8-4　下发调度任务

4. 检测数据自动上传

具备自动数据采集能力的测试系统可实现数据自动抓取，无需人工操作抓取。

当所有试验项目完成后，由数据审核员对所有试验数据进行审核。审核可执行退回及通过操作。具体步骤如下。

（1）登录试验人员账号，在我的任务页面找到工位检入并试验状态的数据，点击"办理"，如图 8-5 所示。

图 8-5　检测工位检入

（2）点击"试验"，开始试验检测，如图 8-6 所示。

图 8-6　开始试验检测

5. 报告编制

数据审核通过后，由报告编制人员编制报告并确认内容、格式等信息，提交审核。

报告完成审核、批准后，系统自动加盖电子签名和电子印章并流转至报告打印环节。打印人员可进行报告打印。

完成打印的报告，可进行报告发放，同时在系统中进行记录，便于核对和查询。具体步骤如下。

（1）编制。编制人登录系统，在"我的任务"中找到编制状态数据，点击"在线编辑"按钮，如图 8-7 所示，可在线预览报告，点击"退回"按钮，任务退回到调度环节；点击"通过"按钮，任务下发到审核环节，如图 8-8 所示。

图 8-7　编制状态数据

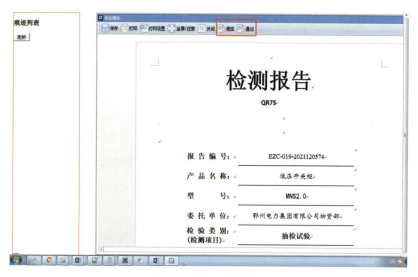

图 8-8　报告在线编制

（2）审核。审核人登录系统，在"我的任务"中找到审核状态数据，点击"在线编辑"按钮，如图 8-9 所示，可在线预览报告，点击"退回"按钮，任务退回到编制环节；点击"通过"按钮，任务下发到批准环节，如图 8-10 所示。

图 8-9　审核状态数据

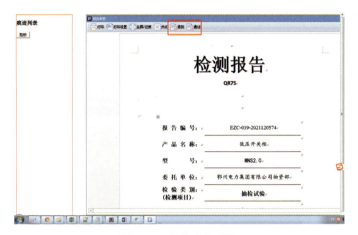

图 8-10　报告在线审核

（3）批准。批准人登录系统，在"我的任务"中找到批准状态数据，点击"在线编辑"按钮，如图 8-11 所示，可在线预览报告，点击"退回"按钮，任务退回到审核环节；点击通过按钮，任务检测流程完成，如图 8-12 所示。

图 8-11　批准状态数据

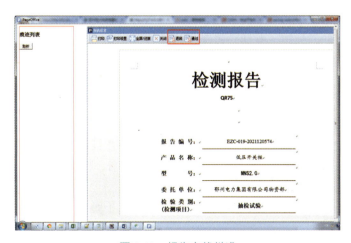

图 8-12　报告在线批准

6. 结果上传

本系统与 ECP2.0 系统进行对接，当报告完成审批后，可在 ECP2.0 数据回传页面进行数据回传。点击"上传数据"，检测数据一键回传，如图 8-13 所示。

本系统检测任务无需重复录入数据，可直接上传。

图 8-13　检测数据一键上传

（四）电子签章

目前检测作业系统使用的电子签章不具备防伪功能，存在伪造、篡改的风险。统一管控平台嵌入具备防伪功能的省及地市公司 CNAS、CMA、检测中心电子签章，根据用户所属检测中心，分配签章使用权限，确保报告传输中数据的安全性。

（五）实验室体系统一管控

1. 试验方案管理

试验方案管理实现对试验方案的录入、编辑、修改、删除等操作。在方案规划界面，可选取所需项目及设置优先级形成一套全新的检测方案。不同类别物资能够分别配置方案。不同检测中心之间通过权限进行隔离，独立配置方案。

2. 实验室信息管理

对实验室基本信息进行管理，以便于试验报告生成过程中实验室信息的提取。主要包括实验室名称、地址、邮箱、电话、传真、邮编等。

3. 试验工位管理

试验工位管理是各级检测中心试验调度的数据基础。信息包括试验工位名称、检测项目、试验区编号、长度、宽度、平面图等。

4. 试验仪器管理

用于管理实验室各试验区内的试验仪器信息，包括仪器类型、仪器名称、仪器序号、仪器型号、生产厂家、出厂编号、购买时间、检验时间、检验周期、有效期、准确度等级、最大允许误差、测量不确定度等。

通过权限管控，实现各中心仪器信息独立配置，互不影响。

5. 人员信息管理

人员管理实现实验室工作人员信息的维护管理，包括姓名、职务和业务范围、上岗开始时间、上岗结束时间等。

通过权限管控，实现各中心人员信息独立配置，互不影响。

## 二、自动采集的过程数据

通过对检测中心现有检测仪器设备的分析统计，可将仪器设备分为一体化检测工位、智能化仪器及单体数字仪器三大类。针对这三大类仪器设备分别使用不同数据采集方式实现检测数据自动采集。

### （一）一体化检测工位

一体化检测工位即通过软件与硬件集成应用实现了跨品类、跨项目的自动化检测软硬件综合检测平台，如变压器全项目检测装置、变压器全自动检测装置、变压器温升检测装置、高压开关全项目检测装置、多支路开关全项目检测装置等。该类检测装置已全部完成直连管控平台工作。主要是通过接口方式实现数据采集，支持的接口包括 WebService、HTTP、WebSocket 等接口形式。实现实时数据传输，通过接口传输试验数据，可以直接访问原始数据，减少了数据的转换或加工过程。这可以保证数据的准确性和完整性。

1. 采集实现方式

作业系统将检测任务和设备参数通过接口下发至检测网关，由前置服务器分发到相应检测工位；检测工位完成试验，通知检测网关试验完成，并调用数据采集接口上传检测数据至检测网关，检测网关转发检测数据至作业系统。

2. 设备情况和改造采集方案

一体化检测工位设备情况见表 8-1。

表 8-1　　　　　　　　　　　　一体化检测工位设备情况

| 设备名称 | 设备现状 | 采集方案 |
| --- | --- | --- |
| 变压器全项目检测装置 | 具备工控机，过程数据尚未对接 | 通过软件接口采集结果数据 |
| 变压器温升检测装置 | 具备工控机，过程数据尚未对接 | 通过软件接口采集结果数据 |
| 变压器全自动检测装置 | 具备工控机，过程数据尚未对接 | 通过软件接口采集结果数据 |
| 线圈类冲击电压试验装置 | 具备工控机，过程数据尚未对接 | 通过软件接口采集结果数据 |
| 高压开关全项目检测装置 | 具备工控机，过程数据尚未对接 | 通过软件接口采集结果数据 |
| 多支路开关全项目检测装置 | 具备工控机，过程数据尚未对接 | 通过软件接口采集结果数据 |
| 多支路开关温升检测装置 | 具备工控机，过程数据尚未对接 | 通过软件接口采集结果数据 |
| 互感器检测装置 | 具备工控机，过程数据尚未对接 | 通过软件接口采集结果数据 |
| 高压开关温升检测装置 | 具备工控机，过程数据尚未对接 | 通过软件接口采集结果数据 |
| 开关类冲击电压试验装置 | 具备工控机，过程数据尚未对接 | 通过软件接口采集结果数据 |
| 开关类局放和避雷器试验装置 | 具备工控机，过程数据尚未对接 | 通过软件接口采集结果数据 |
| 无功设备综合试验装置 | 具备工控机，过程数据尚未对接 | 通过软件接口采集结果数据 |

### （二）智能化仪器

智能化仪器即具备存储、运算、逻辑判断及自动操作、自动控制等功能的仪器，有专用的上位机控制软件进行操作，如电缆的拉力试验机、电子式静载试验机、电子万能试验机；材料类的卧式拉力试验机、绝缘子弯曲试验机、机电破坏专用试验机、低温自动冲击试验机、万能试验机等。由于该类仪器设备具有上位机控制软件，且能存储相关检测数据，故可使用中间数据库方式实现数据采集，支持 MySQL、SQL Server、Oracle、Access 等数据库。通过将检测数据存储在中间库中，对数据进行有效的约束、校验和验证，确保数据的完整性和一致性。可以定义表结构、字段类型、数据验证规则等，以避免不符合要求的数据进入中间库。可定期对数据库进行备份，以防止数据丢失或损坏。

1. 采集实现方式

作业系统将检测任务和设备参数通过前置服务器转发至上位机控制软件数据库的任务表中，工位仪器完成试验并将数据存入中间数据库，作业系统可以在需要时通过前置服务器将检测数据从上位机控制软件数据库中自动采集。

2. 设备情况和改造采集方案

智能化仪器设备情况见表 8-2。

表 8-2 智能化仪器设备情况

| 设备名称 | 设备现状 | 采集方案 |
| --- | --- | --- |
| 电线电缆结构测量装置 | 设备有配套工控机，检测数据存储在文本文件中 | 检测网关直连设备工控系统，从数据库中采集数据 |
| 电子式静载试验机 | 设备有配套工控机，检测数据存储在 Access 数据库中 | 检测网关直连设备工控系统，从数据库中采集数据 |
| 50kN 拉力机 | 设备有配套工控机，检测数据存储在 Access 数据库中 | 检测网关直连设备工控系统，从数据库中采集数据 |
| 20kN 拉力试验机 | 设备有配套工控机，检测数据存储在 Access 数据库中 | 检测网关直连设备工控系统，从数据库中采集数据 |
| 微机控制电子万能试验机 | 设备有配套工控机，检测数据存储在 Access 数据库中 | 检测网关直连设备工控系统，从数据库中采集数据 |
| 300kN 拉力试验机 | 设备有配套工控机，检测数据存储在 Access 数据库中 | 检测网关直连设备工控系统，从数据库中采集数据 |
| 2000kN 卧式拉力试验机 | 设备有配套工控机，检测数据存储在 Access 数据库中 | 检测网关直连设备工控系统，从数据库中采集数据 |
| 绝缘子弯曲试验机 | 设备有配套工控机，检测数据存储在 Access 数据库中 | 检测网关直连设备工控系统，从数据库中采集数据 |
| 绝缘子机电破坏专用试验机 | 设备有配套工控机，检测数据存储在 Access 数据库中 | 检测网关直连设备工控系统，从数据库中采集数据 |
| 弯曲试验机 | 设备有配套工控机，检测数据存储在 Access 数据库中 | 检测网关直连设备工控系统，从数据库中采集数据 |
| 低温自动冲击试验机 | 设备有配套工控机，检测数据存储在 Access 数据库中 | 检测网关直连设备工控系统，从数据库中采集数据 |
| 2000kN 微机控制电液伺服万能试验机 | 设备有配套工控机，检测数据存储在 Access 数据库中 | 检测网关直连设备工控系统，从数据库中采集数据 |
| 维卡软化试验机 | 设备有配套工控机，检测数据存储在 Access 数据库中 | 检测网关直连设备工控系统，从数据库中采集数据 |
| 绝缘子热性能试验机 | 设备有配套工控机，检测数据存储在 Access 数据库中 | 检测网关直连设备工控系统，从数据库中采集数据 |
| 静载能力测试装置 | 设备有配套工控机，检测数据存储在 Access 数据库中 | 检测网关直连设备工控系统，从数据库中采集数据 |

续表

| 设备名称 | 设备现状 | 采集方案 |
|---|---|---|
| 绝缘粘附力试验拉力试验机 | 设备有配套工控机，检测数据存储在 Access 数据库中 | 检测网关直连设备工控系统，从数据库中采集数据 |
| 抗撕裂试验装置 | 设备有配套工控机，检测数据存储在 Access 数据库中 | 检测网关直连设备工控系统，从数据库中采集数据 |
| 载荷位移全自动无线测控仪 | 设备有配套工控机，检测数据存储在 Access 数据库中 | 检测网关直连设备工控系统，从数据库中采集数据 |

### （三）单体数字仪器

单体数字仪器即是将模拟信号测量转化为数字信号测量，并以数字方式输出最终结果，具备数据通信接口或数据通信协议的仪器设备，如多通道数字式局部放电综合分析仪、便携式超轻型直流高压发生器、空气老化试验箱、热老化试验箱、数字电桥、氙灯老化试验箱等。由于该类仪器设备具备数据通信接口或协议，如 RS-232、RS-485、TCP 等通信协议，与管控平台实现通信协议集成，可采集来自不同厂商、不同类型的设备的检测数据，而无需改变整体的数据采集方案；可扩展到多个设备，与多个设备进行通信并同时采集数据，从而满足不同规模和需求的数据采集场景。

1. 采集实现方式

前置服务器在仪器完成试验后将根据仪器设备的通信协议发送指令和接收返回的检测数据，实时解析和处理仪器设备的检测数据，并转发至作业系统。

2. 设备情况和改造采集方案

单体数字仪器设备情况见表 8-3。

表 8-3　　　　　　　　　　　单体数字仪器

| 设备名称 | 设备现状 | 采集方案 |
|---|---|---|
| 数字电桥 | 具备 RS-232 通信接口 | 采集终端通过 RS-232 通信口获取数据 |
| 数字电桥 | 具备 RS-232 通信接口 | 采集终端通过 RS-232 通信口获取数据 |
| 低温试验箱 | 设备配有嵌入式系统和触控屏，触控屏上有通信串口 | 采集终端可以通过触控屏串口获取数据 |
| 多通道数字式局部放电综合分析仪 | 设备具备工控机但是工控系统没有保存数据；设备具备 RJ-45、RS-232 通信口 | RJ-45 通信口已经被工控机占用，采集终端可以通过 RS-232 通信口获取数据 |
| 热老化试验箱 | 设备配有嵌入式系统和触控屏，触控屏上有通信串口 | 采集终端可以通过触控屏串口获取数据 |
| 冷热循环试验机 | 设备配有嵌入式系统和触控屏，触控屏上有通信串口 | 采集终端可以通过触控屏串口获取数据 |
| 水浴锅 | 设备配有嵌入式系统和触控屏，触控屏上有通信串口 | 采集终端可以通过触控屏串口获取数据 |
| 冲击载荷试验装置 | 设备配有嵌入式系统和触控屏，触控屏上有通信串口 | 采集终端可以通过触控屏串口获取数据 |

### 三、AI 智能的数据识别

为更进一步满足检测任务全程透明管控、检测过程数据实时采集、试验数据不落地的要求，通过对检测中心现有检测仪器设备的分析统计，针对无法进行接口和协议适配改造的老旧设备，以及严重依赖人工读取的模拟仪器设备，需要借助 AI 语音识别、AI 图像处理等手段，实现检测数据全互联，检测数据实时汇聚传输。

通过数据直采智能识别系统，可针对不同类型的设备采用不同采集方式，确保每种检测仪器的数据采集精度，实现数据直采的精细化管理，有效提升检测仪器的数字化水平，同时系统对采集过程的图片进行采集和保存，实现检测过程全程可追溯，提高数据准确性、有效性。

### 8.1.3 物资质量数智检测作业平台意义

**1. 管控透明**

平台通过对检测业务过程的实时监控、检测作业任务的智能调度、检测过程的实时预警，对检测业务流转的每个环节进行见证式管控，实现业务管控透明化。

**2. 检测透明**

平台与检测设备直联，检测数据自动获取、实时上传，检测过程全程见证，避免人员干预，实现"数据不落地，全程可追溯"的检测流程和数据透明化。

**3. 结果透明**

检测数据采集完成后，平台依据采购技术规范、国家标准、行业标准、企业标准等，自动评判检测结论、自动出具检测报告，实现检测判定依据统一、检测结果透明化。

## 8.2 仓链系统

### 8.2.1 概况

某检测中心在国内率先打造智慧检储一体无人仓链系统（简称"仓链系统"），如图 8-14 所示。仓链系统技术是一种集成了多种功能的标准化舱体，可实现物资流转自动

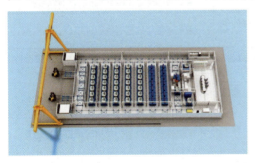

**图 8-14 仓链系统**

链接、信息通信可靠链接、数据交互实时链接、作业流程高效衔接。将体积庞大的传统检测试验室和库房，改进为预装式组合方舱，模块化柔性试验室。通过融合质检、仓储、配送三项合一的智能流水线实现物资自动检测、动态存储、智能配送、高效运转。同时检测试验全程在线，检测结果自动上传，减少了人为失误，自动检测提升检测公信力和权威性，减少人力投入成本，解决目前配电变压器检测量

大、积压严重的问题。系统可实现 800kVA 及以下配电变压器的 C 级检测，整体建设完成后，年检测能力超 6000 台。

仓链系统"含新量"足，是新一代配变检测试验室的鲜明特征。智慧检储一体无人仓链系统的设计理念是"智能、智检、智储、智链"，它是国内首个集存储、检测于一体的模块化、预装式、全天候的全自动智检基地。

仓链系统拥有多项国内首创技术，比如：国内首创采用标准集装箱模块化拼接的方仓存储和检测模式，国内首创全品类变压器全自动接线检测，国内首创配变绝缘油全自动试验系统，国内首创 4T 重型四向穿梭车的试制应用，国内首创狭小空间内的高压试验、物流、通信集成技术，国内首创仓链技术，引领电力设备检测新模式。

### 8.2.2 仓链系统组成

仓链系统综合考虑安全性、先进性、可靠性、经济性、环保性等建设原则，设计人机共融的智慧检测系统、自由拼接的方舱仓储系统、数智赋能的信息系统、智能集成的安防系统等。

#### 一、人机共融的智慧检测系统

##### （一）概述

人机共融的智慧检测系统主要由变压器自动接线装置、分接开关自动换挡装置、电气自动检测系统和油化自动检测装置等装置 / 系统组成，可对 10kV 配电变压器进行 C 级试验。

##### （二）变压器自动接线装置

配电变压器（实物图见图 8-15）作为使用数量最大、检测需求最迫切的配网物资之一，目前各地的检测方式仍主要依靠人工检测，自动化程度低，检测量大，检测设备离散等导致接线效率较低不能满足日益增长的检测需求。

变压器自动接线装置包括视觉定位系统、机器人系统、力控补偿系统、末端执行机构（含高压侧接线夹具、低压侧接线夹具、分切开关切换装置）、机器人控制柜和 PLC 电控柜等，如图 8-16 所示。

变压器自动接线装置通过视觉系统对变压器类型等基础信息进行识别处理后，将相关信息和参数反馈给机器人，由机器人携带末端执行机构开始工作，进行变压器测试。

图 8-15 变压器实物

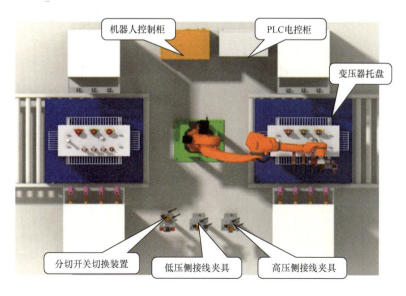

图 8-16 变压器自动接线装置效果图

本项目包括视觉定位系统、机器人系统、力控补偿系统、末端执行系统、整体控制系统。

1. 自动接线

（1）在完成人工转接后，输送线将变压器输送到作业位置。

（2）机器人携带3D视觉系统对变压器进行扫面，进行数据采集、识别。

（3）视觉系统将获得数据处理后发送给机器人，由机器人切换低压侧接线夹具，进行低压侧接线。

（4）低压侧接线完成，切换高压侧接线工装，进行高压侧接线。

（5）两侧接线完成，机器人切换到分切开关切换工装，等待系统命令进行分切开关切换。

2. 自动测试

（1）连接完成后，机器人携带视觉相机对变压器接线结果进行检查，确认接线结果是否正确，确认无误，机器人回home位置，给出测试信号，通电开始测试；

（2）测试完成后，机器人依照上述动作，逆向操作，将各部分拆卸，放回预定位置。

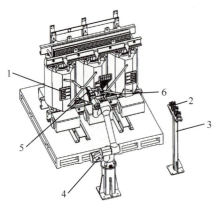

**图8-17 干式变压器自动换挡装置**

1—接线柱转换板；2—短接工装；
3—短接工装定位平台；4—协作
机器人；5—抓取装置；6—视觉系统

机器人携带3D视觉系统对变压器进行扫面、数据采集、识别，视觉系统将获得数据处理后发送给机器人，等待系统命令，力控单元和执行夹具进行分接开关自动调切。

### （四）电气自动检测系统

电气自动检测系统通过人工预处理接线、一次性接线、一键操作，结果自动输出至信息管理系统；满足电压等级10kV、容量800kVA及以下配电变压器的检测要求。

电气自动检测系统由3个模块组成，分别为电源及测量控制柜、高压绕组切换模块及低压绕组切换模块。

高压绕组切换模块、低压绕组切换模块主要功能有：①绝缘电阻及外施耐压测试芯线切换（高压、低压）；②绝缘电阻及外施耐压测试屏蔽层切换（高压、低压）；③接地切换（高压、低压）；④低压空载、感应切换；⑤低压短接切换；⑥高压负

### （三）分接开关自动换挡装置

1. 干式变压器自动换挡装置

干式变压器自动换挡装置如图8-17所示，该装置用于干式变压器测试时分接开关挡位的自动切换。通过前期的预处理使用转换装置将变压器分接接线柱转换成同一平面上的引脚；根据系统指令，在视觉系统的识别引导下，通过协协作机器人运动，携带抓取装置抓取短接工装作用在转接板上相邻引脚上，实现接线柱间的导通，完成干式变压器测试的自动换挡作业。

2. 油浸式变压器自动换挡装置

油浸式变压器自动换挡装置如图8-18所示。该装置用于分接开关自动切换及保证切换到位的要求。仓链系统项目中油浸式变压器自动换挡装置采用

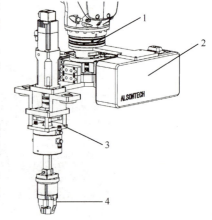

**图8-18 油浸式变压器自动换挡装置**

1—机器人；2—视觉系统；
3—力控单元；4—执行夹具

载切换；⑦直阻变比切换（高压、低压）。

电气自动检测系统检测项目见表 8-4，能实现一次接线、试验项目自动切换。

表 8-4　　　　　　　　　　　电气自动检测系统检测项目

| 检测对象 | 规格参数 | 检测项目 |
| --- | --- | --- |
| 配电变压器 | 电压等级：10kV；<br>额定容量：800kVA 及以下 | 绕组对地及绕组间直流绝缘电阻测量 |
|  |  | 吸收比测量 |
|  |  | 绕组电阻测量 |
|  |  | 电压比测量和连接组标号检定 |
|  |  | 空载损耗和空载电流测量 |
|  |  | 短路阻抗和负载损耗测量 |
|  |  | 外施耐压试验 |
|  |  | 感应耐压试验 |
|  |  | 在 90% 和 110% 额定电压下的空载损耗和空载电流测量 |

### （五）油化自动检测装置

油化自动检测装置采用人工取油，自动输送油液、抽排油、逐一试验、数据上传等功能，能完成日检测量超 40 台的油耐压和油介损试验要求。

油化自动检测装置由输送带、取油装置、机械手、绝缘油检测仪器以及安装在所述机械手上的注油装置组成，其外观如图 8-19 所示。机械手用于调整所述注油装置与所述绝缘油检测仪器之间的相对位置；取油装置用于从处于取油工位的治具的烧杯中抽取待检变压器绝缘油；并将待检变压器绝缘油通过注油装置送入绝缘油检测仪器中进行检测；输送带将放置在输送带上的治具传输到取油工位时，通过位于在取油工位中的阻挡器将治具限位在取油工位中。

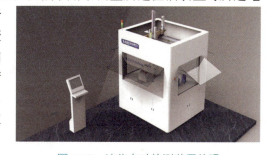

图 8-19　油化自动检测装置外观

## 二、自由拼接的方舱仓储系统

### （一）概述

自由拼接的方舱存储系统是仓链系统的组成部分，由物资存储舱、输送舱等多个组合方舱构成，完成电力物资的运输、出入库存储、搬运等功能。每个方舱设备都可实现精准对接，内部都包含一个集中控制模块，该模块通过网络通信方式实现与 WCS 系统的对接，接受来自 WCS 的指令，分解为设备的有序动作，完成既定的功能。同时，将设备状态信息上传至 WCS 系统，实时监控设备运行状态，实现闭环控制。

### （二）存储方舱

采用 40HC 标准预制箱为基础，16 个预制箱拼接成存储方舱，中间箱体无侧板，外围墙及顶部作保温处理，预安装轨道、货架、

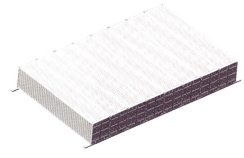

图 8-20　方舱外观

监控、温湿度监测等。方舱外观如图 8-20 所示。存储箱到现场后安装在预制水泥柱上。
40 尺预制箱：外部尺寸（长 × 宽 × 高）为 12190mm × 2430mm × 2890mm；内部尺寸为
12000mm × 2330mm × 2600mm。存储集装箱外观及尺寸如图 8-21 所示。

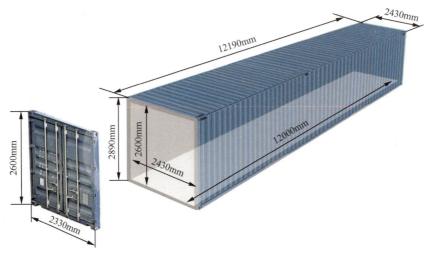

图 8-21　存储集装箱外观及尺寸

集装箱底部采用沥青喷涂，集装箱之间的缝隙，先填充柔性防水涂料，缝隙表面铺不
锈钢压条盖板，打上防水胶，设导流孔。集装箱顶部做成斜坡，角度 3° 左右，两节 12m
箱体拼接后，顶部呈三角形，防水且不易积水，不影响吊装。

外墙部分箱板及顶部采用外层复
合板、50mm 保温岩棉板、内部聚氨
酯装饰板，总厚度约 70mm。

预制箱钢骨架结构预留电缆线槽、
监控设备、货架的安装预埋件。存储
集装箱保温及暗线如图 8-22 所示。

**（三）四向穿梭车**

穿梭车是方舱存储系统内存取货
物的主要输送设备，穿梭车沿着轨道
可在水平面内移动，通过舱内 AP 的
无线信号与 WCS 系统进行调度通信，
穿梭车载货台装置可微升降顶起 3t 以

图 8-22　存储集装箱保温及暗线

内载货托盘，并可在舱内移动其位置。自动充电桩设在输送舱内，穿梭车使用磷酸铁锂电
池组，工作等待期间会自动返回充电位进行电量补充，做到随用随充。

穿梭车主要由金属结构、载货台、行走机构、升降机构、电气控制系统及安全装置等
机构组成，其外观如图 8-23 所示。

**（四）方舱货架**

方舱货架是方舱存储区中存放托盘货物的主体结构，如图 8-24 所示。方舱货架即在
传统货架的基础上加装高精度导轨，可以让穿梭车在上面平稳运行，导轨同时承担货物输

送和货物存储功能。

图 8-23  穿梭车外观

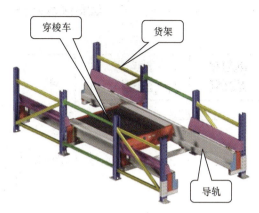

图 8-24  方舱货架

（五）输送机

链条输送机主要用于同四向穿梭车以及滚筒输送线对接，输送链条在一个尼龙型材上滚动，电机安装在一个预置的底座上，与输送机的钢结构形成整体并被固定在钢结构上。工作时减速电机通过链轮驱动链条按照预先设计的速度旋转，从而带动链条上托盘货物的运动达到输送的目的。

（六）专用托盘

方舱存储区配套周转容器为专用钢托盘，设计尺寸（长 × 宽 × 高）1800mm×1800mm×200mm，可四向进叉。钢托盘配套使用方式主要有两种，即钢托盘单独使用，以及配合标准接线工装使用。

钢托盘上贴有条形码，托盘入库区分方向，在与物资的 ID 信息绑定后，在出入库输送系统上扫描条形码信息进行出入库操作，工装位置及入库方向正确才能入库。

专用托盘采用钢托盘 + 标准接线工装的组合方式，钢托盘单独使用时，作为标准仓储容器，与变压器完成组盘后入库存储。

钢托盘与标准接线工装直接采用"即插即用"的组装模式，在需要进行变压器检测时，系统调度待检变压器托盘流转至接线工装拆装工位，机械手将接线工装从缓存区取下，组装在托盘上，然后进行人工接线、自动试验；检测完成后，人工拆除接线，托盘流转至接线工装拆装工位，机械手将接线工装回收至缓存区，然后托盘流转回仓储位。

三、智能集成的安防系统

自由拼接的安防系统由温湿度监控系统、消防系统和全局视频控制系统组成。

（一）温度湿度控制系统

温湿度监控系统可实现库存储舱内温湿度的实时监测、手动 / 自动控制、温湿度超限 /烟感报警等功能，通过温湿度监控系统及电气执行设备（工业空调、抽风机），保证舱内的温度控制在 10 ～ 35℃，湿度不大于 60%。

温湿度监控系统主要由 PLC 控制器、触摸屏、温湿度传感器、烟雾感测器、报警模块、电气控制面板、通信设备等组成。

根据集装箱面积 20m×30m，高度 2.6m，设置 6 台 5kW 工业空调，可远程用 PLC 控制，壁挂式不占用内部空间；4个抽风机，均匀布置在集装箱长边方向；温湿度传感器、烟雾传感器安装在顶部。触摸屏及电气控制柜安装在存储舱入口处，监测到的数据可远传至中控室，可远程设置温湿度的监控报警阈值。温湿度控制系统操作界面如图 8-25 所示。

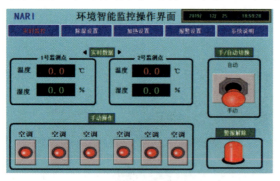

图 8-25　温湿度控制系统操作界面

### （二）消防系统

仓链系统采用悬挂式超细干粉自动灭火器，设备舱挂 9 个，试验舱挂 10 个，存储舱挂 56 个，共计 75 个。

悬挂式超细干粉灭火器能够在无人条件下自动灭火，10s 内快速喷射，保护半径不小于 1.13m，喷射距离不大于 6m，工作温度 68℃，灭火级别不小于 20B，工作压力 1.2MPa，外形尺寸小于 380mm×380mm，干粉量不小于 8kg。

悬挂式超细干粉灭火器出厂后每隔 2 年检充一次，更换干粉，强制报废期限为 10 年。该灭火器常用于实验室、计算机房、资料室等场所。

### （三）全局视频安防系统

全局视频安防系统是利用视频技术探测，监视存储及试验区域并实时显示，记录现场图像的系统，本系统通过网线传输到监控区域，完成监视图像的记录，分析，调用。通过视频监控系统服务器可完成视频图像的接入、认证、权限分配，同时可通过服务器完成实时图像分发、实时图像的调阅功能，即局域网络中任意一台授权的多媒体工作站，能选看所授权摄像机的信号，能控制任意一台摄像机的云台、镜头的动作。

## 四、数智赋能的管理系统

### （一）概述

智能仓链管理系统由仓链监控调度系统、仓链管理系统、试验仓综合管理系统、掌上库管 App 系统等核心应用模块组成，其应用架构如图 8-26 所示。仓链监控调度系统实现对智能设备的调控，提升仓链系统的整体运行效率和智能化程度。仓链管理系统覆盖出入库、检测等仓链管理业务，以流程驱动方式实现仓链业务的流程化管理。试验仓综合管理系统自动将试验数据上传至仓链管理系统，查看历史数据。掌上库管 App 系统将移动设备通过无线网络接入仓链局域网，完成验证、收样、绑定、数据查询等操作。各个模块间相对独立，内部业务逻辑清晰，出现异常后能够快速恢复生产，最大限度的降低突发异常对整个管理系统的影响；同时，管理系统对各个子系统进行统筹管理，协调运作，实时分析仓链的整体的运行状态。

### （二）仓链监控调度系统

仓链监控调度系统是智能化设备的调度控制系统。该系统将仓链管理系统下发的任务转化为可由硬件设备执行的指令，调度硬件设备完成方舱管理相关工作任务，并对运行过程和结果进行监控。仓链监控调度系统界面如图 8-27 所示。

仓链监控调度系统包括如下主要功能：

1. 通信管理

通信管理实现对方舱内智能硬件设备包括四向穿梭车、链式输送线、尺寸检测装置、称重装置等设备的通信线路是否畅通的验证管理功能。对不能正常进行通信的设备，系统可发出异常预警。

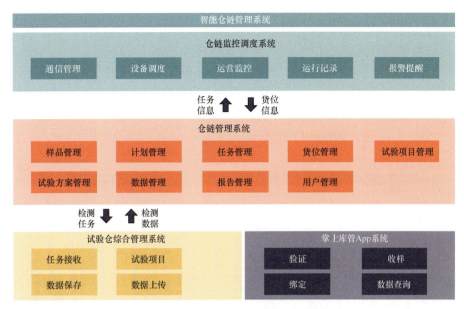

图 8-26 智能仓链管理系统应用架构

图 8-27 仓链监控调度系统界面

2. 设备调度

入库时，当接收到入库指令，系统自动调度四向穿梭车从入库口输送机上将货物托盘送至指定货位；出库时，当接收到出库指令，系统调度四向穿梭车将货物托盘送至出库口输送机。

3. 运营监控

运营监控对系统中的设备和运行任务进行监控管理，包括设备监控和业务监控两大功能。设备监控可以对各智能硬件设备的任务执行情况、设备运行状态等进行监控；业务监控主要是展示目前方舱内执行中、待执行、已执行的作业任务，并可查看任务详情。

4. 运行记录

运行记录对出入库流程的每一个环节进行运行状态日志实时显示，做到运行轨迹留痕，实现流程透明化管控。一旦运行过程中发生故障，能够及时发现并处理，提高生产效率。

5. 故障处理

针对运行过程中发生的故障，提供故障处理提示。

### （三）仓链管理系统

仓链管理系统实现物资出入库、物资检测等流程管理，界面如图 8-28 所示。其所包括的基本功能有样品管理、计划管理、任务管理、货位管理、试验项目管理、试验方案管理、数据管理、报告管理、用户管理等。通过策略灵活配置能快速满足业务需求不断发展与变化，降低作业人员劳动强度，通过数据无缝链接，改善仓链的生产效率。

图 8-28　仓链管理系统界面

1. 样品管理

样品管理主要进行收样操作，录入样品名称、规格、型号、参数等样品信息。

2. 计划管理

计划管理将 ERP 系统采购订单和供应商随货单据导入到系统中，生成入库计划。

3. 任务管理

任务管理主要制定入库任务、出库任务及移库任务。

（1）入库任务。包括物资入库、检测回库。

（2）出库任务。包括物资配送出库、检测出库。

（3）移库。对仓内物资的库位进行调整，可指定移入和移出库位。

4. 货位管理

货运管理以可视化的形式显示货位信息及库存信息。

5. 试验项目管理

试验项目管理可以按照设备的类型来添加和修改该设备的试验项目及试验项目对应的参数，如该设备试验项目名称、试验记录表中文名、试验记录英文名、电压、电流、负载损耗等。

6. 试验方案管理

试验方案管理按照必做试验项目为物资配置试验方案，可设置多个试验方案，当下发检测任务时，可选择合适的试验方案。

**7. 数据管理**

在试验数据查询模块查看所有试验区上的历史详情，可根据设备名称、设备二维码、设备型号、设备种类、设备状态、委托单位、生产厂家等条件对设备进行精确查询。

**8. 报告管理**

报告管理根据试验报告模板程序以及被试品所有检测试验数据自动生成格式规范的试验报告，系统提供报告下载，以及报表模板添加、删除、编辑、打印等功能。报表可导出为 PDF、Word 等电子文档格式，以方便查看和存档。

**9. 用户管理**

用户管理提供增加、修改、删除用户基础信息的功能。根据权限划分，为用户分配相应权限。

**（四）试验仓综合管理系统**

试验仓综合管理系统主要是结构化的组织管理，以被试品为核心的相关信息，主要包括任务管理、试验项目管理、试验数据查询模块。变压器综合试验系统如图 8-29 所示。

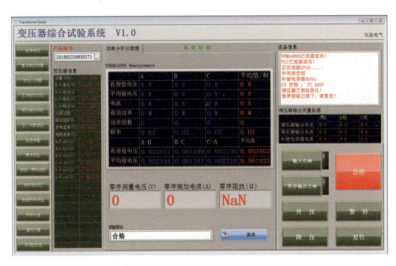

图 8-29 变压器综合试验系统

**1. 任务管理**

任务管理对仓链管理系统下发的检测任务进行接收和执行。检测任务包括任务 ID、样品 ID、试品参数等关键参数。

**2. 试验项目配置**

试验项目配置包括绕组对地及绕组间直流绝缘电阻测量、吸收比测量、绝缘系统电容的介质损耗因数（$\tan\delta$）测量（油浸式变压器适用）、绕组对地及绕组间电容测量、绕组电阻测量、电压比测量和联结组标号检定、空载损耗和空载电流测量、短路阻抗和负载损耗测量、外施耐压试验、感应耐压试验、在 90% 和 110% 额定电压下的空载损耗和空载电流测量。

**3. 试验数据管理**

试验数据管理包括数据保存、数据上传、数据查询。试验完成后数据保存在本地数据库，并上传至中间库。试验数据查询提供被试设备历史试验数据和试验结果查询功能，数据查询可根据多种条件组合查询。

图 8-30　掌上库管 App 系统

（五）掌上库管 App 系统

掌上库管 App 系统如图 8-30 所示，其主要利用 PDA 通过无线网络接入仓链局域网，对到货物资进行验证、收样、绑定等操作，试验结束后可查看试验数据。

掌上库管 App 系统主要实现的功能如下。

1. 验证

根据入库计划对要入库的物资进行物资信息的验证，验证入库物资的名称、规格、实收数量等信息。

2. 收样

对已经完成验证的物资，按照铭牌录入样品信息，填写物资的"基本信息""委托信息""额外参数"并生成样品二维码。

3. 绑定

扫描样品二维码及托盘条码，将样品信息及托盘信息进行关联。

4. 数据查询

根据样品二维码、试验日期等条件进行筛选，查看历史试验数据。

（六）数据接口

数据接口包括仓链接口和试验接口。仓链接口采用 WebService 方式，仓链管理系统通过调用仓链接口对仓链监控调度系统下达执行任务指令，仓链监控调度系统通过调用仓链接口将库位信息回传给仓链管理系统，与实际货位保持一致。试验接口采用中间库的方式，试验仓综合管理系统将试验数据保存至 Access 中间库，仓链管理系统从中间库中获取数据，完成对试验数据的采集。

## 8.2.3　仓链系统意义

仓链系统解决了非生产经营性用房的建设规划、行政审批及政策限制等问题，大幅缩短了投资回报周期，符合电力公司建设现代化、数字化、智能化的检储配业务系统的要求。其意义如下。

1. 检储方式革新

国内首创多品类配电变压器全自动试验、集装箱拼接的数字化物流系统等 5 大技术，在集约空间实现多品类配电变压器快速检测、批量存储、高效流转，颠覆传统物资"检储配"基地运转模式，较传统检测方式实现 10 倍效率提升。

2. 检储效率提高

变压器检测能力大幅提升。项目的建成实现配变检测量年检测量可达 6000 台以上，利用 1 个传统工位面积实现 10 个传统工位检测能力，满足区域变压器从抽样检测到全量检测的质量管控升级。检测效率提升后，人员成本大幅降低。变压器检测人员由 10 人降低至 3 人，人员集约 70%。

3. 本质安全提升

安全生产能力有效增强。常规检测中心从样品入库到检测完成出库，安全风险点 12 处，采用仓链系统后降低至 3 处，风险点降低 75%，且触电风险完全避免。

# 参 考 文 献

[1] 郝佳齐，任勤让，张涛，等．电网企业智慧精益物资抽检体系的构建与实践 [J].《中国电力企业管理》创新实践（2021 年）: 356-359.

[2] 张宏伟，金海虎．基于"全景质控"的电网物资质量智能监督场景创新实践 [J]. 农电管理，2023(10): 11-13.

[3] 于晨浩．电网物资质量检测技术 [J]. 工程技术．2023(3): 56-58.

[4] 霍建彬．南方电网以改革促发展全面建设现代数字供应链管理体系 [J]. 招标采购管理，2024(2): 15-16.

[5] 余小军．智能仓储系统在电力行业的应用 [D]. 北京：北京邮电大学，2013.

[6] 杨英．浅析"互联网＋物流"智能化仓储系统现状与行业发展 [J]. 现代经济信息，2015: 332-334.

[7] 王莉．计算机仿真技术在自动化物流系统中的应用 [J]. 自动化与仪器仪表，2015(4): 51-55.

[8] 甘仲平．自动化物流装置技术发展现状与趋势 [J]. 物流技术与应用，2012(10): 89-92.

[9] 王俊玲，曲忠萍．自动化物流 [J]. 机器人技术与应用，2004 (1): 17-18.

[10] 王永芹．基层医院检验仪器的发展趋势 [J]. 医疗装备，2011，24(3): 26-27.

[11] 赖根，肖明清．国外自动测试系统发展现状综述 [J]. 探测与控制学报，2005(3): 26-30.

[12] 王茜．关于加强电力物资质量监督的探索与思考 [J]. 中国管理信息化，2015，18(4).

[13] 钟晖，余绍峰．配网设备检测管理的实践与创新 [J]. 企业管理，2016，36(1): 134-135.

[14] 赵振兵，张薇，翟永杰，等．电力视觉技术的概念、研究现状与展望 [J]. 电力科学与工程，2020，36(1): 1-8.

[15] 黄宇，付琨，吴一戎．基于 Markov 随机场 K-Means 图像分割算法 [J]. 电子学报，2009，37(12): 2700-2704.

[16] 王榆夫，韩军，赵庆喜，等．基于无人机图像的电力杆塔倾斜检测 [J]. 计算机仿真，2017，34(7): 426-431.

[17] 王祖武，韩军，孙晓斌，等．基于视觉导航的输电线杆塔方位确定方法 [J]. 激光与光电子学进展，2019，56(8): 134-142.

[18] TAN P, LI X F, XU J M, et al. 基于轮廓特征及灰度相似度匹配的接触网绝缘子缺陷检测 [J]. Journal of Zhejiang University-Science A (Applied Physics & Engineering)，2020，21(1): 64-73.

[19] 刘行谋，田浩，杨永明，等．复杂环境背景下绝缘子缺陷图像检测方法研究 [J]. 电子测量与仪器学报，2022，36(2): 57-67.

[20] 律方成，牛雷雷，王胜辉，等．基于优化 YOLOv4 的主要电气设备智能检测及调参策略 [J]. 电工技术学报，2021，36(22): 4837-4848.

[21] 马耀名，张雨．基于改进 Faster-RCNN 的绝缘子检测算法 [J]. 计算机应用，2022，42(2): 631-637.

[22] 易继禹，陈慈发，龚国强．基于改进 Faster RCNN 的输电线路航拍绝缘子检测 [J]. 计算机工程，2021，47(6): 292-298.

[23] 杨小东，廖泽帆，刘磊，等．基于区块链和属性基加密的电力数据共享方案 [J]. 电力系统保护与控制，2023，51(13): 169-176.

[24] 阎旭豪，姚文树，迟正刚．基于物联网的电力设备数据共享 [J]. 电子世界，2017(17): 1.

[25] Green M, Ateniese G . Identity-Based Proxy Re-encryption[J]. Springer, Berlin, Heidelberg, 2007.

[26] Selvi S S D, Paul A, Rangan C P. An Efficient Certificateless Proxy Re-encryption Scheme Without

Pairing[J]. Springer, Cham, 2017.

[27] 张利华, 王欣怡, 胡方舟, 等 . 基于双联盟链的智能电网数据共享模型 [J]. 计算机应用, 2021, 41(4): 7.

[28] 段婕, 戎丽 . 安全认证技术在山西电力通信网中的应用研究 [J]. 山西电力, 2015(5): 4.

[29] 曹伟, 杨晓娜 . 基于区块链的电力大数据安全保障体系构建策略 [J]. 移动信息, 2021, 000(007): 1-2.

[30] 于合龙, 陈邦越, 徐大明, 等 . 基于区块链的水稻供应链溯源信息保护模型研究 [J]. 农业机械学报, 2020, 51(8): 8.

[31] 于卓, 崔蔚, 高晓欣, 等 . 基于区块链和蚁群算法的业务数据语义自动溯源方法 [J]. 自动化技术与应用, 2023, 42(10): 95-100.

[32] 郑高峰, 秦丹丹, 刘丽, 等 . 基于知识图谱技术的数据资产管理设计与应用验证研究 [J]. 中国科技投资, 2020, 000(007): 61-63.

[33] 龚钢军, 魏沛芳, 孙跃, 等 . 区块链下电力数据的统一监管与共享交易模型 [J]. 信息技术与网络安全, 2019(3).

[34] 张宁, 王毅, 康重庆, 等 . 能源互联网中的区块链技术 : 研究框架与典型应用初探 [J]. 中国电机工程学报, 2016, 36(15): 12.

[35] 武赓, 曾博, 李冉, 等 . 区块链技术在综合需求侧响应资源交易中的应用模式研究 [J]. 中国电机工程学报, 2017, 37(13): 12.

[36] 李董, 魏进武 . 区块链技术原理、应用领域及挑战 [J]. 电信科学, 2016, 32(12): 6.

[37] 于博 . 区块链技术创造共享经济模式新变革 [J]. 理论探讨, 2017(2): 5.

[38] 邵奇峰, 金澈清, 张召, 等 . 区块链技术 : 架构及进展 [J]. 计算机学报, 2018.

[39] 马天男, 彭丽霖, 杜英, 等 . 区块链技术下局域多微电网市场竞争博弈模型及求解算法 [J]. 电力自动化设备, 2018, 38(5): 13.

[40] 孙秋冬, 马文新, 颜文英, 等 . 基于鲁棒图像水印的文本信息加密技术 [J]. 中国图像图形学报, 2008, 13(10): 5.

[41] 万荣泽, 莫洪武, 余思东 . 基于超混沌 DNA 计算优化 OTP 算法的文本图像加密算法 [J]. 计算机测量与控制, 2014, 22(10): 5.

[42] 黎娅, 徐江峰 . 基于混沌的图像加密技术进展 [J]. 河南师范大学学报 : 自然科学版, 2005, 33(3): 150-151.

[43] 邓奎彪, 孔轶艳, 赵娟, 等 . 基于 AES 物联网文本数据加密算法研究 [J]. 现代计算机（专业版）, 2017, 000(010): 11-13, 27.

[44] 余斌, 李晓风, 赵赫 . 基于区块链存储扩展的结构化数据管理方法 [J]. 北京理工大学学报, 2019, 39(11): 7.

[45] 陈敏, 周辉, 闵倩倩, 等 . 基于区块链的电网安全性调查结构化数据模型的研究 [J]. 制造业自动化, 2023, 45(6): 134-140.

[46] 平健, 陈思捷, 张宁, 等 . 基于智能合约的配电网去中心化交易机制 [J]. 中国电机工程学报, 2017, 37(13): 9.

[47] 叶小榕, 邵晴, 肖蓉 . 基于区块链、智能合约和物联网的供应链原型系统 [J]. 科技导报, 2017, 35(23): 8.

[48] 李涛, 杨安家, 翁健, 等 . 基于智能合约的工业互联网数据公开审计方案 [J]. 软件学报, 2023, 34(3): 1491-1511.

[49] 李海波, 邹宏亮, 陈翔, 等 . 基于物联网和智能合约的碳交易分级区块链系统 [J]. 高电压技术, 2023, 49(S01): 221-225.

[50] 马鑫堃，李英娜，李申章．基于区块链技术的电网数据隐私保护与共享方法 [J]．电力科学与工程，2023，39(5): 1-9.

[51] 邓丽娟，郭健，黄河滔．基于区块链技术的电力营销数据远距离共享方法 [J]．电力系统装备，2023(1): 163-165.

[52] 曾飞，杨雄，苏伟，等．基于区块链与数据湖的电力数据存储与共享方法 [J]．电力工程技术，2022，41(3): 48-54.

[53] 李婧婧．利用区块链提高产品生态设计的透明度和可追溯性 [J]．科技管理研究，2022，42(19): 181-191.

[54] 翁昕耀，游林，蓝婷婷．基于区块链的结果可追溯的可搜索加密方案 [J]．电信科学，2019.

[55] 张桂林，孟立杰，李晓令，等．一种工程建设实测实量数据上链加密和验证方法 [J]．[2024-05-15].

[56] 张琦，陈艳，张春平，等．基于分布式文件电力异构数据存储综述 [J]．计算机系统应用，2017，26(2):7.

[57] 宋智，徐晓莉，张常亮，等．应用分布式存储技术优化省级 CIMISS 数据服务能力 [J]．气象科技，2019(3): 433-438.

[58] 刘传领，范建华．RSA 非对称加密算法在数字签名中的应用研究 [J]．通信技术，2009(3): 3.

[59] 席红旗，常晓鹏．一种基于非对称加密算法和哈希函数的数字签名方案研究 [J]．河南教育学院学报：自然科学版，2012，21(1): 2.

[60] 刘笑锋．一种基于二维码和非对称加密算法的认证机制 [J]．黑龙江科技信息，2013.

[61] 曹鹏勇，段桂江，阳祥贵．区块链下航空供应商质量数据管理平台设计 [J]．计算机工程与设计，2023，44(7): 2223-2231.

[62] 饶元，伍德伦，时玉龙．基于区块链的农情数据可信融合共享模型设计与实现 [J]．安徽农业大学学报，2023，50(3): 550-556.

[63] 谢华成，陈向东．面向云存储的非结构化数据存取 [J]．计算机应用，2012，32(7): 1924-1928.

[64] 陈金水，王釜．非结构化数据存储管理的实用化方法 [J]．计算机与现代化，2006(8): 5.

[65] 曾海峰，王淑营，董钦钰．传统 RDBMS 向非关系型 MongoDB 数据模型转换与数据迁移方法研究 [J]．计算机应用研究，2017，34(11): 3339-3344.

[66] 谢华成，马学文．MongoDB 数据库下文件型数据存储研究 [J]．软件，2015(11): 3.

[67] 杨彦文．泛在电力物联网下的电力营销工作分析 [J]．科学与信息化，2019(21): 1.

[68] 陈泠卉．基于电力物联网的电力调度中心统一数据平台设计研究 [J]．电力设备管理，2019(7): 3.

[69] 蔡珉官，王朋．数据湖技术研究综述 [J]．计算机应用研究，2023(12): 3529-3538.

[70] 杨文哲，郝渊科，赵常胜，等．基于对象代理的大数据共享可信数据湖平台 [J]．小型微型计算机系统，2023，44(6): 1324-1328.

[71] 张桂刚，李超，毛湘科，等．区块链数据湖架构研究 [J]．计算机与数字工程，2023，51(1): 86-92.

[72] 张启明，陆建华，李守智，等．基于区块链构建新型企业客户服务技术平台 [J]．计算机科学，2020，47(S01): 4. DOI:10.11896/jsjkx.191200118.

[73] 舟丹．区块链的发展阶段 [J]．中外能源，2019，24(12): 1. DOI:CNKI:SUN:SYZW.0. 2019-12-024.

[74] 谢敏，朱松挺，许泽峣，等．基于区块链的水利数据共享平台开发与应用研究 [J]．水利信息化，2023(3): 46-51.

[75] 孙昌霞，马於帅，FERNANDO Bao，等．基于区块链的种质资源数据安全共享模型 [J]．农业工程，2022，12(9): 27-32.

[76] 符纯浩．基于分布式账本的去中心化存储系统框架 [J]．[2024-05-15].

[77] 张鹏 . 大数据背景下区块链技术在数据溯源中的应用研究 [J]. 工业信息安全，2023(4): 79-84.

[78] 张贵峰，张志强，沈锋 . 变电站巡检机器人现状与发展综述 [J]. 云南电力技术，2022，50(6): 1-8. DOI:10.3969/j.issn.1006-7345.2022.06.001.

[79] 冯玉辉，高超 . 浮游式电力变压器内部检查机器人研制与应用 [J]. 电气技术，2024，25(2): 62-67，73. DOI:10.3969/j.issn.1673-3800.2024.02.008.

[80] 田维青 . 电力机器人技术在电网中的应用研究 [J]. 应用能源技术，2019(6): 44-46. DOI:10. 3969/j.issn. 1009-3230.2019.06.013.

[81] 王耀南，江一鸣，姜娇，等 . 机器人感知与控制关键技术及其智能制造应用 [J]. 自动化学报，2023，49(3): 494-513.DOI:10.16383/j.aas.c220995.

[82] 孟建军，陈晓彤，李德仓，等 . 计算机视觉技术的位姿估计处理方法 [J]. 计算机仿真 2023，40(5): 274-278. DOI:10.3969/j.issn.1006-9348.2023.05.050.

[83] 周芮，刘延芳，齐乃明，等 . 面向空间应用的视觉位姿估计技术综述 [J]. 光学精密工程，2022，30(20): 2538-2553. DOI:10.37188/OPE.20223020.2538.